先生归来兮

叶圣陶，教是为了不需要教

沈从文　叶圣陶　等著

中国文史出版社

图书在版编目（CIP）数据

先生归来兮. 叶圣陶，教是为了不需要教 / 沈从文 叶圣陶等著.—北京：中国文史出版社，2019.6

（百年中国记忆. 教育家）

ISBN 978-7-5205-1087-5

Ⅰ. ①先… Ⅱ. ①沈… ②叶… Ⅲ. ①叶圣陶（1894-1988）—纪念文集 Ⅳ. ①K825.46-53

中国版本图书馆CIP数据核字（2019）第080283号

执行主编：张春霞
责任编辑：张春霞

出版发行：中国文史出版社
社　　址：北京市海淀区西八里庄69号院　邮编：100142
电　　话：010-81136606　81136602　81136603（发行部）
传　　真：010-81136655
印　　装：北京地大彩印有限公司
经　　销：全国新华书店
开　　本：787mm × 1092mm　1/16
印　　张：20.25
字　　数：286千字
版　　次：2020年1月北京第1版
印　　次：2020年1月北京第1次印刷
定　　价：59.80元

叶圣陶（1894-1988）

1927 年 4 月，叶圣陶接编《小说月报》，并题写了篆体刊名

20 世纪 50 年代叶圣陶在北京东四八条寓所院中与王伯祥（中）、顾颉刚（右）合影

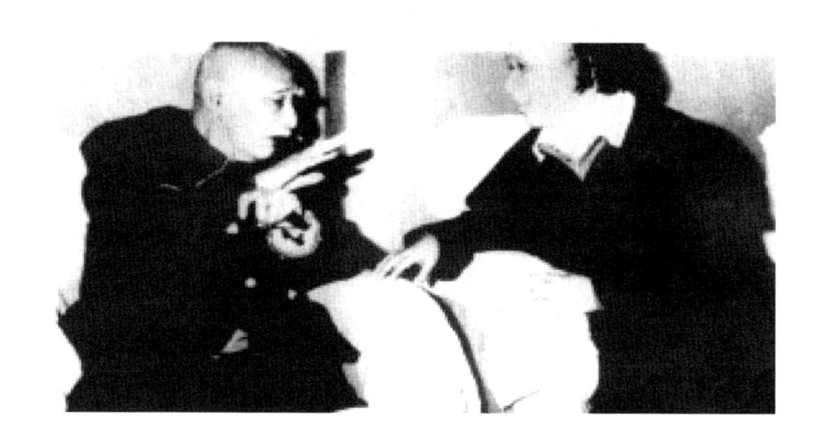

1979 年，叶圣陶与丁玲亲切交谈

1983 年叶圣陶与妹妹叶绍铭合影

20 世纪 50 年代叶圣陶与母亲（坐）、妹妹叶绍铭（左）合影

叶小沫与叶圣陶

目

录

第 一 辑

成长与经历随谈

过去随谈

叶圣陶

一

在中学校毕业是辛亥那一年。并不曾作升学的想头；理由很简单，因为家里没有供我升学的钱。那时的中学毕业生当然也有“出路问题”；不过像现在的社会评论家杂志编辑者那时还不多，所以没有现在这样闹闹嚷嚷的。偶然的机缘，我就当了初等小学的教员，与二年级的小学生做伴。钻营请托的况味没有尝过；照通常说，这是幸运。在以后的朋友中间有这么一位，因在学校毕了业将与所谓社会面对面，路途太多，何去何从，引起了甚深的怅惘；有一回偶游园林，看见澄清如镜的池塘，忽然心酸起来，强烈地萌生着就此跳下去完事的欲望。这样伤感的青年心情我可没有，小学教员是值得当的，我何妨当当；依实际说，这又是幸运。

小学教员一连当了十年，换过两次学校，在后面的两所学校里，都当高等班的级任；但也兼过半年幼稚班的课——幼稚班者，还够不上初等一年级，而又不像幼稚园儿童那样地被训练着，是学校里一个马马虎虎的班次。职业的兴趣是越到后来越好；这因为后来几年中听到一些外来的教育理论和方法，自家也零零星星悟到一点儿，就拿来施行，而同事又是几位熟朋友的缘故。当时对于一般不知振作的同业颇有点儿看不起，以为他们德行上有污点；倘若大家能去掉污点，教育界一定会大放光彩的。

民国十年暑假后开始教中学生。那被邀请的理由有点儿滑稽。我曾经写些短篇小说刊载在杂志上。人家以为能写小说就是善于作文，善于作文当然也能教国文，于是，我仿佛是颇为适宜的国文教师了。这情形到现在仍然不衰，作过一些小说之类的往往被聘为国文教师，两者之间的距离似乎还不曾有人切实注意过。至于我舍小学而就中学的缘故，那是不言而喻的。

直到今年，曾经在五所中学、三所大学当教员，教的都是国文；这一半是兼务，正当是书局编辑，连续七年有余了。大学教员我是不敢当的；我知道自己怎样没有学问，我知道大学教员应该怎样教他的科目，两相比并，不敢是真情。人家却说了："现在的大学，名而已！你何必拘拘？"我想这固然不错；但是从"尽其在我"的意义着想，不能因大学不像大学，我就不妨去当不像大学教员的大学教员。所惜守志不严，牵于友情，竟尔破戒。今年在某大学教《历代文选》，劳动节的那天，接到用红铅笔署名 L 的警告信，大意说我教那些古旧的文篇，徒然助长反动势力，于学者全无益处，请即自动辞职，免讨没趣云云。我看了颇愤愤：若说我没有学问，我承认；说我助长反动势力，我恨反动势力恐怕比这位 L 先生更真切些呢；或者以为教古旧的文篇便是助长反动势力的实证，更不用问对于文篇的态度如何，那么他该叫学校当局变更课程，不该怪到我。后来知道这是学校波澜的一个弧痕，同系的教员都接到 L 先生的警告信，措辞比给我的信更严重，我才像看到丑角的丑脸那样笑了。从此辞去不教；愿以后谨守所志，"直到永远"。

自知就所有的一些常识以及好嬉肯动的少年心情，当个小学或初中的教员大概还适宜。这自然是不往根底里想去的说法；如往根底里想去，教育对于社会的真实意义（不是世俗认为的那些意义）是什么，与教育相关的基本科学内容是怎样，从事教育技术上的训练该有哪些项目，关于这些，我就与大多数教员一样，知道得太微少了。

二

作小说的兴趣可以说因中学时代读华盛顿·欧文的《见闻录》引起的。那种诗味的描写，谐趣的风格，似乎不曾在读过的一些中国文学里接触过；因此我想，作文要如此才佳妙呢。开头作小说记得是民国三年；投寄给小说周刊《礼拜六》，登载了，便继续作了好多篇。到后来，礼拜六派是文学界中一个卑污的名称，无异“海派”“黑幕派”“鸳鸯蝴蝶派”等等。我当时的小说多写平凡的人生故事，同后来相仿佛，浅薄诚有之，如何恶劣却未必，虽然所用的工具是文言，还不免贪懒用一些成语典故。作了一年多就停笔了，直到民国九年才又动手。是颉刚君提示的，他说在北京的朋友将办一种杂志，写一篇小说付去吧。从此每年写成几篇，一直不曾间断；只有今年是例外，眼前是10月将尽了，还不曾写过一篇呢。

预先布局，成后修饰，这一类ABC里所诏示的项目，总算尽可能地努力做的。可是不行；作小说的基本要项在乎有一双透入的观世的眼，而我的眼够不上；所以人家问我哪一篇最惬心时，我简直不能回答。为要作小说而训练自己的眼固可不必；但眼的训练实在是生活的补剂，因此我愿意对这上边致力。如果致力而有进益，由这进益而能写出些比较可观的文字，自是我的欢喜。

为什么近来渐渐少作，到今年连一篇也没有作呢？有一个浅近的比喻，想来倒很确切的。一个人新买一具照相器，不离手的对光，扳机，卷干片，一会儿一打干片完了，便装进一打，重又对光，扳机，卷干片。那时候什么对象都是很好的摄影题材；小妹妹靠在窗沿憨笑，这有天真之趣，照他一张；老母亲捧着水烟袋抽吸，这有古朴之致，照他一张；出外游览，遇到高树、流水、农夫、牧童，颇浓的感兴立刻涌起，当然不肯放过，也就逐一照他一张，洗出来时果能成一张像样的照相与否似乎不关紧要，最热心的是“塔”的一扳；面前是一个对象，对着他“塔”的扳了，这就很满足了。但是，到后来却有相度了一会儿终于收起镜箱来的时候。爱惜干片么？也可以说是，然而不是。只因希求于照相的条件比以前多了，意味要深长，构图要适宜，明暗要美妙，还有其他等等，相度下来如果不能应合这些条件，宁可收起镜箱了事；这时候，徒然一扳被视为无意义了。我从前多写只是热心于一扳，现在却到了动辄收起镜箱的境界，是自然的历程。

三

《中学生》主干曾嘱我说一些自己修习的经历，如如何读书之类。我很惭愧，自计到今为止，没有像模像样读过书，只因机缘与嗜好，随时取一些书来看罢了。读书既没有系统，自家又并无分析和综合的识力，不能从书的方面多得到什么是显然的。外国文字呢？日文曾经读过葛祖兰氏的《自修读本》两册，但是像劣等的学生一样，现在都还给老师了。至于英文，中学时代不算读得浅，读本是文学名著，文法读到纳司非尔的第四册呢；然而结果是半通不通，到今看电影字幕还不能完全明白（我觉得读英文而结果如此的实在太多了。多少的精神和时间，终于不能完全看明白电影字幕！正在教英文读英文的可以反省一下了）。不去彻底修习，弄一个全通真通，当然是自家的不是；可是学校对于学生修习的各项科目都应定一个毕业最低限度，一味胡教而不问学生是否达到了最低限度，这不能不怪到学校了。外国文字这项工具既不能使用，要接触一些外国的东西只好看看译品，这就与专待喂饲的婴孩同样的可怜，人家不翻译，你就没法想。说到译品，等类颇多。有些是译者实力不充而硬欲翻译的，弄来满盘都错，使人怀疑何以外国人的思想话语为什么会这样的奇怪不依规矩。有些据说为欲忠实，不肯稍事变更原文文法上的排列，就成为中国文字写的外国文。这类译品若请专读线装书的先生们去看，一定回答“字是个个识得的，但是不懂得这些字凑合在一起说些什么”。我总算能够硬看下去，而且大致有点懂，这不能不归功到读过两种读如未读的外国文。

说起读书，十年来颇看到一些人，开口闭口总是读书，“我只想好好儿念一点书”，“某地方一个图书馆都没有，我简直过不下去”，“什么事都不管，只要有书读，我就满足了”，这一类话时时送到我的耳边；我起初肃然生敬，既而却未免生厌。那种为读书而读书的虚矫，那种认别的什么都不屑一做的傲慢，简直自封为人间的特殊阶级，同时给予旁人一种压迫，仿佛唯有他们是人间的智慧的葆爱者。读书只是至为平常的事而已，犹如吃饭睡觉，何必作为一种口号，唯恐不遑地到处宣传。况且所以要读书，自全凭概念的哲学以至真凭实据的动植矿，就广义说，无非要改进人间的生活。单只是“读”绝非终极的目的。而那些“读书”“读书”的先生们，似乎以为单只是“读”很了不起的，生活云云不在范围以内：这也引起我的反感。我颇想标榜“读书非究竟义谛主义”——当然只是想想罢了，宣言之类并未曾做的。或者有懂得心理分析的人能够说明我之所以有这种反感，由于自家的头脑太俭了，对于书太疏阔了，因此引起了嫉妒，而怎样怎样的理由是非意识地文饰那嫉妒的丑脸的。如果被判定如此，我也不想辩解，总之，我确然曾有这样的反感。至于那些将读书作口号的先生们果否真个读书，我不得而知；只有一层，从其中若干人的现况上看，我的直觉的批评成为客观的真实了。他们果然相信自己是人间智慧的宝库，无所不知，无所不能，得便时抛开了为读书而读书的招牌，就不妨包办一切；他们俨然承认自己是人间的特殊阶级，虽在极微细的一谈笑之顷，总要表示外国人提出来的“高等华人”的态度。

四

我与妻结婚是由人家作媒的，结婚以前没有会过面，也不曾通过信。结婚以后两情颇投合，那时大家当教员，分散在两地，一来一往的信在半途中碰头，写信等信成为盘踞心窝的两件大事。到现在 14 年了，依然很爱好。对方怎样的好是彼此都说不出的，只觉很合适，更合适的情形不能想象，如是而已。

这样打彩票式的结婚当然很危险的，我与妻能够爱好也只是偶然；迷信一点儿说，全凭西湖白云庵那位月下老人。但是我得到一种便宜，不曾为求偶而眠思梦想，神魂颠倒；不曾沉溺于恋爱里头，备尝甜酸苦辣各种味道。图得这种便宜而去冒打彩票式的结婚的险，值得不值得固难断言；至少，青年期的许多心力和时间是挪移了过来，可以去应付别的事了。

现在一般人不愿冒打彩票式的结婚的险是显然的，先恋爱后结婚成为普遍的信念。我不非薄这一种信念，它的流行也有所谓“必然”。我只想说那些恋爱至上主义者，他们得意时谈心，写信，作诗，看电影，游名胜；失意时伤心，流泪，作诗（充满了惊叹号），说人间最不幸的只有他们，甚至想投黄浦江：像这样把整个生命交给恋爱，未免可悲。这种恋爱只配资本家的公子“名门”的小姐去玩的。他们享用的是他们的父亲祖先剥削得来的钱，他们在社会上的地位在未入母腹时早就排定，他们看看世界非常太平，一点没有问题；闲暇到这样子却也有点难受，他们于是做恋爱的题目，弄出一些悲欢哀乐来，总算在他们空白的生活录上写下了几行。如果是并不闲暇到这样子的青年，而也想学步，那唯有障碍自己的进路，减损自己的力量而已。

人类不灭，恋爱也永存。但是恋爱各式各样。像公子小姐们玩的恋爱，让它“没落”吧！

我的父亲叶圣陶

叶至善

叶圣陶，江苏苏州市人，名绍钧，圣陶是他的号，生于1894年，卒于1988年。

一、少年时代

1894年10月28日，叶圣陶生于苏州城内。父亲名仲济，职业“知数”，就是账房先生，人品正直，思想开明；母亲姓朱，不识字，管家务。没有家产，生活较拮据。

苏州民间有许多童谣，叶圣陶从小喜欢念诵。他三岁学认字，写描红纸；六岁进私塾，循序读《三字经》《千字文》《四书》《诗经》《易经》；八岁“开笔”，就是学写文章。常跟随父亲去茶馆听说书，去戏园看昆剧。郭绍虞、顾颉刚是他幼年的朋友。

戊戌政变，清政府停止科举，开办学堂。1906年春，长（长洲县）元（元和县）吴（吴县）公立高等小学创办。叶圣陶当时12岁，进了这所小学，开始学习算术、常识、唱歌等新的课程；课余诵读《唐诗三百首》《白香词谱》，觉得比国文课上念的古文有趣得多。王伯祥、章元善是他的小学同学。

第二年，1907 年春，苏州公立第一中学创办。叶圣陶 13 岁，和王伯祥、顾颉刚等一同考进了这所中学。当时，学校中除了一般课程，还实行“军国民教育”，即军事训练，教师们还着力对学生进行富国强兵的教育。学生们很注意国家大事，经常阅读鼓吹革命和宣传各种新思潮的报刊。

在中学时代，叶圣陶对文艺的兴趣更加浓厚，课余除了诗词、章回小说和传奇，还注意阅读报刊上的文学作品，有创作的，也有翻译的。书法篆刻、作诗填词等文人习尚，都成为他的爱好，还养成了写日记的习惯。他和同学们一起组织文学团体，编印刊物。

1911 年辛亥革命，推翻了清政府。叶圣陶和同学们都鼓舞欢欣，愿意为国为民做一番事业。

二、当教员 写小说

1912 年春，叶圣陶 18 岁，在中学毕业，因家贫不能升学，由校长袁希洛介绍，任苏州中区第三初等学校教员。在课堂上偶尔讲故事，觉察文学对孩子有极大的感染力。

1914 年夏，叶圣陶 20 岁，被旧势力排挤出学校而失业，于是自学大学文科的课程，并写小说投寄各种报刊，换取稿费贴补家用，但是又觉得不该把写小说作为谋生之道，认为文艺应是改革人心、促使社会进步的工具；他十分厌恶当时流行的专供消闲的小说。

1915 年春，叶圣陶 21 岁，由郭绍虞介绍，到上海商务印书馆设立的尚公学校当教员。他开始注意教学方法，并认为教育主要在于使儿童养成正确精新的思维能力。暑假，与胡墨林在苏州结婚。胡墨林当时在南通女子师范学校当教员。

1917 年春，叶圣陶 23 岁，应中学同学吴宾若邀请，到甪直任吴县县立第五高等小学教员。吴宾若是校长，同事中还有老同学王伯祥。他们志同道合，认为改革社会必须从培养孩子做起，于是在“五高”试验教学改革，自己编写教材，改进教学方法，举办园艺、劳作、文娱、远足等各种课外活动，全面培养孩子们的品德、智力和才干。

1918 年，叶圣陶 24 岁，长子至善生。1919 年 7 月，父亲病故。暑期中，全家迁居甪直，胡墨林任“五高”女子部教员。直到 1921 年夏，叶圣陶才离开“五高”，到上海吴淞中国公学中学部任教员。年底，全家迁回苏州。

四年半在甪直的生活，对叶圣陶一生的影响很大。一、试验教学改革，使他更感到基础教育是极有意义的事业，不该把当教员看成一般的职业。二、广泛接触农民，使他了解到劳动大众的辛劳和困苦。三、进一步认识文学必须反映生活，为改革社会尽力。在这四年半中，他发表了许多新诗、散文、小说和评论；通过信件来往，结识了周作人、孙伏园、沈雁冰、郑振铎、赵景深、徐玉诺、冯雪峰等人；加入了北京大学部分师生创办的“新潮社”，参与发起成立了我最早的文学团体“文学研究会”。1921 年 3 月，曾特地去上海，和沈雁冰、郑振铎、沈泽民商讨创刊文学研究会的会刊《文学旬刊》。

1921 年 3 月至 6 月，叶圣陶在北京《晨报副刊》连续发表了 40 则《文艺谈》；阐述了文艺来源于生活和为人生而创作的思想，认为作者应长期生活在民众之中，应向俄国作家学习（因中国国情与俄国相近），并斥责了当时流行的“鸳鸯蝴蝶派”。对儿童文学也有所阐述，指出不该用恐怖和迷信对孩子进行恫吓式的说教，应致力于培养美好的心灵，辅育孩子健康成长。

三、到上海 写童话

1921 年，叶圣陶 27 岁。夏，应舒新城邀请，到上海吴淞的中国公学中学部任国文教员，结识了原来在那里教书的朱自清、刘延陵，并通过文学研究会的活动，结识了陈望道、胡愈之、周予同等。秋，中国公学大学部闹风潮，中学部亦停课，叶圣陶回苏州。冬，朱自清到杭州的浙江第一师范任教，介绍叶圣陶也到这所学校教书。魏金枝、赵平福（柔石）、冯雪峰、汪静之等当时都在这所学校求学。

1922年，叶圣陶28岁。1月，他和刘延陵、朱自清、俞平伯创办的《诗》月刊出版；2月，他接受北京大学聘请，任预科作文课讲师，在北京见到了周作人、孙伏园、潘家询等人。4月回苏州，女儿至美生。

1921年冬，商务印书馆筹办创刊《儿童世界》，由郑振铎任主编。叶圣陶在郑振铎的怂恿下，开始写童话。从这一年的11月15日写《小白船》起，到第二年6月7日写《稻草人》止，在7个月中一共写了23篇，陆续在《儿童世界》（周刊）发表。他本想在童话中给孩子们创造一个美丽和谐的境界，可是实际生活远非如此，因而逐渐转向，在许多篇童话中着重描述了劳动大众的困苦生活，以激发孩子们天真的同情心。当时有人批评他的童话过于写实，离童话越来越远。他自己也产生了这样的怀疑。这23篇童话，后来编成了集子《稻草人》。除了童话，他还写过一些歌谣，也刊登在《儿童世界》上。

四、编教材 教新文学

1923年春，叶圣陶29岁，由朱经农介绍，进入上海的商务印书馆编译处，任国文部编辑，参与编辑中学课本和补充读物，选注《学生国学丛书》。商务的编译所是人才会集的场所，同事中有他的许多老朋友，如王伯祥、沈雁冰、郑振铎、胡愈之、周予同等；还有杨贤江、章锡琛、徐调孚、贾祖璋、丁晓先、金仲华、贺昌群等，也先后成了他的朋友。3月，他把家迁到了上海，直到1935年10月才搬回苏州。

叶圣陶到了上海，就协助郑振铎、沈雁冰主持文学研究会的工作，参与编辑发行会刊《文学旬刊》（后改名《文学》，又改名《文学周报》）和文学研究会丛书；并处理日常会务。通过文学研究会的活动，他认识了鲁迅、夏丏尊、丰子恺、王统照等。

1923 年 9 月，叶圣陶由郭绍虞介绍，到福州的协和大学教授新文学，年底回到上海，仍在商务任编辑。在后来的几年里，他先后在一些大学和中学短期兼课，如复旦大学、上海大学、爱国女学、松江景贤女中上海分校、立达学园。在上海大学，他认识了瞿秋白；在景贤女中，他认识了侯绍裘；在立达学园，他认识了匡互生、朱光潜、刘薰宇、方光焘等。

1923 年 11 月，《稻草人》作为文学研究会丛书之一种，由商务印书馆出版（1932 年，归开明书店出版），署名叶绍钧，由郑振铎作序，许敦谷插图，收《小白船》《傻子》《燕子》《一粒种子》《地球》《芳儿的梦》《新的表》《梧桐子》《大喉咙》《旅行家》《富翁》《鲤鱼的遇险》《眼泪》《画眉鸟》《玫瑰和金鱼》《花园之外》《祥哥的胡琴》《瞎子和聋子》《克宜的经历》《跛乞丐》《快乐的人》《小黄猫恋爱的故事》《稻草人》23 篇童话。这是我国人自己写的第一本童话集，出版后受到文学界和教育界的普遍重视。在 1923 至 1924 年这两年内，叶圣陶还在《儿童世界》上发表过《牧羊人》《聪明的野牛》等五篇童话。成为他前一时期童话创作的尾声。1924 年 11 月，为郑振铎、高君箴合译的童话集《天鹅》作序。

五、连续发表散文和新诗

1925 年，叶圣陶 31 岁。上海发生五卅惨案，引起了全国规模的反帝爱国运动。叶圣陶义愤填膺，在《文学周报》连续发表了《在五月卅一日急雨中》等散文和新诗，与郑振铎、胡愈之等创办《公理日报》，以上海学术团体对外联合会名义出刊。叶圣陶几乎每天在《公理日报》发表文章，揭露帝国主义的罪行，支持工人罢工、商民罢市、学生罢课，要求收回租界，取消不平等条约，抨击反动政府和买办阶级的妥协投降。《公理日报》只出了 22 期，就被反动政府扼杀了。

在五卅运动中，商务的工人在共产党领导下成立了工会。编译所的沈雁冰、杨贤江、丁晓先等都是共产党员。叶圣陶夫妇在他们的影响下，经常参加国民党左派组织的群众运动，并把住所（香山路仁余里二十八号）提供给他们作秘密集会场所和共产党中央的秘密联络点。1926 年，叶圣陶参加了共产党外围组织中国济难会，接受委托编辑出版会刊《光明》半月刊，以人道主义（扶助在解放运动中之受难者）为名，揭露军阀虐杀革命者的罪行。《光明》共出了六期。这一年 7 月，幼子至诚生。

1927 年 3 月，上海工人举行第三次武装起义，迎接北伐军进军上海。叶圣陶以为革命成功了，实行教育改革就有了条件，曾和王伯祥等接受指派回苏州接收学校。4 月 12 日，蒋介石背叛革命。大革命的失败和许多朋友遭到屠杀、逮捕和通缉，使叶圣陶异常悲愤。5 月，郑振铎去欧洲暂避，叶圣陶代他主编《小说月报》，在 7 月号上请作家们“拿起笔来，写这个不寻常的时代里的生活”。不久，沈雁冰从武汉秘密回到上海。由于叶圣陶的建议，沈雁冰开始写反映大革命的小说在《小说月报》上连续发表，并署名茅盾。叶圣陶自己也发表了《夜》，这是抗议国民党屠杀政策的最早的一篇小说。1928 年底，郑振铎回国，叶圣陶仍调回国文部。《小说月报》在他主编期间，发表了丁玲、巴金、戴望舒等不少新人的作品。

在 1928 年，叶圣陶完成了长篇小说《倪焕之》，连续刊登在周予同主编的《教育杂志》上。这一年 5 月，他写的儿童歌剧《风浪》（写于 1925 年前后）由商务印书馆出版，署名叶绍钧，何明斋配曲。

1929 年 9 月，叶圣陶写《古代英雄的石像》，开始了后一时期的童话创作。在 1929 年至 1930 年间，他曾主编过《妇女杂志》（共九期）。

六、进开明 主编《中学生》

1931 年，叶圣陶 37 岁，应章锡琛、夏丏尊邀请，辞去商务的职务，和胡墨林一同进开明书店编辑部工作，接替夏丏尊主编《中学生》杂志。

开明书店创办于 1926 年，主要创办人是章锡琛。他得到文化界教育界的朋友们的支持，大家凑资金出主意，办起了这一家倾向进步的同人出版社，先出版了不少翻译小说、创作小说、世界儿童文学名著、歌谱和画册。1928 年前后，章锡琛请夏丏尊主持编辑工作，把出版重点转移到青年读物方面，并创办了《中学生》杂志。叶圣陶的教育观点和夏丏尊相同，所以很乐意地接受了他们的邀请。

《中学生》创刊于 1930 年 1 月，以在校中学生和失学青年为读者对象。夏丏尊和叶圣陶都反对单纯地传授课本知识，反对国民党的法西斯教育，主张引导青年，广泛接触实际，参加各种社会活动，使青年得到全面的发展，养成明辨是非的能力和自求进取的习惯。他们编辑的《中学生》得到了进步教师和广大青年的欢迎，在 30 年代产生了很大的影响。

1931 年 6 月，《古代英雄的石像》由开明书店出版，署名叶圣陶，丰子恺插图并写了《读后感》。这本集子收 1929 年 9 月至 1931 年 4 月写的九篇童话:《古代英雄的石像》《书的夜话》《皇帝的新衣》《含羞草》《毛贼》《蚕儿和蚂蚁》《绝了种的人》《熊夫人幼稚园》《慈儿》。这本童话集与前一本童话集《稻草人》相比，思想要深刻得多。如《古代英雄的石像》，指出被雕成石像受人们尊敬不如被修成道路让人们走有意义；《皇帝的新衣》，揭露反动统治者压制舆论的暴虐和虚弱;《蚕儿和蚂蚁》，指出在制度截然不同的社会里，劳动的意义和价值有本质的区别。在以后的几年里，叶圣陶还写过几篇童话，如揭露国际法西斯对内镇压人民对外侵略弱国的《鸟言兽语》，支持学生抗日救国运动的《火车头的经历》（发表于 1936 年 2 月，以后就不再写童话了）。

1932 年 6 月，叶圣陶编写的《开明国语课本》，初小八册，由开明书店出版，

1934年6月，又出版了高小四册，署名叶绍钧，丰子恺插图。这部课本打破了历来教科书的沉闷格局，文艺性强，切合小学生的实际生活、阅读兴趣和理解能力，内容的方面广，形式多样，四百多篇课文一半是创作，另一半是有依据的再创作。叶圣陶后来谈起这部课本，说这是他在儿童文学方面所做的一件比较重要的工作。

1933年10月，儿童歌剧《蜜蜂》（写于1925年前后）由商务印书馆出版，署名叶绍钧，何明斋配曲。

1935年7月，叶圣陶开始为少年儿童写小说，在两年间写了六篇，都以城市中的少年儿童的生活作题材，有的揭露黑暗的教育现状，有的反映失学的痛苦和求职的艰难，有的反映群众和学生的抗日救国热情，有的揭露日本侵略者的法西斯本质和国民党当局的屈辱媚日的嘴脸。

1935年10月，叶圣陶为了潜心创作，迁回苏州居住，每个月到上海一个星期，主要处理《中学生》的编务。这时候，开明已经有了一个精干的编辑所，参加工作的都是志趣相同的朋友，有顾均正、徐调孚、宋云彬、傅彬然、贾祖璋、王伯祥、丁晓先等，还经常得到胡愈之、陈望道等许多朋友的帮助。出版物除了供青少年阅读的书刊，还有大量新文学作品（如茅盾、巴金、丁玲等的小说，朱自清、丰子恺等的散文）、文史方面的论著，以及中小学教科书等。由于倾向进步，作风严谨，开明获得了文化教育界的好评，逐渐进入商务、中华等大出版家的行列。

1936年1月，开明创办《新少年》半月刊，读者对象为初中学生，叶圣陶任社长。在这些年中，叶圣陶除了从事编辑和写作，还积极参加文艺界的抗日救国和反对国民党法西斯统治的各项活动，并尽力支持左翼作家，胡也频，柔石、丁玲等先后被捕时，他都曾设法营救。

七、教国文 迁往乐山

1937 年，叶圣陶 43 岁。7 月 7 日，卢沟桥事变发生，抗日战争全面爆发；8 月 13 日，日军进攻上海，开明的资材大半毁于炮火，《中学生》等刊物停刊。9 月，苏州告急，叶圣陶携家经运河到杭州，与开明负责人章锡琛等会齐，绕道皖南到达汉口，打算把编辑所内迁到后方，未能成为事实。年底，叶圣陶携家溯江入川，1938 年初到达重庆。

1938 年 2 月，宋云彬等在汉口创办《少年先锋》月刊，叶圣陶给予支持。2 月，应小学同学周勖人邀请，任巴蜀学校当教员，教国文；3 日，应余上沅邀请，到国立中央戏剧学校兼课，教写作，应陈子展邀请，到复旦大学兼课，教国文。中华全国文艺界抗战协会（简称“文联”）成立，叶圣陶为主席团成员，后任理事，会刊《抗战文艺》编委。在此期间，他见到了先后来到重庆的老舍、邹韬奋和顾颉刚、章元善等。

1938 年 10 月，叶圣陶接受陈通伯邀请，担任武汉大学国文系教授，于是携家迁往乐山。乐山生活安定，可是远离了文化界出版界，跟他经常往还的只有武大的同事朱东润、杨人楩、高享、钱歌川、苏雪林、朱光潜等，还有协助马一浮办复性书院的贺昌群。

1939 年 5 月，开明接受胡愈之建议，在桂林复刊《中学生》，改为“战时半月刊”，由傅彬然、贾祖璋主持编务，叶圣陶任社长。8 月 19 日，日机狂炸乐山，叶圣陶寓所中弹起火，书稿衣物全部焚毁，全家仓皇逃至郊外贺昌群家，后租赁农家草屋居住。

1940 年 7 月，叶圣陶辞去武大职务，接受四川省教育科学馆聘请，任国文科专员。1941 年 1 月，携家迁居成都，又见着了朱自清，并结识了吕叔湘。在成都的几年中，他参与主持“文协”成都分会的工作，担任会刊《笔阵》的主编，跟文化界出版界人士恢复了广泛的交往，并经常参加进步学生的各种集会。

1942 年 5 月，傅彬然特地到成都，陪同叶圣陶到桂林，和朋友们商量在后方重建开明的编辑所，拟定出版计划，要他主持工作。过重庆时，叶圣陶见到了黄炎培、王云五等，过贵阳时，见到了刘薰宇、谢天逸等；6 月初抵达桂林，和老朋友沈雁冰、宋云彬、金仲华等几乎日夕相处；归途中经过重庆，又见到了柳亚子、欧阳予倩、熊佛西、洪深、胡绳等；7 月中旬回到成都。8 月，开明编辑所成都办事处成立，出版业务仍放在桂林。以后的几年内，他除了主持《中学生》的编务，还组织编辑了大量青年读物和新文学作品，助手只有胡墨林一人。1944 年 8 月和 1945 年 5 月，叶圣陶曾两度到重庆，会见了当时聚集在重庆的文化人，如郭沫若、陈望道、陶行知、沈雁冰、巴金、夏衍、冯雪峰、何其芳、丰子恺、胡绳等。

1945 年 7 月，《开明少年》月刊创刊，叶圣陶任主编。8 月 10 日，日本投降。9 月，叶圣陶参加了抗议国民党图书报刊审查制度的斗争。9 月底准备东归，携家迁至重庆，由沈雁冰介绍，见到了胡乔木。10 月 6 日，应周恩来召宴，10 月 28 日，应郭沫若召宴，两次听周恩来分析国际国内形势。11 月 1 日，参加杂志社联谊会，共同发出不要内战的呼吁。12 月 28 日，携家乘木船顺江东归。

八、到北京

1946 年，叶圣陶 52 岁。2 月，他携家回到上海，见着了相别八年半的夏丏尊、王伯祥、徐调孚、顾均正、郑振铎、周建人和郭绍虞等老朋友。夏丏尊已病卧在床，4 月 23 日在忧愤中去世。

在上海的三年，叶圣陶除了主持开明的编辑工作，主编《中学生》等刊物，还接替老舍，主持“文协”的日常工作，参与“文协”刊物《中国作家》的编辑。他把中国的希望全寄托于共产党，多次听取周恩来、李维汉等分析当前局势的报告，积极参加文化界、教育界、新闻出版界的反对内战的活动，写文章做演讲揭露国民党当局镇压民主运动。1946 年 7 月，为抗议国民党残杀民主人士，他参与了《闻一多全集》的编辑工作，代表开明接受出版。1948 年 8 月，朱自清在贫困中病逝，他参与筹备编辑《朱自清全集》。

1948 年底，叶圣陶接受中国共产党的邀请，决定绕道香港，到北平参加新的政治协商会议。1949 年 1 月 7 日，叶圣陶夫妇和傅彬然秘密乘船离开上海，11 日抵达香港，逗留一个多月，跟当时在香港的文化界人士有广泛的接触。2 月 28 日，由共产党护送秘密乘船北上，同行的有柳亚子、陈叔通、马寅初、郑振铎、宋云彬、傅彬然、曹禺等，3 月 5 日到烟台登岸，进入解放区。16 日，一行人乘汽车到达沧州，杨之华、邓颖超特地从石家庄赶去迎接。18 日，乘火车到达北京，市长叶剑英特地到东站迎接。

九、出任出版总署副署长

1949 年，叶圣陶 55 岁。到北平不久，他被华北人民政府任命为教科书编审委员会主任，开始主持教科书的编辑出版工作；7 月 2 日，参加第三届文代会；9 月 21 日，以教育界代表身份出席中国人民政治协商会议，30 日，政协闭幕，被推选为常委。10 月 1 日，中华人民共和国成立。20 日，叶圣陶被任命为出版总署副署长，分工主管教科书编辑出版工作；1950 年，人民教育出版社成立，他兼任社长和总编辑。1953 年，开明书店和青年出版社合并，成立中国青年出版社。

1954 年，叶圣陶 60 岁。9 月，他被江苏省推选为代表，出席第一届全国人民代表大会（第二、三、四届全国人代会，他仍被江苏省推选为代表）。1954 年 11 月，出版总署撤销，他被任命为教育部副部长，仍分工主管教科书编辑出版工作，兼人民教育出版社社长和总编辑。

1955 年 11 月，叶圣陶响应为少年儿童写书的号召，发表短评《大家拿起笔来》。他选出《一粒种子》《画眉》《稻草人》《聪明的野牛》《古代英雄的石像》《皇帝的新衣》《含羞草》《蚕儿和蚂蚁》《鸟言兽语》《火车头的经历》十篇旧作，在语言方面做了精心加工，编成了《叶圣陶童话选》。1956年5月，这本自选的童话集由中国少年儿童出版社出版，有他自己写的《后记》，黄永玉的套色木刻插图。1956年10月，他以《一个少年的笔记》为题，开始为少年儿童写短篇散文，只写了五篇就停止了。

1956年12月，叶圣陶、老舍、周扬、余冠英和叶君健等组成的中国作家代表团，赴印度出席亚洲作家代表会议，次年1月回国。1957年3月2日，胡墨林病逝，葬于北京西郊福田公墓。胡墨林随叶圣陶北上后，先后在华北人民政府教科书编审委员会、出版总署、人民文学出版社工作。

1958年4月，叶圣陶陆续发表了六首儿歌，并发表短文《最适合写儿童文学的人》，号召教师在业余进行创作。10月17日，他的好友郑振铎在出国访问途中因飞机失事遇难。1961年2月3日，他的老母亲病逝，葬于北京西郊福田公墓。

1962年7月，叶圣陶发表《谈谈〈小布头奇遇记〉》，对这本童话做了肯定的评价，并论说了童话的创作。1963年12月，他加入中国民主促进会。

1966年，叶圣陶72岁。5月，“文化大革命”开始；6月，教育部和高教部合并，他被解除了教育部和人民教育出版社的职务，等待安排工作。1967年9月，他患心肌梗死，卧床两个月。

在“文化大革命”前的17年中，叶圣陶把主要精力放在出版方面、教育方面和中小学教科书的编辑方面。除了台湾、新疆、西藏、青海、宁夏，各省、市、自治区他都到过，或是参观视察，或是调查访问，或是休假旅行，写下了大量歌颂新中国的散文和诗词。

十、发表《我呼吁》

1976年，叶圣陶82岁。10月，“四人帮”被粉碎。在十年浩劫中，他的老朋友大多遭受迫害，致死的有老舍、金仲华、章锡琛、丰子恺、周予同和丁晓先等。贺昌群和王伯祥也先后病逝。

1978年2月，叶圣陶被江苏推选为代表，出席第五届全国人民代表大会，被推选为常委；3月，他出席第五届全国政治协商会议，也被推选为常委。6月，他参加人大、政协的参观团去四川参观，途中胆囊结石发作，回京后方进行治疗，住院达104天，健康受到很大影响。

1979年2月，叶圣陶被聘为教育部顾问。8月，《〈稻草人〉和其他童话》在中国少年儿童出版社出版。这本自选集是《叶圣陶童话选》的增订本，除原有的十篇旧作和《后记》外，增选《玫瑰和金鱼》《跛乞丐》《快乐的人》《书的夜话》《熊夫人幼稚园》五篇旧作，有华君武作的漫画像，许敦谷和黄永玉的插图，编辑部写的《编者的话》。

1979年10月，在民进第四次代表大会上，叶圣陶被推选为六届中央委员会的主席。1980年4月，他被任命为中央文化馆馆长。1981年10月，他发表《我呼吁》，呼吁社会各方面纠正片面追求升学率的不良倾向，切实减轻学生的负担。1982年5月，赴烟台出席科普创作协会召开的科学童话学术讨论会。1983年6月，出席第六届全国政治协商会议，被推选为副主席。1984年4月，进医院割除已发生变异的胆囊。在以后的四年中，他的身体越发衰弱，经常住院治疗，视力听力都大大衰退。

1986年5月，吉林人民出版社《小学生文库》本《叶圣陶童话选》出版，收录近几年重新整理的七篇旧作：《傻子》《燕子》《富翁》《眼泪》《瞎子和聋子》《牧羊儿》《将来做什么》。附作者小传。

1987年5月，民进召开全国代表会议，叶圣陶辞去主席职务，被推选为名誉主席。7月，《叶圣陶集》前四卷由江苏教育出版社出版。第四卷（儿童文学创作部分）收录童话集《稻草人》《古代英雄的石像》《鸟言兽语》，小说集《邻居》，散文集《一个少年的笔记》，歌谣歌剧集《听我唱》，再创作集《夜工》，插页有华君武作的漫画像，叶圣陶和儿童谈话的照片，以及许敦谷、丰子恺、黄永玉、华君武为童话作的插图，后附叶至善、叶至美、叶至诚的《编后记》。

1988 年 2 月 16 日上午 8 时 24 分，叶圣陶在北京病逝，终年 94 岁。骨灰于 12 月 8 日安放在苏州甪直他青年时代和学生们一同开垦耕作的地方。

从事出版工作 60 年

《出版工作》编辑部

叶圣陶，名绍钧，江苏苏州市人，生于 1894 年 10 月 28 日。1988 年 2 月 16 日在北京病故，终年 94 岁。在教育、文学、出版等方面，他一生都做了不少工作。

1922 年，他和朱自清、刘延陵、俞平伯创办了我国第一种新刊物——《诗》。

1923 年，他进商务印书馆，先在国文部担任编辑，编了《学生国学基本丛书》中的 12 本小册子。还在业余参加了文学研究会的机关刊物《文学旬刊》和《文学》的编辑、发行工作。

1924 年，他受共产党人委托，编辑了以济难会名义出版的《光明》半月刊。

1925 年，五卅运动期间，他和胡愈之、郑振铎等，一同创办《公理日报》，宣传反帝斗争。

1926 年，他和王芝九、丁晓先等，一同创办《苏州评论》宣传跟封建势力做斗争。

1927 年“四一二”事变之后，郑振铎被迫出国暂避，他代替郑振铎主编《小说月报》，号召作家“写这不寻常时代里的生活”，陆续发表了茅盾第一部小说《幻灭》，丁玲的处女作《梦珂》，施蛰存的处女作《绢子》，巴金的处女作《灭亡》和戴望舒的代表诗作《雨巷》等作品，郑振铎回国后，他曾主编《妇女杂志》，后来又调回国文部工作。

1930 年，他离开商务，进开明书店工作，协助夏丏尊编辑《中学生》杂志和青少年读物，还编写了好几种中小学的语文课本，1936 年，《新少年》创刊，他担任主编。1937 年，我国第一种大型文摘月刊《月报》出版，他担任文艺栏主编。

抗日战争开始后不久，他暂时离开出版界。1939 年，《中学生》在桂林复刊，他担任主编。1942 年，开明书店在成都成立编辑部，由他主持工作。1945 年，《开明少年》创刊，他担任主编。在这期间，他还担任《国文杂志》的主编和文艺界抗日后援会成都分会机关刊物《笔阵》的主编。

抗战胜利后，他参加了争取出版自由的斗争，反对国民党政府的图书审查制货，联合重庆、成都的十几种刊物，拒绝送审。

1946 年，他回到上海后，仍在开明书店主持编辑部的工作，并参加了管理部门的工作。他听从周恩来同志对国统区出版工作布局的设想，以中间偏左的姿态努力把开明书店和《中学生》保存下来。他担任《中学生》和《开明少年》的主编，参加了《国文月刊》和中国文协机关刊物《中国作家》的编辑出版工作、《闻一多全集》和《朱自清文集》的编辑出版工作，并支持各种民主报刊，经常在出版界和杂志界的集会中发表讲话，宣传民主运动。

1949 年初，他接受中国共产党的邀请，绕道香港来到北京，准备参加政治协商会议。他担任了新华书店编辑部的副总编辑，华北政府教科书编审委员会主任的职务。

中华人民共和国成立后，他担任出版总署副署长，主持编审委员会的工作。人民教育出版社成立，他担任社长兼总编辑。出版总署撤销后，他担任教育部副部长，仍主持人教社的工作。他把主要精力放在中小学教科书的编审上，还审读了不少其他的译著。“文化大革命”开始前，他离开人教社。在他一生的最后十几年里，他还为好几个出版社审读了不少稿件。

他从事编辑出版工作前后达60多年。处处为读者和作者着想，注意教育效果和社会效果，态度诚挚，工作认真，并努力培养编辑人才，为出版界树立良好风气做出了榜样。

笔耕逾半个世纪的叶圣陶

潘耀明

卧病仍关心教育

中国现代文学有许多成就辉煌的作家，叶圣陶是其中的一位。他比郭沫若小两岁，比茅盾大两岁，以94岁的高龄，成为我国年纪最长的文坛健将之一。

说是文坛健将，因叶圣陶进行了逾半个世纪的笔耕，并且长期关心着教育问题和对青少年的培训，晚年仍坚持不懈，1978年他还发表两篇引人注目的文章，提出不少关于教育问题的建设性意见：其一为《大力研究语文教学，尽快改进语文教学》[①]。对中国所存在的语文教育弊病，提出了改进办法；其二是《谈谈文风问题》[②]，就新闻人才的培训，提出不少深刻的见解，在这篇文章里，叶圣陶针对国内新闻从业人员水平的低落，指出："咱们干动笔写东西的工作，总要尽可能有丰富的知识。"他又指出："我说，咱们要争取做个杂家，唯其杂，才能在各方面运用咱们的知识，做好报道，写好文章。"这是叶老对文化工作者的一番饶有深意的教导和期待。

叶圣陶于1978年7月上旬曾经动过手术，割除胆石，直到10月上旬才出院。

---

① 1978年《中国语文》第2期。

② 这是叶圣陶在一个记者训练班上作的一次讲话。

他开刀后不久，听说大学统一入学考试的语文试题中没有命题作文，他非常兴奋，认为是一大改革，对家人说了好几遍，还托人把他的意见转告教育部负责人；9月初，少年儿童读物出版社工作座谈会在庐山召开——他躺在病床上嘱其长子叶至善笔录他的祝词送去，希望大家郑重其事地为孩子们出好读物。1979年末到1980年初，又为上海《文汇报》撰写《晴窗随笔》，主要谈对教育工作的意见。[①] 自施手术后，叶圣陶一直在休病中，听须用助听器，看书则用二镜——眼镜与放大镜。虽是大病初愈，平日仍孜孜不倦阅读海内外书报，甚至对海外个别杂志上的谬误地方，也能一一指出，并通过朋友辗转告知有关杂志，以期得到明白更正，这种对待文化事业的热诚和严肃认真的治学态度，是感人至深的。

当代的教育家

生活在20世纪的人，相信没有读过叶圣陶作品，接受过叶圣陶教育的人很少，不说抗战前开明版小学国语教科书，是他亲力撰写的，就是在今天，很多海内外的中小学教科书，都收有叶圣陶的文章。

叶圣陶60多年的文化活动，很大一部分是与教育有密切关系的，我们从他的简历也可以见其大概：

叶圣陶，又名叶绍钧，江苏吴县人。1894年生。1911年中学毕业后，当过10年小学教师，1921年起先后在中学任教。1921年1月，文学研究会成立，他是该会12个发起人之一。1923年起，主要担任编辑工作：在商务印书馆任编辑8年，曾经代替郑振铎编过《小说月报》，还编过《妇女杂志》等多种杂志。1931年改任开明书店编辑，与夏丏尊合编开明书店的《中学生》《新少年》。此外，还编辑《光明》《苏州评论》《中国作家》等（关于后面几本杂志，由

① 据1980年1月16日叶至善（叶圣陶长子）给笔者的信。

于期数无多，知者甚少。这是叶圣陶在 1979 年 5 月答复笔者询问时透露的），这种编辑工作，一直延续到 1948 年。抗战中曾一度去大学任教。中华人民共和国成立后，任中央人民政府出版总署副署长，教育部副部长兼人民教育出版社社长；近年叶圣陶除了担任教育部顾问，还被推选为全国人大常委会委员、全国政协常委、中国民主促进会副主席、中国作家协会理事。

从上面资料可知，叶圣陶自 1930 年以来，便把主要精力献给语文教育工作，他主办的《中学生》，在青少年中间影响很大，下面援引的女记者和作家彭子冈一段话，可以作为注脚：

> “为什么我要称叶老为老师呢？因为在 20 世纪 30 年代，我们向《中学生》等杂志投稿，叶老在繁忙的编辑工作之余，还亲笔和投稿人通信，在苏州、上海，后在重庆，颇多往还，他热心和我们谈文章得失，就像他在《文章病院》中分析某些文章的毛病一样。解放以来他时常为各单位作讲演，或先印发文章，然后剖析，听众多为工农兵及干部。有时他谈到某些作家作品，时常自愿提意见，虽读几十万字一部也不怕吃力。”[①]

叶圣陶过去对年轻作家的扶掖和支持，是不遗余力的。当代驰名的女作家丁玲，也是在他的鼓励下，然后走上文学创作道路的。丁玲的第一篇小说《梦珂》，当时就是投给叶老主编的《小说月报》而被录用的。1979 年 5 月 20 日，丁玲去探望叶圣陶的时候，对叶老说：“叶老，我常常告诉年轻的编辑同志，你当时怎样给我提意见，指点我怎样修改自己的小说……”[②]

叶圣陶在中国的教育史上是功不可没的，所以我们称之为教育家，是十分贴当的。

---

① 子冈：《叶圣陶访问记》，《大公报》1979 年 11 月 13 日。

② 叶至善：《〈六么〉令书后》，《人民日报》1979 年 3 月 14 日。

新发现的小说

叶圣陶在中国现代文化园地上，进行了长期而辛勤的耕耘，影响是至深且巨的。

过去，一直以为叶圣陶第一篇小说，是发表在1919年傅斯年、罗家伦等主办的《新潮》杂志上的《这也是一个人！》。直至最近，根据叶圣陶的透露[①]，才知道他的开始写小说，比这还要早，那是1914年，当时20岁的他，向上海一份叫《礼拜六》的周刊，投寄第一篇小说，并获刊载。而最近有人新发现叶圣陶另两篇写于1914年的小说，篇名为《玻璃窗内之画像》和《贫女泪》，均是以文言文写的，发表在徐枕亚主编的《小说丛报》上；此外，又有人查出当时上海《小说海》，也刊登过叶圣陶的两篇小说，分别是《倚闾之思》和《旅窗心影》。

叶圣陶的创作期，以1926年为分水岭，大抵分为两个时期。前一期的作品包括《隔膜》《火灾》《线下》《城中》；后一期的作品，有《未厌集》《四三集》《倪焕之》；此外，还有散文集《脚步集》《未厌居习作》《西川集》《小记十篇》；童话集《稻草人》和《古代英雄的石像》等。

其中长篇小说《倪焕之》被茅盾誉为“扛鼎”之作，可视为叶圣陶的代表作。这部小说中的小学教员倪焕之和校长蒋冰如两人同在乡村中试验教育，写出了自“五四”起，迄1927年止的中国知识分子生活变化的面貌，真实地反映了时代的侧面，歌颂了进步力量。叶圣陶在《倪焕之》重版《后记》中指出：“……当时的青年要寻找真理多么难啊！倪焕之是个小资产阶级知识分子，免不了软弱和动摇。他有良好的心愿，有不切实际的理想，找不到该走的道路。在那大变动的年代里，他的努力失败了，希望破灭了，只好承认自己不中用，朦胧地意识到：将来取得成功的‘自有与我们全然两样的人’。”

至于叶圣陶前一期的作品，茅盾已有精当而概括的评析了，他在《新文学

---

① 吴泰昌：《忆五四，访叶老》，《文艺报》1979年第5期。

大系·小说一集》导言中指出："冷静地谛视人生，客观地、写实地灰色卑琐人生的，是叶绍钧。他的初期作品大多有点'问题小说'的倾向，如《一个朋友》《苦菜》和《隔膜》。可是当他的技巧更加圆熟时，他那客观的写实的色彩便更加浓厚。"

创作上的重大改变

叶圣陶于1921年元旦，与茅盾、郑振铎等人发起组织了文学研究会，提出文学"为人生"的主张，自此以后，他在自己的创作道路上，严格、认真地执行了这个信条，这就是"一面生活，一面吟味生活"，并且追求"自由"和"爱"，这在前一期的作品中可以得到明证。他在这里成功地塑造了一群在灰色的社会中过着醉生梦死的灰色生活的人。他被称为文学研究会作家里面成绩最大的一个。

叶圣陶创作上的重大改变，是在经历了五卅运动以后。随着运动的发展，他的作品也不再局限于暴露和讽刺，对未来光明有了热切的追求。他在一篇抒写五卅惨案后，踯躅街头时的激动心情的散文，很明确地指出："不要紧，我想。血总是曾经淌在这地方的，总有渗入这块土的吧。那就行了。这块土是血的土，血是我们的伙伴的血，还不够是一课严重的功课么？血灌溉着，血温润着，行见血的花开在这里，血的果结在这里。"[①]"血灌溉着，血温润着，行见血的花开在这里，血的果结在这里。"这是对正义事业必胜的预见。作者因为对祖国有深沉的爱，所以在五卅的血案中，更激起了对敌人强烈的憎恨，使他迫切地要为同伴报仇，并号召人们起来战斗。而作为长篇小说的《倪焕之》就标志作者思想上的这一飞跃，在这本书中，主人翁已经直接参加到五卅运动。

① 叶圣陶：《5月31日急雨中》，《小说月报》1925年第16卷第7号。

丁玲所推崇的童话

叶圣陶的另一个重要成就是童话的创作，他是中国新文学史上第一个创作童话的作家，成就丰硕。其实他的童话集寓意深刻，每每包含着丰富的人生哲理，正如丁玲所说："这种作品，的确会使人看过要去思索一些问题，而不仅当作故事，看得热闹或兴奋而已。"《稻草人》和《古代英雄的石像》，就是这方面的翘楚。

《稻草人》是20世纪30年代，处于水深火热之中的劳动妇女的写照，稻草人在一个夜晚看到了三个妇女的悲惨命运：一个是遭遇虫灾面临饥馑的农家老妇人；一个是为了一家活命，抛下重病孩子于不顾，夤夜在小河里捕鱼谋生的渔妇；一个是为了不愿被丈夫卖掉而悲愤地投河自尽的妇女。这三个妇女都有其代表性，她们的遭遇，无疑是对欺压中国广大妇女的"三座大山"的强烈控诉！

《古代英雄的石像》描绘的是代表古代英雄的石像，因为他感到自己的高贵和荣耀，便鄙视本来是同一块大石头凿出来的、垫在它脚下的石块，它自以为地位至高无上，无视自己的同类，从而感到品种孤绝的"空虚感"。后来，有一天晚上，石像忽然坍圮了，和基台的石块一样，碎成小块了，而所有这些石块又都被用作铺设道路。它们终于达到真正平等和"毫无空虚"的境界。这个童话对一些身居要职的大人物，具有振聋发聩的作用！

叶圣陶还有一篇精彩的童话《皇帝的新衣》，长期以来一直为人们所忽视，其实就艺术技巧和思想内涵而论，绝不在《稻草人》和《古代英雄的石像》之下，而且今天看来，仍然有着极大的讽喻性和启发性。

安徒生也有一个《皇帝的新衣》，而且早已脍炙人口，叶圣陶这一篇《皇帝的新衣》，就是安徒生那篇的延续，并且发挥得淋漓尽致，使人想得更深更广，与安徒生的一篇堪称配搭佳妙，天衣无缝。

安徒生写到皇帝穿着"新衣"出巡，被孩子点破真相，皇帝至此知道自己上当。写到这里，安徒生便戛然而止，没有再写下去。叶圣陶就按着这个故事的情节发展下去，说是皇帝为了维护自己的尊严，明知被愚弄，还一意孤行，颁下法律，不准人们说他没穿衣服，他不但宣布要永远穿这一套“新衣”，而且勒令“谁故意说坏话就是坏蛋，反叛，立刻逮来，杀！”并且说这是“最新的法律”。后来事情发展下去，皇帝不但滥杀无辜，就是连他宠爱的妃子、大臣也不放过，只是为了所谓说“错话”，便要“正法”，弄到人心惶惶，人人自危。后来“老成的人”，觉得皇帝太过分了，大伙儿便联合向皇帝请愿，忠诚地提出如下的要求：

“我们请求皇帝，给我们言论自由，给我们嬉笑自由，那些胆敢说皇帝、笑皇帝的，确是罪大恶极，该死，杀了一点儿也不冤枉。可是我们绝不那样，我们只要言论自由，只要嬉笑自由。……”

你看这个皇帝怎样回答：“自由是你们的东西吗？你们要自由，就不要做我的人民；做我的人民，就得遵守我的法律。……”多么蛮横无理，所谓官逼民反，当这位暴君走得太远，尽失民心的时候，人民在走投无路之下，终于发出“撕掉你的空虚的衣裳”的怒吼，拥向皇帝，这时连他的兵士和大臣也跟着群众笑和喊，皇帝最后众叛亲离，失去所有依恃，威风扫地。正如这篇文章结尾所指出：“你猜皇帝怎么样？他看见兵士和大臣们也倒向人民那一边，不再怕他，就像从天上掉下一块大石头砸在头顶上，身体一软就瘫在地上。”

“中国的莫泊桑”

叶圣陶这篇文章写于1930年，最近上海出版的《童话选》把它收入，无疑说明了该文深刻的现实意义。

叶圣陶文笔练达，文章结构严谨完整，语言均经精工提炼，他自称后期“斟酌字句的癖习越来越深”[①]，不愧为语言大师。

过去曾有人说他是“中国的莫泊桑”，大概是就文笔而言吧。若从写作手法来看，他似乎更接近巴尔扎克。最近笔者曾探询他：在外国作家中，最喜爱和最受影响的有哪几个。他回答说：“……翻译之作看得不少，林译与周氏兄弟所译皆所喜，傅雷所译巴尔扎克之作几乎全看，好之尤深。……”所以也可以这样说，叶圣陶的写实手法，也曾从巴尔扎克的作品得到启发。

叶圣陶在文艺界地位是很高的，但是他对人真诚、谦逊，尤其是对青年一代，态度总是热情亲切的，受到广大读者拥戴，就是“文革”期间，群众也没有给予大冲击，照他所说是：只是“偶有几张大字报而已”。记得还曾询问过他：对过去著作，他最感满意是哪一部？所获的答复是：“自以为皆平平，恕不能举‘最喜欢者’。”这种虚怀若谷的精神，是很令人钦服的。叶圣陶是有高风亮节的长者，他过去恒守着“一个人应该有所不为”的信条，他在《答复朋友们》一文中，指出：“一个人当深入生活的底里，懂得好恶，辨得是非，坚持着有所为有所不为，实践着如何尽职，不然就是白活一场。对于这一层，我现在似乎认得更明白，愿意在往后的小半截路上，加紧补习。”对此，叶圣陶是身体力行的，他的这种行动，经受了历史和时间的考验。赵景深早年对叶老的这些高尚的品质，曾给予高度的评价，他将叶老喻为“一株直挺挺地立着的柏树”，“那‘是一种超然不群的象征’，不怕霜雪的欺凌，愈是严寒的冬天，愈显出它那青春的郁茂”[②]。

这并不是谬赞，叶老的劲节不拔、风骨嶙峋，是令人钦敬和值得学习的！

---

① 叶圣陶：《〈倪焕之〉作者自记》。

② 赵景深：《文坛忆旧》。

叶圣陶的文学工作

《雨花》编辑部

春节前夜惊悉叶圣陶老人在北京病故。我们怀着极其悲痛的心情，回顾了他老人家一生在文学方面所做的工作。

1919 年五四运动前夕，《新潮》月刊继《新青年》提倡文学革命之后在北京创刊，叶圣陶写了《这也是一个人！》《春游》等短篇小说在《新潮》上发表，这是他参加新文学运动的开端。1921 年初，“文学研究会”成立，他是发起人之一。

在叶圣陶早期有关文艺创作的许多论述中，他提出了“充实的生活是诗和一切文艺品的泉源”“文艺的目的在表现人生；在使群众从迷梦中跳将出来，急欲求索人之所以为人；在打破人与人之间的隔膜”“作家并不是‘特异’的人，不应当到群众中去体验一下生活，而应当生活在群众当中，顺应他们的需求，指引他们的路径”“作家要说诚实的自己的话”“要多多创作新的适合于儿童的文学”等至今仍旧有现实意义的主张。

1921 年 7 月，郑振铎主编的《儿童世界》创刊，叶圣陶开始在上面发表童话，两年后出版了第一个童话集：《稻草人》。“给中国的儿童开了一条自己创作的路”（鲁迅语）。1922 年 1 月，他又和刘延陵、朱自清、俞平伯创办了第一个新诗刊：《诗》。

1925年五卅事件之后，他和商务印书馆的同事沈雁冰、胡愈之、郑振铎等随即创办了《公理日报》，揭露英帝国主义者的侵略罪行；同时写出了《五月卅一日急雨中》《无耻的总商会》《我们忏悔来的》等许多激励民心的散文、杂文和新诗。

1927年，蒋介石发动了“四一二”大屠杀。5月，郑振铎迫于白色恐怖赴欧洲游学，《小说月报》由叶圣陶代为主编。就在接办后第一期（十八卷第七号）《小说月报》的《最后一页》里，他向作家们发出了“提起你的笔，来写这不寻常时代里的生活！”这样的呼吁。同年9月号的《小说月报》上，发表了茅盾的《幻灭》，他说：“由于作家的努力，我们可以无愧地说，我们有了写大时代的文艺了。”同年10月号的《小说月报》上，发表了他自己的短篇小说《夜》，这是“四一二”之后第一篇用文艺形式来反映这一事件的作品。他还写了童话《冥世别》发表在《大江月刊》上，讥刺和揭露国民党诬蔑为大革命牺牲的青年烈士的险恶用心。

在叶圣陶主编《小说月报》期间，发表了丁玲的处女作《梦珂》、施蛰存的处女作《绢子》，巴金的处女作《灭亡》和戴望舒的代表诗作《雨巷》。

1928年，他写的长篇小说《倪焕之》在《教育杂志》上连载，第二年由开明书店出单行本。“把一篇小说的时代安放在十年的历史过程中的，不能不说这是第一部；而有意地要表示一个人——一个富有革命性的小资产阶级知识分子，怎样的受十年来时代壮潮所激荡，怎样的从乡镇到都市，从埋头教育到群众运动，从自由主义到集团主义，这《倪焕之》也不能不说是第一部。”（茅盾语）

1930年至1937年抗日战争爆发，他把许多精力用在了编辑《中学生》杂志和小学、中学语文教科书上面，然而，仍旧发表了《英文教授》《多收了三五斗》《皇帝的新衣》《鸟言兽语》《胡适先生的幻想》《三种船》等短篇小说、童话、杂文和散文，出版了短篇小说集《叶圣陶短篇小说集》《四三集》，童话集《古代英雄的石像》和散文集《未厌居习作》等。

1938 年 3 月，中华全国文艺界抗敌协会在武汉成立，他是大会主席团成员。1943 年担任文协成都分会理事。主持过文协成都分会出版的刊物《笔阵》。1944 年，主持了募集援助贫病作家基金的事情，1945 年初，又曾为营救被国民党无理拘留的作家骆宾基、丰村奔走。抗战期间，他写了好些鼓舞民族气节的小说、散文和诗词，出版了小说和教育论文的结集《西川集》。抗战胜利后，他积极投入了文艺、出版和教育界争取人民民主的运动，还主持了全国文协的机关刊物《中国作家》。

全国解放以后，他除去发表了若干游记、记叙文和诗词以外，还为扶持和鼓励青年作家做了许多事情，浩然、徐怀中、王愿坚、孙幼军等作家的作品，他都热情地向读者推荐过。“文化大革命”以后，他又为反对“假、大、空”，形成新文风，做了许多工作，又写了许多纪念亡友的文章。

旧事重提

——叶圣陶与《文汇报》

叶至善

1946 年 7 月 18 日，《文汇报》被国民党当局勒令停刊一星期。在六天前，《文汇报》刊登了两封警察的来信。一封署名“一群警察”，说他们不愿意被人当工具，去压迫奄奄一息的人民；说 6 月 23 日，进京请愿的上海人民代表在下关车站被特务包围毒打，在场的宪警只做没看见，是“我们警察的奇耻大辱”。一封署名“本市一巡官”，要求免费发给夏季制服。反动派抓住这个把柄，由警察局定下“罪名”，说《文汇报》“捏造警察名义，离间上下感情；淆惑社会视听，意图破坏公共秩序”，勒令《文汇报》停刊一星期。

这一天到开明书店上班没见着《文汇报》，同人们都觉得奇怪，后来得到消息，大家感同身受，放下了手头的工作纷纷议论起来。大家都明白所谓的“罪名”不过是个借口，反动派早就把《文汇报》恨之入骨了。当时上海的日报、晚报有一二十种，可看的极少，而《文汇报》是大家每天必看的。同样的新闻，《文汇报》的报道看着让人舒服，能从字里行间看到内幕和真相，评论、特访、读者来信等更不用说了，句句说到了大家的心里，都是大家心里想说的话。“6·23”下关事件，国民党反动派完全暴露了他们死心塌地要跟人民为敌到底了。7 月 11 日，李公朴先生被刺；7 月 15 日，闻一多先生被刺；大家更加离不开《文汇报》了。反动派在这个当口勒令《文汇报》停刊，难道只为了那两封警察的投书吗？

大家越说越气愤，我父亲却不作一声。第二天，他一上班就给《文汇报》全体同人写了封信，信是这样开头的："被罚停刊，你们当然不颓丧。你们问心没有错儿，连罚你们的也必然自知是借端生事，你们为什么要颓丧呢？"又说一定要跟反动派"考较个明白"，不能白吃这个亏。"我国弄到这么糟，一半固然要怪那些为非作歹的，一半也要怪大多数人，大家存着吃了亏就算了的想头。"最后鼓励说："愿你们精进不懈，继续努力，在许多种无可看的报纸之外，永远有一种像模样的报纸。"

信写完就托人送去了，我父亲还是处理他的日常事务，他心里可没有就此平静下来，《文汇报》被迫停刊，《文汇报》的同人固然吃了亏，更吃亏的还是爱读《文汇报》的广大读者。当天晚上，父亲又给《文汇报》的主编柯灵先生写了封信，建议停刊满期之日"出一特刊。至少两版，专载读者投函，表明读者需要此报纸，与此报纸有片刻不能相离的感情。亦使反动派知所警惧，报纸后面原来有如此大力为之支持。"又说"急速发动，尚来得及"，"作者不必拉知名之人"，"最好各界均有，署名之上标明其职业地位"。只要贵刊透露此意，各界必乐于从命。弟之店中同人均爱《文汇》，必可有七八篇呈上。"

第二天上班，我父亲真个代《文汇报》组起稿来，要大家有什么写什么，简练明白，不说空话。一下子就收集到十来篇，马上给《文汇报》送去。我父亲想到的，其实许多读者都想到了，《文汇报》收到的慰问信、支持信早已不计其数。复刊以后，每天密密麻麻的一整版，登了三天也没登完，挤不进去的只好登个写信人的姓名和身份。父亲的那封信是在第一天——7月25日刊出的，开明同人的信只采用了周振甫先生的一封。周先生那时还没出名，在报刊上公开发表政治性的意见，在他还是头一回。

叶圣陶与人民教育出版社

史晓风[①]

1949年初，叶圣陶应中共中央的邀请，由上海经香港辗转到达已经解放的北平，担任华北人民政府教科书编审委员会主任。10月，出任中央人民政府出版总署副署长兼主管教科书工作的编审局局长。1950年12月1日，以编辑出版中小学教科书为主要任务的人民教育出版社成立，他兼任社长、总编辑。1954年调任教育部副部长，仍兼人民教育出版社社长，直至1966年春。这期间，在他主持下，人民教育出版社承担了代教育部制定中小学各科教学大纲的任务，共编写了四套约500册中小学各科教科书。其中许多书稿都经他逐字逐句推敲修改定稿的。教科书的若干章节，特别是语文教科书的许多课文至今仍在使用，字里行间凝结着他高超的语言艺术和对青少年的诚挚关怀。

叶圣陶很欣赏毛泽东为中华人民共和国成立初期的第一次全国出版工作会议的题词——“认真做好出版工作”。他说：“做任何工作都要认真，做出版工作特别需要认真。”他要求教科书不但“质文并美”，不许有一个错字、错标点，而且要求“及时供应”。1953年有几种新编教科书不能及时供应，他很着急，说：“我当过教师，上课没有书怎么行！即使教师自己能编讲义，也

① 作者系叶老原秘书。

来不及啊！”他提出一边赶印抢运，一边以人民教育出版社名义在报上刊登启事。秘书拟稿的启事，强调了客观原因，叶圣陶看了不满意，说“要反求诸己”，亲自改写了，做了自我批评，提出了补救措施。他十分重视培养年轻编辑，亲自主持讨论修改书稿，举办编辑业务讲座，言传身教，不遗余力。同时，他在全国范围内倡导学习语法修辞，主持或参与了标点符号的统一、汉字的简化、异体字的淘汰、印刷通用汉字字形的整理、汉语拼音方案的制定、普通话的推广、异读字的审音等工作，为编辑出版工作的规范化提供了重要的条件。

1972 年，“文化大革命”中被撤销的人民教育出版社开始重建。叶圣陶尽管没有担任职务，但仍然十分关心中小学教科书的编写工作。1985 年人民教育出版社成立 35 周年，他写了一篇文章——《跟上教育体制改革的步伐》，说：“中央关于教育体制改革的文件，我是在病床上听家里人念的。我一边听一边想，如果我年轻二三十岁，像 50 年代、60 年代那样，还在人教社跟同志们一起工作，面临这场伟大的改革，咱们应该在哪些方面着力呢？我想，中小学课本恐怕得修订或者重编；从内容讲，要剔去陈旧的材料，补充必要的最新的知识，还要注意各科之间的相互联系和配合，避免重复和累赘；从方法讲，要灵活地运用启发式，避免呆板的注入式；从效果讲，要做到让老师便于教，让学生乐于学。此外，还要为职业中学，为成人普及普通教育，各编一套切实有用的课本。幼儿教材也得抓紧搞，好让孩子们在进小学之前养成良好的生活习惯和语言习惯，受到培养最基本的观察能力和思维能力的初步训练。”并指出：“提高课本的质量，主要经验有三条：一是多调查多研究，要着重效果，分析原因；二是多向老师请教，因为他们是实践者；三是在工作中锻炼，不断提高编写的能力。希望同志们努力不懈，使自己的工作紧跟上教育体制改革的步伐。”这一年，他已是 91 岁高龄，而且在病中，但仍这样关心社会主义祖国的教育事业，这样关心青少年一代的健康成长，这样关心他毕生从事的中小学教科书的编辑出版工作。一片丹心，跃然纸上。

答复朋友们[1]

叶圣陶

五十岁，一个并不算大的年纪。就是大到七十八十，又有什么意思？七十八十的老人，男的女的，哪儿都可以见着。若说“知非”啊，“知天命”啊，能够办到，当然不错；可惜蘧伯玉跟孔子的那种人生境界，我一丝儿也没有达到。生日到了，跟四十九四十八那时候一样，依从旧例，买几斤切面，煮了全家吃，此外就没有想着什么。有几位朋友说我乡居避寿，其实不确切；我本来乡居，因为乡间房价比较低，又省得“跑警报”；至于寿不寿，的确没有想起。

承蒙朋友们的好意，把我作为题目，写了些文字，我倒清楚地意识起五十岁来了。大概不会活一百年吧，如今五十岁，道路已经走了大半截。走过的是走过了，“已然”的没法叫它“不然”；倒是余下的小半截路，得打算好好地走。

朋友们的文字里，都说起我的文字跟为人；这两点，自己知道得清楚，都平庸。为人是根基，平庸的人当然写不出不平庸的文字。我说我为人平庸，并不是指我缺少种种常识，不能成为专家；也不是指我没有干什么事业，不当教

---

[1] 1943年12月10日作，署名叶圣陶。刊成都《华西日报·每周文艺》第三期（1943年12月19日）。后收入散文集《两川集》，现收入《叶圣陶集》第六卷。作者1943年12月10日日记：“为余五十岁，友人作文者有社篇，余所未见者当更有数篇，语皆溢美，而其情可感。因作一短文答之，亦以应白尘之索稿。”所说“短文”即本篇。

员就当编辑员；却是指我在我所遭遇的生活之内，没有深入它的底里，只在浮面的部分立脚。这样的平庸，好比一个皮球泄了气，瘪瘪的；假如人生该像个滚圆的皮球的话，这平庸自然要不得。

像个滚圆的皮球的人生，其人必然是诗人，广义的诗人。写不写诗没关系，生活本身就是诗。如果写，其诗必然是好诗，不用诗的形式也还是好诗。屈原、陶潜、杜甫、苏轼、托尔斯泰、易卜生，他们假如没有什么作品，照样是诗人，说他们的作品可爱，诚然不错，但是，假如说他们那诗人的本质可爱，尤其推究到根底。

为要写些什么，故意往生活里钻，这是本末倒置的办法，我知道没有道理。可是，一个人本当深入生活的底里，懂得好恶，辨得是非，坚持有所为有所不为，实践着如何尽职如何尽伦，不然就是白活一场；对于这一层，我现在似乎认得更明白，愿意在往后的小半截路上，加紧补习。补习有没有成效，看我的努力如何。如有成效，应该可以再写些，或者说，该可以开头写。不过写不写没有大关系，重要的是加紧补习。

朋友厚爱我，宽容我，使我感激；又夸张地奖许我，使我羞愧，虽然羞愧，想到这无非要我好，也还是感激。最近在报上看见沈尹默先生的诗，有一句道：“久客人情真足惜”，吟诵了好几遍。沈先生说的“久客”是久客川中，我把他解作人生在世，像我这么一个平庸的人，居然也能得到朋友们的厚爱、宽容跟奖许，“人情真足惜”啊！在这样温暖的人情中，我更没有理由不打算加紧补习。

这不是寻常致谢的话，想朋友们一定能够鉴谅。

第　　二　　辑

用直，
教书开始的地方

访叶老的第二故乡角直

商金林

一

叶圣老说过："角直是我的第二个故乡。"

角直位于苏州与昆山之间。叶老在《题〈角直闲吟图〉》中说，角直"四围环水，必假舟楫乃达。自苏域搭航船而往，水程三十六里，……乘火车抵昆山，自昆山搭船，则水程较短，时间较省"。1979 年 5 月，我因公路过苏州，访问了角直。

当小轮船徐徐地停靠在角直轮船码头上的时候，同座的一位旅客惊喜地说："这就是电影《早春二月》里的芙蓉镇吧！"角直镇的风景真不亚于电影里的芙蓉镇。镇上河港交叉，家家临河傍水，黑瓦白墙，阳台和窗沿上时见盆花小景。全镇面积只一平方公里，听说古时候有石桥七十二座半。漫步于角直街头，真有"市尘五步一顶桥"之感，相传唐代诗人杜荀鹤的诗句"人家尽枕河，水港小桥多"，就是在这里写成的。

角直镇保圣寺文保所的王新同志为我的访问做了安排，邀我到保圣寺后面的草坪上喝茶。这草地中央有两株几乎遮住多半个天的银杏树，就是叶老在长篇小说《倪焕之》第一章中写到的"高高挺立的银杏树"。它们饱览了宋、元、明、清的世变沧桑，是水乡古镇历史悠久的见证。老王同志知道我经苏州来，笑着说："当年，叶老往返于苏州甪直两地，搭乘苏州快船，逆水行舟，需八小时。如今是'淞波卅六一轮轻'啊！"接着，老王同志请我看他临摹的《甪直闲吟图》，图上，远处保圣寺屋脊可见，近处是一片河港水地。《甪直闲吟图》是王湜华同志为纪念他父亲王伯祥先生，请同济大学建筑系教授陈从周画的。叶老在《题〈甪直闲吟图〉》中说："余到甪直任教于吴县县立第五高等小学校，盖应同学兄吴宾若、王伯祥之招。时余在上海商务印书馆所设之尚公学校，二兄书来，谓往时意气相投，共事教育，必所乐愿。余遂辞尚公而就五高，于 1917 年春季开学前与二兄同舟到甪直。"这篇题记，我在北京读过。叶老与吴宾若先生、王伯祥先生交谊深厚，叶老来甪直之前，他们在苏州议定下改革教育的计划。叶老到五高后，先是编写国文课本。叶老编写的国文课本，每篇选文的后面都附有题解、作者传略及语释，每隔两篇选文，就有叶老写的一篇文话，用讲话的体裁，谈论文章的写作和欣赏等，内容充实，议论缜密，文笔活泼。接着，叶老和吴宾若、王伯祥等先生挥锄破土，在银杏树旁的乱石地上创办"生生农场"。《倪焕之》中写的办农场的风波，那是有真实生活为基础的。叶老在短篇《苦菜》中，写向农民福堂学习种菜，也确有其事。

我们正在交谈，叶老的学生许倬、宋志诚、殷之盘、钱孚恒、顾柏生、皇甫墀闻讯而来。1977 年 5 月，叶老重访甪直，"五十五年复此程"，这些银须飘飘的老人，都到甪直轮船码头欢迎幼年时代的老师。叶老"望而识其貌记其名者三人，曰许倬，曰宋志诚，曰殷之盘。"其余的学生，叶老一时记不起名字，也还记得他们的相貌。76 岁的宋志诚先生紧紧握住我的双手说："前天，《人民日报》登载了叶老先生的诗作《六么令》，先生福体健康，学生深感万分兴奋，仁者长寿啊！民国六年，我到五高求学，叶老先生是我的级任老师，先生委我任级长。那时候我名叫宋志成。先生说'人贵于诚'，给我改名宋志诚。抗日胜利后，我流落到上海，生活无着，先生随即领我到《文汇报》馆，恳请报馆收容我卖报谋生。先生时常教育我说：'时势乱，要讲气节。'这些教诲，至今还铭刻在我的心中。”

许倬先生挽住我的胳膊，大家一同来到草地南面一幢轩朗的厅房前。许老介绍说：“这是四面厅。叶老在五高任教，月金不多，布衣布鞋，粗茶淡饭，却捐款在四面厅创办利群书店和博览室。利群书店经营文房四宝和书籍簿本，方便学生学习。叶老还把自己购买的中外名著、南社诗人的诗集，以及《新青年》《新潮》等刊物，陈列在博览室，经常到博览室指导我们吟诵诗文，教育我们要博学多闻。叶老先生还在博览室的四壁开辟了诗文专栏、书画专栏、英文通讯专栏，督促我们写生练笔。”四面厅附近有一房舍残迹。几位老人告诉我说：“那里是叶老建议学校建立的音乐室兼篆刻室。叶老喜篆刻，各班的篆刻课均由叶老担任。课上课余，叶老教学生刻图章印记，刻竹板压书，刻诗文互赠，刻花鸟共娱。”皇甫墀同志回忆说：“叶老先生指教我们刻写的诗文往往富有人生哲理，像‘温不增华，寒不减叶’‘直、谅、多闻’等。有一次，我刻竹板作枕臂，请先生题字，先生写了‘时还读我书’五个篆字，教育我刻苦攻读，温故知新。”

四面厅东侧是五高女子部楼，（当时的小学实行男女分班，五高女子部和男子部各有一楼，男子部三个班级，女子部两个班级。）楼上是教室，楼下是礼堂。每周一次同乐会，学期中和学期末的恳亲会，都在这礼堂举行。同乐会又是爱国教育课，各班编排爱国戏剧节目，叶老和王伯祥先生是编剧兼导演。恳亲会最隆重，学校把学生的习作、试卷、字画、雕刻，以及种植的瓜豆菜蔬陈列出来，请学生家长来校观览，还请家长看学生表演团体操，看学生演戏。家长看到学生的成长，十分欣喜。皇甫墀同志回忆说：“叶老先生曾经把都德的《最后一课》、莫泊桑的《两渔夫》列为爱国教育课，指教我把小说改编成话剧排演。”钱孚恒同志当年也在叶老的指导下，把《荆轲刺秦王》改编成戏剧。钱同志介绍说：“每适五高学生演戏，镇上男男女女都赶来看。那情景，比到乡下看草台戏还热闹。”

四面厅北侧是先贤陆龟蒙的遗迹。唐代诗人陆龟蒙号甫里，又号天随子，

“往从湖州刺史张抟游，游历湖、苏二州，……刺史蔡京率官属就见之，龟蒙竟拂衣而去，隐迹里中，多所论撰，明出处大义，以高洁称。”甪直镇古名甫里，甪直镇外有甫里塘，均为纪念陆龟蒙而得名。叶老来五高后，与吴宾若、王伯祥等先生商定，每年清明节的前一天和重阳节的后一天，为五高师生共祭陆龟蒙节。平时，叶老经常带领学生拜谒陆龟蒙衣冠墓，在陆龟蒙石碑和洗笔槽前评介陆龟蒙揭露现实、哀悯农民的诗文，在陆龟蒙遗迹斗鸭池和白莲寺旁讲述先贤的生平，教育学生们说：“先贤高洁，是百世之师。今天，时代不同了，你们要入世为民。”

斗鸭池已涸，洗笔槽尚存，白莲寺略留痕迹。陆龟蒙衣冠墓东南侧是五高男子部楼。叶老在《题〈甪直闲吟图〉》中说：“男子部楼与庭院之南有一屋，玻璃北向，五人居之。床皆贴南壁，自西而东，首宾若，次伯祥，次为余，次算术教师孙建平，次体育教师董志尧。书桌临窗，其序与床同。夜间点白瓷罩煤油灯二盏，当时已觉颇为亮矣。”顾柏生先生回忆说：“‘五四’运动的消息传到甪直那天，我们激动得夜不能眠，深夜来到学校，只见叶老先生和王伯祥先生等正围在煤油灯下，商讨唤起民众的计划。第二天，在五高操场召开‘五四’宣讲会。会上，叶老先生大声疾呼‘外争国权，内惩国贼！’似乎要点燃起每个听众的爱国热情。接着，叶老先生又创办文艺周刊《直声》，传播新文化、新思潮。”

叶老在五高的旧居连同五高男子部楼，“八一三”后被日寇焚毁，女子部楼依然完好地保存着。甪直人民怀着对叶老、王伯祥先生、吴宾若先生的敬意，经常修缮这幢小楼。我们登上五高女子部楼，观赏五高的风光。当年的五高，北依吴淞江，西枕甫里塘，校外小桥流水，张陵山清晰可见，校内花木扶疏，旱船假山，古柏参天。叶老在校园里住了两年半。1919 年暑假中，叶老的夫人胡墨林先生应邀来五高女子部任教，全家迁居甪直才另赁他宅。几十年过去了，叶老的学生经常给青年一代讲述叶老在校园里居住的岁月。1977 年，叶老重访甪直时说过这样一句话：“我真正的教书生涯是自甪直开始的。”

二

古镇角直有八大名景：鸭沼清风、分署清泉、吴淞雪浪、海藏钟声、浮图夕照、长虹漾月、莲阜渔灯、西汇晓市。叶老最爱西汇晓市。西汇晓市是镇西的一个早晨集市，旧时代的文人曾有诗写道：

带月人来小市西，提筐携瓮满前溪；
吴淞风土年年惯，灯火桥头正晓鸡。

叶老喜欢清晨到西汇晓市一走，看看水乡的风俗人情，了解人民的喜怒哀乐。我随叶老的学生及老王同志经“灯火桥头”，穿过“西汇晓市”，来到“弹指阁”旧址。要不是老王同志介绍，我真不能相信，这个素有“世外桃源”之称的角直镇上，昔日竟也有这样的辛酸往事。一些贫家姑娘沦为歌女，夜里在“弹指阁”弹唱卖笑，拂晓又临窗操琴练唱。来西汇晓市赶集的人往往鄙视这些人，他们把歌女看作有钱人的玩物。叶老认为歌女也是被侮辱被损害的人。在《寒晓琴歌》这个短篇中，叶老写了这些歌女的身世和遭遇，给予她们极大的同情。

叶老迁家角直后，赁居东市陈继昌家的怀仁堂走马楼。叶老重访角直时，知道旧居已成为角直中学学生宿舍，很想去看看，因为船马上要启碇，未能如愿。原来走马楼因为房舍排列成“马”字形而得名。叶老在这里接待过从河南来访问他的诗人徐玉诺，编辑过我国新文化运动中第一个新诗刊物《诗》。1921年暑假后，叶老先后到上海吴淞中国公学、杭州第一师范及北京大学中文系任教，南北奔走。因为胡墨林先生仍在五高执教，家眷居住在走马楼，一直到1922年秋，才搬回苏州城。住大太平巷。陈继昌是叶老的学生，五高毕业后参加革命，加入中国共产党，1930年6月24日就义于南京雨花台。烈士的女儿陈书琪同志告诉我说：“听母亲讲，父亲生前非常尊敬叶老。开始，父亲念书是为了识字算账，长大了好做生意。叶老住到我家里，经常教育我父亲要‘先天下之忧而忧，后天下之乐而乐’。他是指引我父亲参加革命的启蒙老师。甪直镇上最早参加革命的戴宗盘烈士，也是叶老的学生。”

出怀仁堂后门，过东市小街，转弯西行，是一抹平原，一条曲折的田径绕眠牛泾浜伸向远方。这里“距五高三里许，到校有两途可循，一沿河岸西行，复折而西，一则曲折循田塍行，出眠牛泾即为保圣寺天王殿之旷场，比较近捷。”当年，叶老和胡墨林先生就是“曲折循田塍行”，一日往返四次。这些往事，可以从叶老短篇《晓行》中去追寻。我们小步叶老当年走过的田径，回味“眠牛泾忆并肩行”的诗情意境，更深切地感受到甪直人民所说的“甪直是叶老的摇篮”的含义。

叶老“做了甪直人”以后，和甪直人民的交往多了。叶老和胡墨林先生谦诚可亲的品格、博学多艺的才能为甪直人民所尊敬。那时，胡墨林先生在女子部除教语文外，还兼教家庭生活课，她讲授的各种剪裁技艺，很快在甪直镇传开了。晚间，叶老家常有三五成群的姑娘来串门，胡墨林先生热心地教她们学描剪花样、裁缝针织等。课余，叶老和胡墨林先生到学生家走访，在新年到左邻右舍拜年。老王同志对我说：“要想知道甪直人对叶老先生的感情，只要念念叶老前年写的诗：‘再来再来沸盈耳，无限殷勤送别情。”叶老的思想感情和甪直人民融汇到一起，在他们中间撷取了无尽的创作源泉。叶老小说有不少是以甪直为背景的。84岁高龄的曹纪川先生告诉我说：《隔膜》集出版后，叶老先生送我一册，对我说：《阿菊》这篇，写的是镇上阿虎的事。”曹纪川先生还陪同我去甪直镇理发店，拜访了阿虎的儿子。阿虎的父亲是做短工的。当年，叶老曾让阿虎进学校免费念书，在小说《阿菊》中，为他描绘了光明的“别一世界”。可是，饥寒的煎熬又迫使阿虎离开了学校，去学理发糊口。叶老的良好的愿望并没有改变阿虎的命运。然而，正是这种同情被压迫人民的思想，为苦难中的人民追寻光明的“别一世界”的愿望，促使叶老紧紧地追随着革命前进的步伐。

1932年，洋米洋面源源倾入我国市场，我国广大农村谷价惨跌。叶老以此为题材，创作了《多收了三五斗》。当时叶老在上海。可是，小说中的“万盛米行”就是以角直镇上的万盛米行作为模特儿的，生活素材还是角直的。叶老把记忆中万盛米行做生意的印象、伙计们对农民的态度、新谷登场杀价，以及青黄不接时涨价等手腕，作了艺术的概括，来揭示谷贱伤农的社会原因。万盛米行门临市河，连接塘岸湾，沟通四乡八镇，现已拆除改建为角直镇的粮库。公社干部介绍说：“角直镇老老少少都晓得叶老的《多收了三五斗》。这篇小说一直是角直镇进行今昔对比的教材。”

三

离开角直的时候，南风裹着细雨，飘飘萧萧的。站在角直轮船码头，回顾角直全镇，保圣寺大殿戳出楼角，隐隐若画。古镇雨景，引人吟诵起杜牧的诗篇：

千里莺啼绿映红，水村山郭酒旗风。
南朝四百八十寺，多少楼台烟雨中。

保圣寺就是当年南朝的四百八十寺之一。这里，有唐代大中年间建筑的天王殿，有泥塑的杰作古罗汉。人们在欣赏古罗汉的时候，总要说起叶老和王伯祥、顾颉刚先生对保护这批文物做出的努力。在旧中国，角直的古罗汉早就不为人们注意，大殿久经风吹雨淋，已坍败零落，古罗汉也只剩下九尊。顾颉刚先生回忆说：“1918年夏先妻吴征兰病逝，余悲悼致疾，恒连续若干夜不能成寐，时草桥中学同窗友吴君嘉锡（吴宾若——笔者注）任角直镇两等小学校长，延王伯祥、叶圣陶两君任教，皆我旧好也。怜余之病，因招往游览以解忧，……遂欣然就道。”顾颉刚先生到了角直，叶老和王伯祥先生陪伴顾颉刚先生专鉴赏古罗汉，发现大殿抱对系赵子昂所书：

梵宫敕建梁朝　推甫里禅林第一

罗汉溯源惠子　为江南佛像无双

三老惊喜不已。叶老和王伯祥先生当即鼓励顾老研究这“溯源惠子”的罗汉，呼吁有识之士募金抢救。顾颉刚先生的呼吁得到蔡元培、马叙伦等人的响应，组织了罗汉保存委员会，改建大殿，使神品得有神境。

老王同志热情地为我送行，临别时再三要我转致他和角直人民对叶老的问候和祝愿，并赠送我一套角直罗汉相片，上面题有叶老的诗句：“罗汉昔睹漏雨淋，九尊今见坐碧岑。”

轮船“啵——啵”地离开了角直码头，迎着吴淞江上的春风破浪前进。角直镇渐渐地模糊起来了。然而，叶老在角直的岁月却一齐涌向我的脑海中。1939 年 12 月，叶老作《浣溪沙》说：“观钓颇逾垂钓趣，种花何问看花谁。”抒发了他那宽广磊落的胸襟。其实，看花人怎么会忘记种花人的勤劳和汗水呢！

海棠眷眷乡情深

——叶圣陶和他的故乡苏州

乃　尧

著名文学家、教育家叶圣陶先生是苏州人。他从1937年离开故乡40多年，始终保留着吴侬软语的乡音，并对故乡充满着眷恋的深情。

叶圣陶出生在苏州悬桥巷一个穷苦的家庭里。父亲是个普通职员，为了生活，不得不常去协助大户人家办理婚丧喜事。叶圣陶6岁，就在苏州有钱人家自设的家塾附读。1906年他进了苏州一所公立小学，两学期后，他又考进了苏州草桥中学。5年中学生活期间，他每天上学，从悬桥巷，经过临顿路、干将坊。课后，他与同学顾颉刚、俞平伯、王伯祥等，经常去观前街、护龙街（人民路）的“三万昌”“雅斋”“玛瑙书房”等茶馆书店闲逛。假日，他们还常去虎丘、拙政园等地游览。

悬桥巷旧居，是叶圣陶自幼生长的地方，直到20多岁才离开。但由于近年旧房拆迁翻造，已难寻找。但从叶老的《辛亥革命前后》日记摘抄，还可以了解他当年在家苦读的情景。如1911年11月27日所记：“晨起即抄诗，饭后督多妹诵书。夜而复抄，共抄四十首。”叶圣陶当年所抄写的诗作，有南社文人高天梅、高吹万等人作品。他十分赞赏南社诗人坚韧不拔的革命精神。

1911年冬，叶圣陶在苏州草桥中学毕业后，因家境贫困，无力升学，由中学校长介绍，在苏州城内干将坊言子庙初小任教。这个时期的生活，顾颉刚在《隔膜（序）》文中做过详细的介绍：“他（指叶）家境很清贫，使他不能去向文艺方面走。他中学毕业后，就在苏州城里充做初等小学的教师。他的性情，原是和小学生聚得下淘的，无奈学生以外的人逼着他失掉了职业上的兴趣，所以觉得很苦”；“那时候，圣陶精神上苦痛极了：他自己文艺上的才具既不能发展，教育上的意见又不能见诸实行”。两年后，叶圣陶即被排挤出校。言子庙初小校址仍在，现为干将坊小学。叶圣陶当年任教的教室（言子庙大殿），仍完整无损，只是“大殿”已改为干将坊小学的礼堂和活动场所了。

1917 年春到 1921 年 6 月，叶圣陶去吴县甪直镇县立第五高小任教。第五高小，现为甪直小学，部分校舍拆建。操场中心高耸挺拔的古银杏树、鸳鸯厅、四面厅、女子楼，是当年历史的见证。叶圣陶婚后所住的陈继昌家楼房 6 间，现为甪直中学的学生宿舍。叶圣陶在甪直阶段，心情十分舒畅，他与第五高小校长吴宾若、教员王伯祥等共同探讨教育改革，积极从事文学创作活动。诚如顾颉刚所说：“他在这几年里，胸中充满希望，常常很快乐地告诉我他们学校里的改革情形。”这阶段，叶圣陶在北大《新潮》、《时事新报》副刊、《晨报》副刊、《文学旬刊》、《小说月报》等报刊上发表了一些白话诗、短篇小说和散文杂感，都产生了较大的影响。

1922 年 1 月，叶圣陶与朱自清、俞平伯等人创办了我国新文坛上第一个诗刊《诗》。这年，叶圣陶全家迁居苏州大太平巷 50 号。今天，大太平巷已改名“十全街”。由于该街多次拆建，当时的 50 号也难以寻找了。

1935 年秋，叶圣陶在苏州葑门内滚绣坊青石弄 5 号，购买翻造了一幢住房，迄今尚存，青石弄 5 号内是一幢中西式平房建筑。古老的石库门，高耸的围墙，显得十分清静、宁谧。进入石库门内就是小园。在庭园内，叶圣陶曾亲手种植过海棠、红梅、桂树等。叶圣陶当年经常在写作之余整修树枝。园内一排朝南 4 间平屋，最东面一间是叶圣陶写作的书房。依次向西是叶圣陶夫妇、子女和叶母的卧房。房屋十分宽敞，每间有 30 多平方米。前后都有门窗。平屋前有宽阔的水泥阳台。平屋西侧，还有 3 间平屋，系生活用房。青石弄故居内十分引人注目的是，庭园前朝南高高的围墙上布满了红绿交映的藤萝，使整个故居增添了生命活力。叶圣陶在这里居住了 3 年左右。当时他在上海开明书店任编辑，每月去沪工作一星期。他在这里写了短篇小说《一篇宣言》《浪花》《邻居》等 10 多篇，散文集《未厌居习作》，童话集《小白船》，以及《文章例话》等作品。若干年后，他的儿子回青石弄故居，在劫后余宅中，居然还发现了十分珍贵的叶圣陶年轻时所写日记 22 册呢！抗战爆发，叶圣陶带领全家告别故居，辗转在四川各地 8 年。但叶圣陶对青石弄故居始终怀有深厚的感情。他在《嘉沪通信》《渝沪通信》中多次提到："青石弄小屋存毁无殊，芳香无挽，唯有永别。遥想梅枝，应有红萼"；"青石弄房屋尚在，自是可慰"；"前数日曾买大把海棠插于瓦瓶，因而颇忆苏州之一树海棠，不知今年花事如何"。直到 1972 年，叶圣陶在《西江月·海棠谢后作》中仍写道："青石繁英一树，少城俊赏三春。"

如今，叶圣陶老人已经作古，我们唯有深深的敬意，深深的怀念！

角直与叶圣陶的创作

苏州大学现代文学研究室

吴县政协文史办公室

吴县角直又名甫里，古时候名叫“六直”，因为镇东有直港，可以通到六个地方。它位于苏州东南36里，方圆只有1平方公里，但曾经是吴中的一个大镇，历史上是个文化发达的地方。据《甫里志》记载，新石器时代这里就有人居住。春秋时吴王阖闾在现在镇南吴宫乡的地方建过离宫。唐代隐居在角直的文人名士比较多，其中最著名的是诗人陆龟蒙，古镇的文化因此兴盛发达起来。镇上的保圣寺，是有名的“南朝四百八十寺”之一，创建于梁天监二年（503年），以后多次重修重建。最盛的时候，据说有殿产五千零四十八间，僧侣千人。宋、明两代，文人们常在保圣寺的天王殿、莲花墩聚会。元代书法家赵孟頫曾隐于保圣寺，至今寺内还保存着他写的大殿抱对：“梵宫敕建梁朝推甫里禅林第一，罗汉溯源惠子为江南佛像无双”。1860年太平天国战争时，保圣寺大部分被毁。现在仅存天王殿，整个建筑不用铁钉，具有江南古建筑的特征。由于顾颉刚的呼吁，寺里九尊相传是唐代杨惠之雕塑的泥塑罗汉得到了重视和保护。现为全国重点文物保护单位。

1917年春至1921年夏，叶圣陶应草桥中学时的同学吴宾若、王伯祥的邀请，来到角直吴县县立第五高等小学（简称“五高”）任教，他夫人胡墨林亦于1919年7月被聘请为角直“五高”女子部级任老师。是年，叶圣陶把家迁到了角直镇，直至1922年秋初才搬离角直。

在这段时间里，北方开始了新文化运动，在角直，叶圣陶不但找到了工作的意义，而且找到了志同道合的朋友，在这里得到了丰富的创作素材。

1919年3月，叶圣陶通过在北京大学读书的顾颉刚的介绍，加入了才成立不久的新潮社，并不断为《新潮》杂志写稿。《新潮》是从事社会批评的综合性刊物，叶圣陶接受顾颉刚的建议，给《新潮》杂志写了不少白话小说，和俞平伯、欧阳予倩、汪敬熙、罗家伦、杨振声等一起在《新潮》上开了新文学创作的风气，成为现代文学史上最早用白话创作的作家。

叶圣陶发表在《新潮》上的第一篇小说是《这也是一个人？》（载一卷三号）：一个农家女子十五岁出嫁，在婆家受到虐待，丈夫病死后，婆婆又把她卖给别人，所得的身价钱做了她丈夫的丧葬费。

叶圣陶小说同论文讨论的问题是一致的，就在前一期《新潮》上，他在一篇《女子人格问题》的论文中说："女子自身，应知道自己是个'人'……所以要把能力充分发展，做凡是'人'当做的事。"

1921年初，叶圣陶同沈雁冰、郑振铎、王统照、王鲁彦、许地山等十多人，一起发起成立了文学研究会，这是新文学史上成立最早的文学社团。同年，沈雁冰接办了宣统年间创刊的《小说月报》，加以革新，刊登文学研究会成员的新文学作品和理论文章，从此有了第一个新文学杂志。叶圣陶被聘请为《小说月报》和《晨报副刊》的撰稿人。

那时，叶圣陶清早常到镇西一个集市走走，这就是角直八景之一的"西汇晓市"，他走过一条河边，总能听到十二三岁的女孩跟着刺耳的胡琴声练唱，那是沦为歌女的穷人家的姑娘，她们晚上卖唱，早晨练习。《寒晓的琴歌》就以此为素材。小说中的"我"在寒冷的清早听到练唱声，产生了许多感想，他希望城里成千成万的人也能听到，因为这琴声、歌声"传出一切弱者柔软的灵魂，一切被侮辱者心底的悲哀"，听了以后，"该会增进人们彼此之间的了解"。

叶圣陶的小说《阿菊》（原名《低能儿》）写一个小镇上穷人家的孩子阿

菊上学第一天的心理活动，他对学校里非常普通的事物、对老师的爱都觉得新奇。阿菊的原型阿虎就住在保圣寺前。他家生活十分困难，父亲整天在外，靠给人家做红、白喜事的执事养活一家。阿虎的母亲又瞎又聋，精神不正常，阿虎小时候在这样的环境中长大，就成了一个低能儿，正像小说里写的一样。阿菊怎么能上学的呢？小说里没有写，生活中的阿虎却是由叶圣陶资助上学的。叶圣陶那时常从他家门口走过，知道了他们家的情况后，就出钱供阿虎上学，直到三年级。

叶圣陶反对强行灌输的封建教育，主张学校提供条件让学生自由发展。1919 年，叶圣陶在《新潮》上发表了《小学教育的改造》和《今日中国的小学教育》，提出了改革教育的主张；同时又在小说《校长》中塑造了从事教育改革的人物。小说中的校长叔雅要办“理想学校”，他让学生组织体育会开展运动，办小报纸，开荒地种马铃薯、玉米，反映了甪直“五高”当时教育改革的实践。

《多收了三五斗》，人们比较熟悉，这篇小说的素材也是从甪直得来的。叶圣陶的学生皇甫仲丹开过米行，他告诉我们，小说里的“万盛米行”就是按原来这里的一家米行的样子描写的。这家米行名叫“万成恒”，在甪直镇南端的殷家祠堂内，它和当地许多米行一样，前面是店，后面是米的加工厂。店前是一个“船埠头”，就是装卸谷、米的码头。这米行是当时镇上规模较大的米行，资金也比较充足。当时米价通常是七八元一石，但当秋收以后米价就下跌，米行老板趁这时收进米，然后慢慢按通常价格出售，靠这样来赚钱。《多收了三五斗》就反映了这种情况。

叶圣陶的独幕话剧《恳亲会》取材于“五高”办农场的经历。学校办“生生农场”时，因为搬迁了乡人的坟墓而遭到当地顽固势力的打击。剧本《恳亲会》通过学校召开家长会而顽固势力鼓动乡人不来参加的冲突，描写了改革者的热诚和旧势力的顽固。洪深在《中国新文学大系戏剧集导言》中称赞说：“这个剧本中几个教员，写的是太热诚了，太真实了。”

我们从叶圣陶唯一的长篇小说《倪焕之》中就可以看到角直生活的痕迹：倪焕之的教育思想里有叶圣陶自己的思想，倪焕之的经历中有叶圣陶的某些经历。小说第一章写到时“高高的银杏树”就是“生生农场”旧址上的这两棵古银杏。叶圣陶当年的同事说，小说里描写的学校、桥、楼上看出去的景物，就是角直的环境。连角直“五高”门前召开的“五四”宣讲会，也能在小说中找到痕迹。难怪叶圣陶要说：“角直是我的第二个故乡。”

随着创作活动，叶圣陶同外界的联系越来越多。郑振铎看到《新潮》上叶圣陶的小说，就同他通起信来。《小说月报》革新号上刊登叶圣陶的小说时，沈雁冰加了按语表示称赞。1921 年 3 月叶圣陶到上海鸿兴坊访问沈雁冰。他们和郑振铎、沈泽民（沈雁冰的弟弟）四人还同游上海半淞园，并合影留念。

通信交朋友是当时青年的风气，正像叶圣陶在《绿衣》中说的，通过信件，“我将与世界的人们为灵的会晤，我将给他们以灵的答话，我和他们且将没有分别，只是一体。我于是扩大了，超升了，虽然在狂风孤灯的夜间，破窗黯壁的室中，我总是个光明的、真实的、快乐的我。”叶圣陶在角直期间，同日本的作家武者小路实笃通信，同国内文学革命中的活跃人物周作人、俞平伯、冯雪峰、赵景深、潘漠华、孙伏园等人通信，许多朋友都是通信交往相互了解后才第一次见面的。1922 年 5 月叶圣陶在角直走马楼家中接待了从河南来访的文学研究会诗人徐玉诺。徐玉诺是河南人，刚见面同叶圣陶交谈还有困难，但他们事前已通过信件互相了解。徐玉诺的成名作《将来之花园》，卷末还附有叶圣陶的介绍评论。

在角直的几年中，叶圣陶的创作和编辑工作都获得了丰收。那时他开始创作白话新诗，《新潮》一卷二号上的《春雨》就是一例。他同刘延陵还一起主办了《诗》月刊，这是现代文学史上最早的诗刊。《诗》一卷三号《投稿诸君鉴》中写道：“今请以后诸君惠稿，都寄苏州角直叶圣陶收，或杭州第一师范转刘延陵收。”

郑振铎创办的《儿童世界》是我国第一个专供少年儿童阅读的刊物。叶圣陶应郑振铎之约为《儿童世界》写童话，成为我国现代最早写童话的作家之一。有时，叶圣陶替胡墨林上课，给幼稚班讲故事。他常常把自己编的故事讲给幼儿听，表达儿童的情趣，而这些故事正包含着他童话创作最初的构思。叶圣陶还鼓励甪直“五高”的学生给《儿童世界》投稿，帮他们修改稿子。严大椿当年就在叶圣陶老师的帮助下，在《儿童世界》上发表过诗，现已成为著名的儿童文学作家。

叶圣陶在甪直还致力研究文艺理论，写过很多散文，发表了很多文艺评论，单《晨报副刊》上就连续发表了四十篇《文艺谈》，产生了很大的影响。

甪直是叶圣陶从事教育改革和新文学创作起步的地方，对他的一生影响很大，为此叶圣陶常把吴县甪直比作母亲用乳汁哺育自己成长的摇篮。

叶圣陶在苏州

苏州大学现代文学研究室

吴县政协文史办公室

大运河畔，太湖之滨，有一座著名的古城——苏州。现代著名作家、教育家叶圣陶就出生在这里。他在这里度过了童年、青年时代，在这里接受教育，并开始从事教学、文学创作。

苏州是座有着悠久历史的城市，曾经是我国东南的政治、经济、文化中心。市内河道纵横，路窄桥多，家家屋后的台阶通到水中，直到19世纪末叶圣陶出生的时候，苏州的交通工具还是轿和船——市内交通靠人抬的轿，到郊外有载客的船。

苏州市中心有条悬桥巷，1894年10月28日，叶圣陶出生在这里一个市民家庭。他名绍钧，字秉臣，后来改为圣陶。叶圣陶幼年家境清苦，他家的住房是向别人租用的。叶圣陶上中学时，他家搬到了濂溪坊10号。那个地方，叶圣陶经常看到装载了蔬菜瓜果进城的船和赤脚挑担的农民，这个水城富有特色的生活后来都成了叶圣陶散文、小说的素材。

叶圣陶出生时，家中有父亲、母亲、祖母和外祖母。父亲叶钟济，字仁伯，当时为住在大儒巷姓吴的地主做账房，全家靠他的薪水生活。后来父亲又在“租粮并收局”做账房。“租粮并收局”是辛亥革命以后地主和地方权力机关一个临时性的组织，专管向农民收租。母亲朱氏，是叶圣陶父亲的第二位续弦。生叶圣陶那年她 30 岁。后来母亲又生了两个妹妹，大妹妹 13 岁就病故了，小妹妹比叶圣陶小八岁。

叶圣陶的父亲爱喝黄酒，听说书。叶圣陶常被父亲带到茶馆里。茶馆是当时市民商谈事务、会见朋友、聊天休息的重要交际场所。父亲还常带他去听民间艺人说书，有说评话的，讲英雄故事的，又有说弹词的，讲爱情故事的。叶圣陶小时候听了不少书，虽然他不太喜欢这种艺术形式，但耳濡目染，不能不受到影响。叶圣陶年龄再大一些的时候，就跟父亲去看昆曲。昆曲有悠久的历史，文辞典雅，歌舞并重。父亲在无意中为叶圣陶日后的文学创作做了一些准备。

苏州又以拥有中国古代、近代多种风格的园林而著名。叶圣陶几乎从能走路开始，就跟着长辈们到各处园林游玩，把园里的那些假山、楼台亭阁都“爬熟了”。直到老年远离了家乡，叶圣陶还在文章中充满感情地谈苏州园林。他说苏州园林“据说有一百多处”，他对园林的美有很深的理解：游览者无论站在哪个点上，眼前总是一幅完美的图画。假山的堆叠是一门艺术。池岸或河道的边沿很少砌整齐的石岸，而是高低曲直任其自然。园中还布置几块玲珑的湖石，这是大自然创作的没有具象的雕刻，它的造型以“皱、透、漏、瘦”为上品。树木的栽种和修剪也着眼在画意：“高树与低树俯仰生姿，落叶树与常绿树相间，花时不同的多种花树相间，这就一年四季不感到寂寞。”此外，花墙、廊子增加了景物的层次，小角落也是一幅画；门、窗是美的图案。花园虽然这么精巧，却衬在黑、白和灰色的底子上。室外是黑瓦、灰墙，室内是白墙、淡灰色的水磨方砖，梁和柱、门窗都涂着不刺眼的广漆。这样，当四时花开，就显得格外明艳了。

叶圣陶上学前，从三四岁开始，已经由父亲教会认识了大约三千个字。五岁时进悬桥巷潘家私塾附读，先生姓黄。一年后他转到张元仲先生设立的私塾读书。在那里他同顾颉刚成了最要好的同学。顾颉刚后来成了著名的历史学家。

在私塾读书，让儿童学习《三字经》、《千字文》、四书五经、《诗经》、《易经》等这些他们所不能理解的教科书和古代典籍，老师唯一的办法是要他们全部熟读、背诵出来，对背不出的学生，就用戒尺打他的手心。叶圣陶却没有受到过这种惩罚。到了中年，叶圣陶回忆说："幼年习五经，背诵于塾师之侧，均能上口，手掌未尝受戒尺。"（引自《十三经索引〈自序〉》）到 11 岁时，父亲让他参加科举考试。叶圣陶小说《马铃瓜》就是以这次考试经历为素材的：一个活泼好动的孩子进了戒备森严的科举考场，却一心想着自己篮里带来的一个马铃瓜，他终于忍不住削起瓜来吃，把考试丢在脑后了。叶圣陶所参加的这次考试，是我国历史上最末的一次科举考试。

1906 年，地方士绅集资办了长元吴公立高等小学（校舍在十梓街夏侯桥东堍朝北的民房，次年搬至草桥中学操场之南），该年叶圣陶考入这所苏州最早的新式的小学读书。教师中有从日本留学回国的章伯寅先生，他又是苏州教育会的负责人。在列强准备瓜分中国的局势下，他教育学生要爱国。从日本留学回国的朱遂颖等老师，以前宣传过康有为、梁启超的变法主张，留学期间又受到日本"明治维新"的影响，他们办"新学"是为了爱国、强国。该校传授最新的科学知识，开设历史、地理、博物等课程。博物老师龚庚禹先生第一次上课就拿着油菜花到教室里来，讲得很生动。从此叶圣陶对自然科学的新发现感到兴趣。后来直到 1982 年叶圣陶回忆章伯寅、朱遂颖两位先生时还说："我受两位先生的教育只有一年，可是得益极大，一辈子受用。他们谢世已久，我永远敬爱他们，忘不了他们。"

在同学中，叶圣陶也有一些好朋友。同学章元善，他的父亲章珏，是清朝的进士、校勘家、书法家，又是苏州府学务处的监督，他常常给叶圣陶等人讲鸦片战争、中法战争、中日战争中我国"割地赔款"的情况，要他们立志救国。"天下兴亡，匹夫有责"这句名言是苏州昆山县人顾炎武说的，少年时期的叶圣陶和他的同学们崇敬这位明末清初的反清志士、学者。作为一个教育家，叶圣陶少年时代在苏州就已受到了良好的教育。

在长元吴公立小学学习一年以后，叶圣陶于 1907 年考入新创办的草桥中学（即今苏州市一中）。从 13 岁到 17 岁，他在该校学习了五年。草桥中学全称"苏州公立第一中学堂"，是一所为反对旧教育而由民间集资兴办的学校，它是在

20 世纪初废科举、兴学堂的维新潮流中创办的。聘请的校长、教师具有进步的教育思想，不少人有较高的水平和人品，对少年的叶圣陶产生过很大的影响。

草桥中学第一任校长蔡俊镛是一位教育家，他在 1900 年去日本考察了中学教育，回国后开办这所学校，因此学校是按现代教育的要求开设课程的。学校当时开设的课程，正课有国文、算学、博物、经学、修身、历史、地理、体操、唱歌、图画。这些课程，除了经学教四书五经以外，其他和现在中学所开的课程没有多大差别。据当时学生回忆，数学教到代数、几何、微积分，这在 1907 年是非常难得的。除必修的正课外，还开设下列附设课：球类、国术、军乐、金石、丝竹、音韵学、度曲、尺牍、剥制（制作标本）、照相和日语、法语等外语课。附设课是选修的。每人必须选一门。学校一般上午上正课，下午上附设课。

该校第六任校长袁希洛，是同盟会在江苏省的负责人。他后来参与了上海革命军“起事”。袁希洛校长在草桥中学学生中传播反清、革命思想，并组织学生军事操练，练到和正式军队几乎一样。叶圣陶始终记得袁校长说的“微小的实践远胜于空谈”。

教经学的程镳（仰苏）先生，在文字学方面有很深的造诣，他在草桥中学任教 20 多年，直到去世前一年，70 多岁时还在讲台上教课。

教军操的魏旭东先生，精通武术，擅长单杠和骑术，他带学生打靶、操练。他还同时在上海交通大学的前身南洋公学和苏州的东吴大学教兵操。辛亥革命时他是苏州商团总司令。

国文老师对叶圣陶更有直接的影响。国文老师孙伯南先生总是乐于为别人解决困难。有一次他听到邻居在刮米缸，知道那家的米吃完了，那人又多年有病，生活困难，于是孙先生就买了米，让店里把米直接送到邻居家。他帮助了别人还不让人知道是谁做的。后来孙先生离开草桥中学到存古学堂任职，叶圣陶经常在星期天去拜访孙伯南先生。教叶圣陶国文的第二位老师是胡石予先生，他是“南社”的诗人，一生布衣蔬食，非常节俭。他的古诗文功底很深，叶圣陶、顾颉刚经常借他的诗稿抄下来。胡先生教学生作文时，往往自己即景做一篇文章示范。他要求学生作文独出心裁，不落俗套。叶圣陶称胡石予先生为“恩师”。

叶圣陶对文学的兴趣是很早就有的，尤其是诗歌。进中学后，在老师的影响下，他二年级就开始练习写诗，还和王伯祥、顾颉刚、吴宾若等同学组织了诗社——“放社”（这名称是受到白居易诗《放言》的启发而取的，意思是放言高歌，抒发自己的思想感情），他们经常组织社友吟诗、联诗、填词、对对子。叶圣陶十分喜欢胡寄尘、柳亚子编的《民立报》文艺栏中的诗，常把它抄下来反复吟诵，还试着投稿。他又很注意报上的小说，曾把苏曼殊的《断鸿零雁记》等一字一句从《太平洋报》上抄下来。临近中学毕业，叶圣陶又和同学好友编油印刊物《课余丽泽》，他们自己写稿，自己刻钢板，自己印发，每期二张或三张。叶圣陶常在上面写一些短文章。

在草桥中学期间，叶圣陶受过三年多军事训练。他们穿军服，背后膛枪，上刺刀，腰里围着预备装子弹的皮带，后面系着刀鞘，练习野外冲锋、野外侦察，他们按军队编制到城外天平山旅行，晚上住宿在天平山上的范氏义庄，这是宋代政治家范仲淹在苏州时开始置办的范氏家族的庄田。他们还穿着军服到无锡、常州、上海、南京、杭州等地去旅行、参观。在这样的学校里，学生都很活泼，爱好运动。中学二年级时，叶圣陶和同学们一度热衷于学骑马。练骑马的地方是校外的一片空地，这是春秋时期吴王夫差王宫的旧址，元末明初在苏州称过王的张士诚也曾把王府建在这里，因此人们把这里叫王废基，又叫王府基。那时，这里是一个兵营的校场，草桥中学的学生常在这里拍网球、踢足球。

“校场东边是一条宽阔的道路，两旁栽着柳树，正是试马的好所在”（引自叶圣陶《骑马》），花一角钱就可以从马棚中牵一匹出来，骑一小时。但是，那时候苏州只有浮华的少爷、名门的败家子才养马骑马，人们认为规矩的有教养的人是不应当骑马的。不过，草桥中学的校长鼓励学生体育运动，七八匹马在学校墙外跑过，铃声蹄声响成一片，校长也不干涉。既然校长不禁止，老师们也只好装着没有看见学生的“马队”。有一次，叶圣陶从马上翻下来，昏迷了一个多小时，回家后不敢告诉父母。直到他的儿子长大学骑马的时候，叶圣陶才又想起自己小时候的这件事，并告诉了母亲，但这时母亲担心的已经不是他，而是孙子骑马的安全了。

叶圣陶是草桥中学的第一届学生，第二届毕业生。因为第一批入学的有44个学生，分为两个班：一年级班和二年级班。叶圣陶分在一年级班。这所学校培养出不少后来有成就的学生，例如雕塑家江小鹣、作家范烟桥、书法家蒋吟秋、开明书局的编辑王伯祥、曾担任过上海图书馆馆长的顾廷龙、现在90多岁还常在报上发表文章的郑逸梅等，都是草桥中学早期的毕业生。

在草桥中学的时候，叶圣陶正处在思想还没有定型的少年时代，他努力吸收一切新知识，他读赫胥黎的《天演论》，读林琴南译述的外国小说。他有时很乐观，“持事无艰难之主义”；他想改变社会，但又无从着手。他在日记中写道：“大厦万间蔽我同胞亦吾所愿，然力薄不敢言矣。”他关心着国内的政局，对辛亥革命的发端——四川保路运动的消息发表了这样的意见：“此等政府只值破坏。”“急欲知川事”，“蜀山西望，郁郁余怀”。他又和同学讨论人生和社会的种种问题，认为人不应当随波逐流。他在日记中写道：“夫人生都虚，惟心则真，心之所觉，审之既当且正，则必无谬误。”“社会所普遍赞成之事，未必其能尽当也……社会尚有改革之望耶？”家庭经济的困难又使他为全家的生活忧虑：家里没有田产、没有储蓄，父亲的收入只够全家日常开支，时值水灾，父亲收入又将受影响，目下家中快要断炊。大人日夜忧叹，叶圣陶听了也十分惶恐，不知怎样度过这些可怕的日子，日记中有这样的话：“余适来心乱如麻，安得遇一大哲学家为我解决余所难决之诸问题。”

草桥中学的师生们还是从眼前的具体事情做起：他们组织学生负贩团，利用课余、假日到社会上去推销国货，想通过这活动进一步“开导社会”。他们还劝大家剪去长指甲和辫子。这时，辛亥革命使叶圣陶振奋了。武昌起义之后两天，叶圣陶从报上看到武昌起义消息，觉得“从此而万恶之政府即以推倒亦未可知也，自由之魂其返，吾民之气当昌，其在此举矣，望之望之”。这是当时青年学生中普遍的情绪，大家每天赶早跑到火车站等候上海来的报纸。1911

年 11 月 5 日苏州光复。草桥中学停课，学生参加各种活动。

为响应辛亥革命，草桥中学组织学团晚上巡街，叶圣陶在日记中写道：和同学们穿校服、黑衣、黄裤，手臂上围白布，肩背着枪，腰上带着刀和子弹，由临顿路至观前，由皮市街到高等巡警学堂。巡警学堂的学生们也列队出来和他们一起巡行。他们从苏州东城到西城，由养育巷、十梓街再回学校，途中看到居民都很镇静。革命后，苏州学生成立“苏城学团”，叶圣陶也戴上了这样的臂章，上面写“苏城学团”，下面写“公立中学”。11 月里，草桥中学校长袁希洛作为江苏省代表，去武昌议商组织中央政府。同学们为袁校长送行。

11 月 21 日，叶圣陶在苏州光复后创刊的《大汉报》上发表了一首诗《大汉天声·祝辞》，欢呼苏州光复，认为“改革尤须改革心”，要通过报章的宣传，“张我大汉魂。”但是辛亥革命是一次不彻底的革命，在革命之后的兴奋中，少年的叶圣陶看看事实，似乎跟理想中的革命不太一样，又感到忧虑。他感叹江苏人不能起来响应革命，又认为“多才多识”的少年应当担负起这个责任。“每夜一灯相对，思虑迭来。……”他给《时事新报》投稿，讨论如何改革人心；他写信给《天铎报》主笔李怀霜，请他提倡改革人心和实行改革人心。叶圣陶在 1911 年 12 月 20 日日记中写道：“夜间作一书与李怀霜先生，盖天铎报主笔也。请其提倡改革人心与实行改革人心。杞人之忧当不见屏于大文豪之前，实以张目张耳即触不满意事，故毅然呼号也。”他认真地阅读辛亥革命烈士邹容的《革命军》。

1912 年 1 月 14 日，雪后天晴，中国社会党苏州支部借留园开成立大会，参加和旁听者有六七百人。这个党是辛亥革命以后从同盟会中分化出来的人组成的，带有空想社会主义色彩。他们主张“完全之人道主义”；“无国界、无种族界、无宗教、无男女界，一律平等，一概自由，一致亲爱而且教育普及，财物均配，嫁娶自主，人人尽力于职业，人人受公众之保护”。一星期以后，叶圣陶和顾颉刚、王伯祥等去旁听社会党苏州支部的党员会，受到负责人陈翼龙、詹天雁的欢迎，当时就吸收他们加入了社会党。陈翼龙是中国社会党的创建人之一，也是苏州支部的总务干事。叶圣陶把自己所写的讨论宗教问题的文章《宗教果必有乎》寄给陈翼龙，然后同顾颉刚、王伯祥去访问他，又和同学一起讨论社会主义，讨论不应当尊孔孟。他写文章论述无政府主义，为了表现“社会主义”的理想，他想用小说描写无国界无金钱以后的理想世界，但后来没有写成。这时，报上却登载了孙中山退职、袁世凯当大总统的消息。参议院被清王朝的残余势力所控制。叶圣陶这时才知道草桥中学原校长袁希洛被排挤出参议院已经有一个多月了。1912 年 2 月 18 日是春节，这天下午，社会党党员在沧浪亭开大会，演说、宣传“第二次革命”。以后几天，他们又分头在城里演说遗产归公、教育平等、融化种界等等。

这年暑假，在北京大学预科班读书的顾颉刚回到苏州，叶圣陶同他一起游拙政园，听他说到袁世凯要恢复帝制，十分气愤，写下了这样的诗句。

直北是长安，冠盖属朋党。
白日妖霾现，杀人弃沟壤。
鸡鸣上客尊，狗苟公道枉。
豪游金买笑，乞怜血般颡。
嗟哉行路难，触处是肮脏。
何当谢世虑，摄心息俯仰？
寄情孰所乐，高歌慨以慷！

草桥毕业之前，叶圣陶曾和好友顾颉刚谈过，要改革人心才能建成民主的国家，而改革人心必须通过教育。于是叶圣陶下决心“此身定当从事于社会教育，以改革我同胞之心。”

1912 年春天，叶圣陶从草桥中学毕业，因为家庭经济困难，不能继续升学，由草桥中学学务科长吴纳士先生推荐，到干将坊言子庙小学担任二年级的级任老师，每周上国文 17 小时，算术 5 小时。言子庙小学创办于 1905 年，即清光绪三十一年，原名第三初等小学堂。校址在苏州市干将坊言子庙东庑，创办人是清朝巡抚端方。这是清朝开办的第一批十所官办小学之一，但是学校教育仍旧是封建式的，同草桥中学的风气不同。学生没有学习的兴趣，他们大的十一二岁，小的七八岁，见闻“不出里巷、家庭的范围”，在学校“彼此为一些玩耍的事争闹。放了学，成群结队到各处去玩，这些是他们全部的生活。”那时，草桥中学的毕业生在苏州教育界受到了守旧势力的排挤，叶圣陶开始体会到教育界旧势力的顽固、狡猾和虚伪。这些经验后来成了他小说《丁祭》《城中》的素材。在给顾颉刚的信中，叶圣陶甚至说，他羡慕鞋匠“以正当之腕力，做正当之事业”，他感叹自己处处受到牵制，教育方面的主张不能实行。

叶圣陶在言子庙小学执教了两年，1914 年秋天，他被排挤出校，失业在家。受经济的压迫，他开始写短篇小说，以“叶匋”“叶允倩”等笔名在刊物上发表。现在能找到的他的早期小说有二十几篇，大多发表在《礼拜六》《小说海》等杂志上。《礼拜六》是一份消遣娱乐性的杂志。不过叶圣陶从开始写作起，就不愿做仅仅供人消遣的“文丐”。他在 1914 年 12 月 13 日致顾颉刚的信中说：“吾今弄些零用，还必勉强写几句。然吾却自定宗旨：不作言情体，不打诳语，虽不免装点附会，而要有其本事，庶合于街谈巷议之论。……总之，吾有一语誓之君前曰，吾决非愿为文丐者也。”叶圣陶写的大多是“平凡的人生故事”，取材于他所熟悉的小城市的知识分子和市民的生活。小市民的生活中缺少的正是旧式传奇小说所需要的紧张曲折的情节，怎么来构思小说呢？草桥中学英文课上读过的华盛顿·欧文的《见闻录》给了叶圣陶启发。华盛顿·欧文是美国文学史上最早的一位享有国际声誉的作家。他作品中那富有诗趣的描写，那看似平淡而实有深味的叙述，都是以前读过的一些小说中所没有的。于是叶圣陶最初的创作就有意模仿华盛顿·欧文的风格。《穷愁》写于 1914 年，小说写了穷苦的卖饼小贩阿松被警吏错当作赌徒逮捕，弄得家破人亡的故事。《博徒之儿》写一个受到赌博的父亲和后母虐待的少年发愤学习的故事。这些小说被归在“社会小说”一类，反映了下层社会小人物的贫困和奋斗。叶圣陶要用小说对社会上不满意不顺眼的现象“讽它一下”。他认为，讽了这一面，他的希望是在另一面，就可以不言而喻了。他有些小说虽然也被归在“艳情小说”“滑稽小说”中，却具有暴露讽刺丑恶现象的意义。如《终南捷径》写个清朝旧官吏在辛亥革命以后使用美人计钻进了新的官场。他的小说结构生动，描写细腻。文学革命以前，叶圣陶是用文言写的，但在生活经验和写作技巧方面已有了相当的准备。当文学革命一开始，他很快就改用白话写作，成了新文学阵营中的重要一员。

顾颉刚的父亲很欣赏叶圣陶的好学和聪明，本来要资助他到北京上大学，但当时叶圣陶父亲正失业在家，他得负担家用，便谢绝了顾老先生的帮助。这个 20 岁刚出头的青年，已经在为谋生而奔波了。

直到 1915 年秋天，叶圣陶由少年时代的好友郭绍虞介绍，才又找到职业，到上海商务印书馆附设的职工子弟学校——尚公学校教国文（当时的上海还是苏州府管辖下的一个县）。后来，他又当编辑，编中学国文教科书。

叶圣陶所向往的创造性生活终于来到了。1917 年春，他被草桥中学时的同学、好友吴宾若、王伯祥邀请到甪直吴县县立第五高等小学（简称“五高”，即今甪直小学）当教师。这是一所新式的学校，创办人沈柏寒到日本留过学，参加过同盟会，1906 年回到家乡创办了这所学校。后来他担任了公职，就请吴宾若当校长。吴宾若、王伯祥、叶圣陶常和沈伯安、朱韫石等人一起讨论教育，阅读《新青年》《新潮》等杂志。当时，他们对“新村”这种带有空想色彩的社会理想很感兴趣。

1919 年叶圣陶父亲去世后，叶圣陶的夫人胡墨林亦到甪直“五高”女子部任教，于是把家迁到了甪直。他俩是 1916 年结婚的，到甪直时他们已有了儿子至善。

甪直“五高”是五四运动中一所活跃的学校，它和其他两所学校一起在 1919 年 6 月 16 日的《时事新报》上发表宣言，以罢课来声援五四运动。在学校里，叶圣陶和他的同事们志同道合，一起进行教育改革实验。他们自编国文课本，用白话文做教材。为将学校与社会沟通起来，他们还创办了“生生农场”（“生生”是先生和学生的意思），请一位苏州农校毕业的教师主持农场，师生一起劳动，一起分享劳动的欢乐。1921年暑假后，叶圣陶离开了角直“五高”。

叶圣陶在角直执教的同时，开始接触农民，逐渐了解农民的思想感情，进一步了解了社会，使他在角直的文学创作获得了大丰收。叶圣陶在此期间创作的白话小说、散文杂感、诗作近百篇。著名的《多收了三五斗》《倪焕之》等小说及现代文学史上第一部童话集《稻草人》等虽不在角直写就，但不少素材和人物形象却都来源于角直。

在吴县角直的一段生活，常常引起叶圣陶深深的怀念。叶圣陶说，过去只知道当教师的滋味是淡的，有时甚至是苦的，自从到角直后，才恍然有悟，原来这里头也颇有甜津津的味道。

叶圣陶离开角直后，又到上海中国公学、杭州第一师范和北京大学预科短期教过书。在杭州第一师范，他和朱自清被学生邀请做“晨光文学社”的顾问。“晨光文学社”是由一些学生组成的，由潘漠华、汪静之发起，成员有柔石、魏金枝、冯雪峰等，他们写诗和小说，在现代文学史上有一定影响。

1922年，叶圣陶的第二个孩子将要出生了，便于该年秋初把家从角直搬回苏州，住大太平巷50号。这年叶圣陶已经有两个孩子，大儿子至善四岁半，女儿至美刚出生。1923年春，叶圣陶迁居上海，由朱经农介绍在上海商务印书馆同顾颉刚合编国文教科书，一直到1930年底为止。1923年至1927年，叶圣陶还主持文学研究会的日常工作，编辑文学研究会的刊物《文学周报》；同时又应邀在几个大学兼教新文学。在上海参加了一系列社会斗争之后的叶圣陶，对苏州的封建势力有了更清楚的认识，为了唤起民众，组成民众大联合，革新苏州，他与王芝九、丁晓先一起于1926年1月20日创办了《苏州评论》报，抨击苏州的黑暗势力。1927年3月，上海工人举行第三次武装起义。其时，叶圣陶接受国民党苏州市党部的委派，与吴致觉、丁晓先、沈炳魁、王伯祥、计硕民、胡墨林等七人组成接管委员会，接管苏州各学校。但是不久，蒋介石就发动了“四一二”反革命政变，叶圣陶受到白色恐怖的威胁，不得不离开苏州回到上海。他的小说《夜》就是最早反映这一事件的文学作品。从 1930 年底起，叶圣陶一直担任开明书店编辑，主编《中学生》等杂志。直到 1935 年秋，叶圣陶在苏州才有了自己的房屋。他在滚绣坊青石弄 3 号（现改为 5 号）造了四间小屋。那时这里住着一家老小八人：叶圣陶的母亲、妹妹、妻子胡墨林、大儿子至善、儿媳夏满子还有女儿至美、小儿至诚。当时，叶圣陶每月到开明书店处理编辑工作一周左右，其余时间在苏州写作。在青石弄住的时候，他文章写得很多，作品集也接连出版。不少朋友到青石弄来访问他，有来自上海的夏丏尊、徐调孚、章锡琛等，有来自北京的沈从文、萧乾等。但就在这时，日本帝国主义的入侵使中华民族处于生死存亡的关头。叶圣陶一方面继续编学生课本和课外读物，一方面积极参加文艺界抗日救亡活动。1937 年 8 月 16 日，当叶圣陶所编的《中学生》第 77 期正在排印的时候，日本侵略者的炮火把开明书店和为书店承印的印刷厂全部炸成了灰烬。《中学生》《新少年》被迫停刊。9 月，苏州告危。叶圣陶在青石弄新屋只住了不到两年，为了到大后方从事抗日活动，9 月 21 日，叶圣陶同全家离开苏州。他们随开明书店内迁到武汉，又到四川，此后叶圣陶就再也没有在苏州长住过。

抗战结束后，叶圣陶一家从四川到了上海，然后回苏州来搬家具时，在这所几乎被洗劫一空的房子里，从壁橱底层意外地发现了叶圣陶青少年时代五年半所记的二十二本日记，约五十万字。最早的日记是从 1901 年阴历十月初一开始的，这是叶圣陶十六周岁生日之后的第一天。这些七十多年前的日记的一部分，经整理发表在 1983、1984 年的《新学史料》上。

对于自己的故乡，叶圣陶始终怀着深厚的感情，中华人民共和国成立后他多次回苏州，参观刺绣工厂等单位，对苏州的建设、园林的修复等许多方面都提了建议。1977 年叶圣陶以 84 岁的高龄重访苏州和甪直，并作诗纪念。从苏州青石弄旧居中找回的一张书桌，现在仍放在北京叶圣陶的书房里。

第　三　辑

进开明，贡献于出版事业

从我应试作文说起

徐　盈

说来话长，半个世纪以前，我开始向开明书店出版的《中学生》杂志投稿。其实是应试作文，参加《中学生》举办的征文活动。当时，开明书店给发表文章的初学写作者赠送书券代替稿酬。因此，我有条件选购一批开明书店的书，以后还有机会认识了写这些书的部分作者。如叶老圣陶、夏老丏尊，还有丰子恺、王伯祥、宋云彬、徐调孚、章克标、顾均正、吕叔湘……他们所写的不论是大本书还是小文章，甚至一个警句，有时都在我心中“发酵”，使我得益匪浅。他们严谨的编辑作风和与作者的密切联系，到今天也还是值得追忆和学习的。

在我的印象中，夏老和叶老是开明书店的奠基者。夏老以教育家的身份办书店，以文会友，因材施教，网罗一批能为“人师”的人，用谈心的笔调向青年人传授知识。至于叶老，既是卓有成就的作家，又是诲人不倦的老师。他写的小说《倪焕之》曾被茅盾誉为“扛鼎”之作；他编的《中学生》杂志在当时出版物中也可说是属于“扛鼎”的水平。这个刊物诞生于30年代初期国难当头、民不聊生的时代，它的内容包罗万象，而又“有的放矢”，不仅辅导学习，而且指点做人，教给青年读者在这个时代何以自处。

我忘不了《中学生》对我这样一个参加征文活动的中学生的培养和帮助。叶老曾叫我试写一组短篇小说题为《同学录》，要求反映当时青年一代彷徨、幻灭和追求的经历。我这一组习作虽然只是时代的零散记录，国民党政府的书报检查老爷也不肯放过，终于奉命免登，遭到腰斩。抗战全面展开之后，叶老到了内地，在万分困难的条件下，办起了用土纸印刷的《中学生》战时半月刊。我当时因工作关系在各省旅行，叶老又要我把自己走过的地方和搜集的材料陆续写出，逐期在《中学生》发表。于是，我在叶老的辛勤指导下写出将近20个省市的游记，主要是揭露就在炮火纷飞的抗战时期，有些人照旧过着荒淫与无耻的生活。另外，却有那么多人在严肃地工作和战斗。后来结集为《抗战中的中国》。

叶老一直教导我要练就一支为人民录下时代声音的笔,但我只有一支拙笔。转瞬几十年过去了，我的文章并未写好，我是叶老的一名不及格的学生。

叶圣陶与“当年”文坛新秀

王知伊

《叶圣陶与“当年”文坛新秀》，这个题目在我心中已蕴积一年多时间了，那是由于丁玲同志的逝世而引起的。

还是先从丁玲同志说起。

丁玲与叶老的友谊始于1927年。丁玲以处女作《梦珂》投寄给商务印书馆的《小说月报》，当时叶老正代替郑振铎任该刊编辑，收到后就发表了。从此之后，叶老与丁玲、胡也频夫妇之间建立了革命的战斗友谊。翌年，叶老曾与丁玲、胡也频、王伯祥、徐调孚等一起到海宁，观赏钱塘江潮水。这件事，给叶老印象极深，以致距此52年之后，当丁玲平反后在京拜访叶老时，他高兴万分，书《六幺令——丁玲同志见访，喜极，作此赠之》，词中说：“更忆钱塘午夜，共赏潮头雪。”1931年，叶老已在开明书店工作。这一年的1月17日，柔石、胡也频、殷夫、冯铿、李求实等革命作家被国民党反动派逮捕，丁玲到开明书店找叶圣陶，请求设法营救胡也频。叶老和夏丏尊先生联名写信，请国民党元老邵力子帮忙（邵是“开明”董事，与夏私交甚深），并在开明书店募钱。1933年5月14日，丁玲、潘梓年被捕。叶老与蔡元培、胡愈之、郁达夫、柳亚子、洪深、陈望道等联名致电南京政府行政院长和司法部部长，要求释放丁、潘。同时，叶老还参与组织募款营救他们两人。

叶老对丁玲文学创作中的帮助，以及他们之间的革命情谊使丁玲一辈子忘不了。丁玲在《感谢与祝贺》（见《我与开明》16页）一文中说，她写完了第四篇小说《阿毛姑娘》，寄给叶先生，叶先生当即把它发表在《小说月报》上，同时建议丁玲把四篇小说编一本集子在开明书店出版。这就是丁玲的第一本小说集《在黑暗中》的出版过程。1979年，丁玲经历了漫长的坎坷道路，终于回到北京。她访晤叶老时说："叶老，我常常告诉年轻的编辑同志，您当时怎样给我提意见，指点我怎样修改自己的小说。我又常常想，要是您不发表我的小说，我也许就不走这条路，不至于受这许多折腾了。"这使叶老接不上话，只好笑着。

无独有偶。另一位还健在的当代大作家巴金同志也曾说过与丁玲类似的话。巴金的处女作《灭亡》，也是由叶圣陶发表在《小说月报》上的。叶老在《小说月报》第十九卷十二号上就写了《灭亡》的预告，说这是一位青年作家的处女作；写一个蕴藏着伟大精神的少年的活动与灭亡。"这是叶老对这篇作品的介绍，读者不难从这短短两句话中看出编者对作品的激赏。这同样使巴金同志于五六十年之后不能忘怀，他说："我在一些不同的场合讲过了我怎样走上文学的道路，在这里我只想表示我对叶圣陶同志的感激之情，……倘使叶圣陶不曾发表我的作品，我可能不会走上文学的道路，做不了作家；也很有可能我早已在贫困中死亡。作为编辑，他发表了不少新作者的处女作，鼓励新人怀着勇气和信心进入文坛。"

诚如巴金同志说的，新作者与他们的作品还可举述一些。例如戴望舒的代表作《雨巷》，施蛰存的处女作《绢子》，都是经过叶圣陶之手发表在《小说月报》上的。叶圣陶称述戴望舒的《雨巷》替新诗底音节开了一个新纪元。叶的推荐和奖掖使戴望舒在当时得到了"雨巷诗人"的称号。当时，在叶老主编《小说月报》时期，写稿的著名进步作家有茅盾、钱杏邨、夏衍、王统照等。茅盾来稿用的笔名原是"矛盾"，叶老因为一看就知是假名，防备国民党查问原作者真姓名，才在"矛"字上加个草头。茅盾对此表示欣然同意。以后，就一直沿用这个笔名了。另外，当时的文坛新秀彭家煌的短篇集《怂恿》，也和丁玲的《在黑暗中》那样，由叶老编选后以“文学周报社编”的名义，在开明书店出版的。

叶老由商务转入开明书店当编辑之后，与夏丏尊、王伯祥、顾均正等志同道合，悉心致力于开明书刊的出版，培养、提携了不少作者步入文坛。特别是当夏先生作古，由叶老继夏先生主持开明书店编译所之后，叶老对开拓开明的作者群，在哺育一批青年作者方面更是费尽了心机。

1936年开明书店纪念10周年时，夏、叶两先生负责编辑纪念集刊《十年》正、续集。收录在这两本短篇小说集中的作品，不少是出于初露锋芒的新作者之手。计有萧乾的《鹏程》、蒋牧良的《报复》、施蛰存的《嫡裔》、端木蕻良的《乡愁》、王鲁彦的《银变》、周文的《爱》、萧军的《四条腿的人》、艾芜的《海岛上》、沙汀的《逃难》、芦焚的《马兰》等。萧乾、端木蕻良等对此都曾表示十分感激。端木说：小说《乡愁》“这篇稿子是九一八事变后不久写的，真实性很强，……开明书店《十年》续集约稿，是含有记录一段历史进程的意思，借这个机会，我也想把自己最初在北方写的东西，留下一点痕迹。……没想到，我这无名青年的稿子，还是收进去了。这样，在《十年》续集中，就留下了我到上海前的一个短篇。”端木还说：1936年12月，赵家璧编一本二十人所选《短篇佳作选》。他的短篇《鸳鸯湖的忧郁》就是由叶老推选编入该书的。这些往事，尽管半个世纪过去了，可在他却还是“记忆犹新，历历在目”呢。

叶老通过《中学生》杂志培养了一批专家和作家，这方面的事例也是相当多的。不少当年《中学生》的读者，后来竟成为书店和《中学生》的作者。这里，随便举述一些名字，如胡绳、吴全衡同志夫妇，徐盈、子冈同志夫妇，孙源、沈振黄、沈同衡、莫芷痕等都是。其中，子冈同志和徐盈同志是著名的新闻记者和散文家。子冈有一篇《怀念振黄》的悼文（载1944年《中学生》），文中说到她和沈振黄曾一起去拜访过开明书店的金仲华、夏丏尊、叶圣陶诸先生，“我们对于他们的虔敬，真是超过了对学校老师千倍万倍以上。”叶先生在发表这篇文章时写下了这么几句："子冈与振黄的友谊是由我们这个杂志《中学生》联结起来的，而且'一个小圈子就有二十人以上'，而且'似乎谁都不曾对谁失望'。（此指子冈他们一群读者——知伊）在办了十多年杂志的我们，听到这个话，真比听到奖励话赞美话感慰到十倍二十倍。我们敢不努力吗？"

从抗日战争到解放战争，以至全国解放，叶先生的大部分时间仍在开明工作。中华人民共和国成立后则历任全国出版总署副署长、教育部副部长、中央文史馆馆长、全国政协副主席等重要职务，对党和国家做出了很大贡献。他在文坛上，是众望所归的老作家，除掉自己继续写述作品外，提携后进，依然不遗余力。就我所熟悉的他在开明书店解放前后这段日子里，他曾审定、出版了端木蕻良的著名长篇小说《科尔沁旗草原》，秦牧的第一本杂文集《秦牧杂文》，以及吴祖光的剧本《少年游》《风雪夜归人》《牛郎织女》《林冲夜奔》等。秦牧曾说，他在1944年因日军长驱侵入桂林，便到了重庆，编了一本杂文集托朋友送给开明书店看看能否出版。我那时正在开明工作，确是由我把稿子送呈叶老的，此事数十年过去了，可我还记得叶先生慎重处理他的书稿，代他取书名等情况。并且也记得秦牧给《中学生》写过一篇稿子，叶先生觉得字迹太潦草，竟亲自为他重新誊写一遍后才发的稿。今天秦牧说，因之而"产生了对叶老的一种特殊亲切的感情"，那就完全可以理解了。至于叶老与吴祖光同志的关系，也非寻常，他曾出席吴祖光与新凤霞的婚礼，在"四人帮"垮台后，叶老还对新凤霞的写作，倍加鼓励，曾填词《菩萨蛮》赠新凤霞，赞美她真诚朴质而十分感人的文笔。

叶圣陶与他"当年"的文坛新秀之间的文字因缘，是感人至深的。现在我还是以本文开头说到的丁玲同志的话，抄几句来结束这篇短文。丁玲同志说："凡是真正从事文学创作的人，他们总会走在一条道路上。一个真正从事文学创作的人，他总能在同一类人的感受中得到同感。"

叶圣陶的催稿法

程天良

钱君匋是以音乐美术编辑的身份进开明的。但受着诸前辈同人的熏陶，渐渐对文学也产生了浓厚的兴趣，常有新的语体诗、散文、小品等作品在各种报刊上发表，成为当时不少杂志小有名气的撰稿人。

语体新诗是随“五四”新风全面进入文坛的，只是那一时期的诗坛，写诗的多于读诗的，出现了所谓“大诗人写诗小诗人看，小诗人写诗很少人看”的情况。除了郭沫若、徐志摩之外，能享盛名者寥若晨星。钱君匋的新诗虽质朴，却能于色彩上、乐感上造出一种意境，很受当时主编《小说月报》的叶圣陶的欣赏，如经他编发的《漂洋船》就是：“狰狞的海水，依旧欲捣毁一切似的在发出澎湃的声音；水底的皓月呢，总带着憔悴的黄色……”如闻海上涛声，如见月儿的枯黄。有的诗，又以祖示着的热切向往，而显得一往情深，如《我将引长热爱之丝》《寂寞之心》这几首诗被谱成歌曲后，在同辈人中传唱一时。在热闹异常的当日诗坛上，钱君匋的新诗，曾经占有过引人注目的一席之地。一首，一首，又一首，于是更结而成《水晶座》集，于1929年由亚东书局出版。

叶圣陶是第一个在《小说月报》上发表他诗作的人，自然首先为他高兴。认为印在诗集中的诗，是“只合钱君匋其人才写得出来的”，因为“他的家乡是在变化万千的海边”，并进而赞道：“曾见君匋的同乡王静安（钱君匋祖籍海宁）先生论词标出境界二字……我读君匋的诗，大多是有境界的。”其如《海边》中的“有一个夜里水花溅上高岸，泼湿了如雪的月光”，不正是有着他贵同乡王国维所最乐于称道，又为叶圣陶所引证的“境界”吗？名满当时的大诗人汪静之，则点出了他之所以能创造出一个“境界”来的内因：“君匋能画，能音乐，又能诗，他手中握着艺术园地里三朵最美的、最迷人的花，所以，他诗中有画，而且有音乐，三种艺术已融成一片了。钱君匋的文学作品，此外还有发表于巴金主编的《烽火》周刊及自编的《文艺新潮》上的散文与随笔等等。这些文章，后由桂林烽火社印成《战地行脚》等单行本。要不是让艺术创造上的盛名所遮掩，说钱君匋是30年代作家群中颇有建树的一员，是绝不会有什么人持异议的。

那时期的上海，五光十色，斑驳陆离。黑社会里，不断火拼，白社会里，耍尽阴谋。黑白交通的种种机关，种种酬酢，带给上海市面的，是夜夜歌舞欢宴，处处伤风败俗。微贱之家，清寒贫苦，度日如年；富豪之室，灯红酒绿，堕落淫乱。文明与黑暗，杂然并陈，各自以特有的方式进行着争斗与较量。更可见那民族的脊梁，胼手胝足，前仆后继地撑持着人民的希望……这一切，同时也造就了如林的报纸和刊物，催生了满坑满谷的作品。但能受到编辑如叶圣陶诸公垂青乃至邀稿催稿的，却又并不多见。

当时叶圣陶在商务印书馆主编《妇女》杂志，因郑振铎赴欧游学，同时又代他执着《小说月报》的主编之职。那时，钱君匋正在为《妇女》杂志写着一个关于西洋美术史的连载，每期一篇，任务可不轻。由于开明业务的兴旺，钱君匋的编务随之越见繁忙，竟把晚上的时间都占去了。办事一向认真，对读者又十二分尽职的叶圣陶，唯恐这位后生的稿子脱期，频频来信催交：“你可得快点写，别人的稿子全都交齐，就少你一个人的了。”云云。

对叶圣陶一向敬如师长的钱君匋，一听只欠自己的一篇文章了，哪敢怠慢，于是通宵地紧写赶抄，终于完卷。待钱君匋倦眼惺忪地急急将稿子交到叶圣陶手中时，他忙得可能已忘了那封催稿信的措辞，随口夸奖钱君匋“很好，你很守时。看看这几个人，至今还没交稿”！

钱君匋听了有点意外。“还有人没交来？你不是说就等我一个人了吗？”叶圣陶一听，想起了什么来似的，友好而又略带点狡黠地笑了笑：“这是一种催稿的方法。”

叶圣陶如实相告，却并无抱歉之意。敦厚的钱君匋在如此大编辑又是长者的面前，自然也没有什么好多说的。到上海成为孤岛时，钱君匋自己主编《文艺新潮》，才知道创办刊物者的艰难。为免脱期，维护刊物的形象，这实是不得已而为之的事情。如无上好而又及时的稿件，巧如仙子之妇，也难做出无米之炊来的。

当然，催稿法因人而异，叶圣陶对晚辈而又十分亲近如钱君匋者，自不妨这么办。但他对虽尚年轻，当时却已算得上是比较成熟的作家赵景深用的，就是以数交情套近乎加恭维的办法。先是写一封请赵为《妇女杂志》写一篇《现代女文学家概述》的约稿信：“兄于世界文学所知甚多，此题当然胜任。止须举其尤者，略言其生平、旨趣、风格、作品大要。知兄甚忙，但弟少求索之门，得老友如兄者，自不肯放过……”云云，赵景深如何好意思推却？再来一封催稿信，用的也是全新的一招：“承蒙撰稿，感何可言。文章只须平常谈话那样轻松随便，笔下常带感情，尤宜妇女读者。10月底之日，想不至过期。”如此再三叮嘱，赵自然不会使他失望。

面对平辈朋友，虽有要求修改的意见，也以最委婉的措辞相商，使对方无法不接受，却又绝不至于产生任何不快之感。如对曾在世界书局任职的老友朱翊新的一部《学目大辞典》书稿的复信：“翊新先生尊鉴：接诵大示并辞典稿已多日，延至今日始作报，至深歉疚。尊稿托此间辞书社同人研读，读毕后提出意见如上。弟按其所称，似尚恰当。即以奉呈，聊供参考，未敢谓之定评也。”

叶圣陶视钱君匋为忘年至交，所以，毫无顾忌地将种种轻易不为外人道的催稿法，和盘向钱君匋托出。若干年后，钱君匋也如法炮制，左右逢源地使用了起来。

作为资深编辑的叶圣陶，催稿约稿的方法真是不胜枚举。又一次，是在钱君匋那“钱封面”的令名已经确立之后，叶圣陶为增加杂志发行量，决定再充分利用一下钱君匋的“大名”。他要求钱君匋在杂志封面之外，再在内封地位加绘一张画。约稿信中，他告诉钱君匋：“一般杂志的编排，首先是封面，翻过来是目录，再翻过来是正文。现在请你画的一张画，是放在目录前面的，在这样特别地位上的画，自然只有你最具资格完成了。”这样的诱惑，以钱君匋当时的年纪，是怎么也抵挡不住的。于是，他在封面画已应接不暇中，仍硬挤出时间为叶画了六期。为怕钱君匋忙中拖宕，误了约期，每到发刊前，叶圣陶照写一封催稿信不误。封封措辞不同，封封又都令钱君匋心甘情愿地，即使熬几个通宵也必定准时交稿。

叶圣陶无论编《妇女杂志》《中学生》还是《小说月报》没有一种不是用全力来对待的。一切琐碎的事，从写各种各样的约稿信、催稿信，编稿、发稿，直至校对，都是亲自动手。这种勤勉敬业的精神，在如今的编辑中，已是少有能得见到的了。而且，又岂止是一位敬业勤勉的编辑，他同时还是一位非常出色的作家和教育家。叶圣陶是一个靠自学成家的人。中学毕业后，他曾在家乡的角直小学任教多年。从小学教师而中学教师，后又任商务、开明等书店的编辑，并在武汉大学等大学任教。曾与朱自清合编过《国文教学》等一系列教育丛书，是一个对国民教育做出过重要贡献的教育家。以文学研究会中坚分子的身份，叶圣陶又是与茅盾、冰心齐名的中国新文学初期的名作家之一。他的作品，以描写教育的状况、儿童的心理、天伦的情爱见长。态度平和而诚挚，文字平静而美丽。如童话集《稻草人》，便显示出作者为父的慈爱及童心的天真想象，由于笔下文字能超越人类自私本能的欲望，作品极受社会推崇，成为当时国内最佳的一部儿童读物。他的长篇小说《倪焕之》，以一个小学教员为主人公，写他如何受时代巨浪的推动不歇地向前，以及个人在前进中思想的变迁过程。作品回避了正面的轰轰烈烈，却从侧面，有声有色地表现了从“五四运动”以来的那一整个时代，在新文学运动的初期，也是一部有相当影响的作品。

作为作家的叶圣陶，写作态度的认真，一如其从事教育，孜孜矻矻，一丝不苟。他那种涉笔从严的自律精神，令人感动。他的书斋叫“未厌居”，他将他的一个短篇集也起名为《未厌集》，叶圣陶特向读者明白宣称“未厌”二字的含义所在：“自家一篇一篇地作，作罢重复看过，往往不像个样儿，因此未能厌足。愿以后多多修炼，万一有教自家尝味到厌足的喜悦的时候吧。”

身为名作家而又能有这样谦逊恳切、质朴无华的编辑，在中国文坛上，实在不多。叶圣陶作为中国新文学运动的前辈，又是教育家，他在从事着文学编辑时，仍不忘曾为教师那一“育人成才”的天职。这种不但敬业于本职，同时还兼扬着另一职业中最本质却又最高尚的精神，以极清明的意识，把昔时的教育家风范带到编辑行当中来的，他是第一人，也是体现得非常完美，而又最见成效的第一人。叶圣陶编过众多的刊物，如中华书局的《诗》杂志，商务印书馆的《小说月报》《妇女杂志》《中学生》，以及文学研究会的《文学旬刊》……在为他人作嫁衣裳的同时，非常着意新人的发现与提携，仿佛培育人才已成为他生而为人的一种义务。所以人称叶圣陶桃李满天下，门生遍文苑，绝不是一种浮泛的溢美之词，而是最如实的写真。由于他的诚恳真切，凡曾受教于他的人，都对他永世不忘。当代文坛的两大泰斗巴金和冰心就曾以至诚的心情对他感念至今。巴金在写文章和谈话中一再提及：“编辑的成绩不在于发表名人的作品，而在于发现新的作家，推荐新的创作。我感激叶圣老，因为他给我指出了一条宽广的路，他始终是一位不声不响的向导。”巴金在他的《随想录》中，还这样回忆他当年进入文坛的情景：他在法国游学时，写成了他的第一部长篇小说。由于是处女作，自然有不够成熟的地方。因此，巴金缺乏自信，不敢投稿，悄悄地把书稿寄给在上海开明书店工作的朋友索非，托他代印几百本，以备分发，并征求意见。未料作品被当时任《小说月报》代理主编的叶圣陶发现，看后极为欣赏，当即决定在刊物上连载，介绍给读者。从此，将巴金引向文坛，确定了他一生的生活和创作的道路。

半个多世纪过去了，巴金与叶圣陶之间建立的诚挚友情却与日俱增，他不仅把叶圣陶看作是他的第一本小说的责任编辑，而且看作是一位良师，是他人生道路上的引导者。他在《我的责任编辑》一文中深情地回忆叶圣陶时写道：“路上有风雨，有泥有石，黑夜来临，又得点灯照路。有时脚步乏力还要求人拉我一把。出书，我需要责任编辑；生活，我也同样需要责任编辑。有了他们，我可以放心前进，不怕失脚绊倒。”没有那种至诚提携、奖掖他人成才的品性与责任感，哪会有被引导人如此深沉而诚挚的感激！

因了女性的细腻，冰心谈起叶圣陶，感情色彩更浓：“谈起叶老，我觉得与他相对，永远如沐春风！他那谦和慈蔼的言谈、态度和容颜，永远悬挂在我的面前。他的‘爱护后代就是爱护祖国的未来’之类的发言，永远在我心中震颤。

“叶老一生从事教学和编辑工作，他在编辑工作中发现和奖掖的作家不计其数。丁玲和巴金曾对我讲过，他们的处女作，都是在叶老主编的《小说月报》上发表的，言下不胜感激。

“对于叶老的歌颂是写不完的！那张在他府上海棠花下拍的我们的照片，现在就供奉在我的书柜上面，和我的父亲的相片依傍在一起。叶老永远活在我心灵的最深处！”

如前所述，钱君匋曾以少年多情之心，也曾有过当诗人的愿望，并且写过不少的诗作。他的第一首诗，便是发表在叶老主编的《小说月报》上的。叶老为奖掖和鼓励青年钱君匋，还极力将他的第一本诗集《水晶座》介绍给广大读者：“谁如果认识了君匋，熟习他那种蕴藉的神态，柔美的性格，又知他的专门是图画与音乐，他的家乡是变化万千的海边，就会想，印在这一本里的，真该是他的诗。”叶老评介的文字，本身就是一首诗，何等的优美！半个多世纪后的今天，君匋先生犹未忘怀。他感慨地说，要不是由于种种机缘，他走上了美术创作之途，当日便会沿着叶老鼓励的道路走去，今日出版的，便绝不会只是薄薄的这几本诗集了。此后，钱先生虽然由音乐而装帧而治印而书法而绘画——做着各种转轨式的跨越，而未成为更具成就的专业诗人，但对叶老当日的奖掖，仍是铭记到今，感激不尽。

叶圣陶和《晴窗随笔》

石俊升

在雪雾茫茫的除夕，惊悉叶老远行的消息，我黯然无语，不禁翻出他在1979年底至1981年间写给我的18封短札，重新拜读了一遍。这是他以《晴窗随笔》作者的身份，陆陆续续写给我这个编辑的信。

从字里行间我看到了什么？是一丝不苟的写作精神，是虚怀若谷的处世态度，是孜孜不倦的执着追求……

我仿佛又在雪后的冬日，步入了北京东四那条寻常的又长又窄的胡同，又走进了那个简朴得近乎破旧的院落。看，就是在这扇窗户之下，一位慈眉善目，须发皆银的长者在吃力地写下涌入脑际的一束杂感，几点灼见。说是“吃力”，还不足以准确地道出他写《晴窗随笔》时的艰难。叶老曾在信中告诉我：“视力衰退，年来更甚。看书报眼镜和放大镜并用，还是不清不楚，写些什么不能两镜并用，只得在写了一句或一行之后，拿起放大镜来检查有没有脱漏或者笔误，还得靠阳光……假如‘多云间阴’或者‘阴转多云’，那就两镜并用也不济事，只好不写。”叶老发表在本报的二十多篇《晴窗随笔》，就是在这种状态下，一个字一个字地写就的。

我和叶老只有一面之缘。那还是1978年冬天的事。当时我在文汇报《教育战线》（现改为《教育园地》）当编辑，我和主编筹划开辟一个教育家谈《我的教育生涯》专栏，我首先想到的作者就是我仰慕已久、声誉卓著的叶圣陶，我热烈地期望着由他来开篇。为此我专程赴京约稿。虽有幸见他一面，却抱憾而归。原因则如他后来在给我的信中所说：“我仍然不能集中思想，写二三千字的文章视为苦事。”“再说我从前当教师与一般教师一样，照例上课，殊无什么好经验。以此之故，‘教育生涯’，也没有什么好说的，这是实情，并非故为谦虚。”

对于年届耄耋的叶老，我当然不能强求。返沪后我致函拜谢，并表示欢迎他在身体条件许可的情况下为文汇报撰写稿件。出乎我的意料，1979 年 12 月上旬接他大函，说：“昨夜思之久久，得一办法。从本月始，作有关教育的随笔附上，只要身体尚可，每月以两篇为度。我的杂想不少，不拘形式，说完为止。每篇总在千字之内。日内当试写一篇寄上。”他还说，“此想似较勉强应酬之作为好。”

此后一段时间，他便根据专刊的出版日期，按时寄来，从不脱期，每次接到他的稿件，我和主编都深为感动，并激励我们把专刊编得更好。

叶老的手稿每一个字、每一个标点都清清楚楚，你怎么也找不出一点疏忽之处。他对己严，对编辑要求也高。我们设计的头花有缺点，他在 2 月 1 日的来信中，就毫不容情地提出：“……把‘之四’二字排在日子之下，此似欠妥。‘之四’与‘随笔’是无论如何拆不开的。希望下次勿复如此编排。”同时他还热忱地建议：“我想出一个办法，敬请考虑。把头花的花盆右边挖空，挖到可以排两个阿拉伯数字的宽度，如这第四则，其中排一个 4，将来到第 10 则，就排 10。不知如此办法可邀采纳否。”

叶老是我们的作者，也是我们的老师，他使我们认识到对于编辑工作中的一些细微末节也不应忽视，不能马虎。

叶老对读者的意见素来十分重视，从不一掷了之。他在信中曾谈到，对于来信中“有些意思的总得用心想想，写信作复”。有位姓贾的读者来信对他引文中孔子“则不复也”这句话，提出不同的解释。对于这样一个并不涉及文章主旨的问题，年届耄耋的叶老倘不予回答，想必明理的读者也不会非难，但他却恳切地表示“我虽衰老尚能自知，不敢自以为是”，并在回信中进一步阐述了自己对这句话的理解，信末还不禁感叹“究竟如何，惜不得起古人而问之。”从看信到作答，他花费了两小时半，搁笔之后感到筋疲力尽，苦不堪言。可敬啊，叶老！从那以后，我对读者的来信，总是认真阅读，不敢怠慢，对“有些意思的”，就自己写信答复，因为叶老的榜样就在我的眼前。

虽然如此，叶老对来自读者的“闲事”还忍不住要管一管。1981年12月22日，他写来一信，说是沈阳有一位与他年若而并不相识的读者，对韩愈《师说》中李子蟠的年龄有所怀疑，说不是“十七”，而是“七十”。写了一篇400多字的短文投稿而被退回。叶老说：“我不能断言他的想法一定对，但是他的理由有讨论的价值”，因此建议“能不能登一下，供老师们、出版社编辑同志们看一看，想一想”，同时又关照“不必说由我转交，免以多生枝节。倘能惠允，感不胜言。”看完他的信，我沉思良久，对于这不相识者写的一篇并不见得精彩的短文，他为什么慎重推荐，拜托再三呢？无他，就是出于对写作者艰苦劳动的极度尊重，对一点一滴创见（哪怕并不成熟）的无比珍惜。我想，一个编辑如果具备了这种可贵的精神，就会发现、扶植多少人才，就会赢得多少读者的欢迎啊！

叶老原计划坚持写上一年，这样可得36篇随笔，“足可自慰”，可惜因为健康原因未能如愿。在这里，我不准备对已发表的随笔做全面的评析，我只想说，其中关于重点中学的设置问题、关于考试改革的问题、关于加强生物教育的问题、关于德智体美的教育问题等等，至今仍未能妥善解决，文中阐发的观点在今后很长的一个阶段里，仍将会给我们以深刻的启迪。说到这些随笔的文字，著名语言学家王力曾在《人民日报》撰文说，叶圣陶晚年在《晴窗随笔》中的文字，已经“达到了炉火纯青的地步”。

户外的雪花仍在飘个不停，淡泊中蕴含着凄婉。此刻北京倘若也在落雪，他书房的窗前该是一片昏暗了吧？他乘风归去了，但我对那扇“晴窗”缅怀将是不尽的……

叶圣陶与开明书店

杨耀健

1937 年 12 月，南京弃守，武汉人心浮动，叶圣陶只好打消在汉口建立开明书店的计划，带着家眷与范洗人一道再迁重庆。

叶圣陶到重庆后，因开明书店暂时还重建不起来，生计成问题，只好先后在巴蜀中学、戏剧学校、复旦大学教了一段时间的书。在他看来，教书是培养后人，是发育自身，也是造福社会。有了这样一种既定的基调，他就有了使命感和责任感。

他是小说家，自然是开国文课，他那夹有江浙口音的官话，学生们刚好能听懂。他的开场白总是讲，文学是一条迢迢的朝圣之路，吸引了无数虔诚的信徒，其中也包括他和在座的大家。寥寥数语，立刻引起热烈的交流，师生间的关系一下便十分融洽。同学们有了什么习作，都愿请他指教，他也总是尽心尽力指点他们。实际上，中国现代文学的巨匠巴金、丁玲，也正是他早年发现和提携的，只不过他从不对外人提起罢了。

1938 年秋，迁至四川乐山的武汉大学聘叶圣陶为文学系教授。两年后，叶圣陶改任四川省立教育科学馆专门委员，到了成都，对文学青年做了很多辅导工作，深受爱戴。

1942 年，开明书店在重庆重建编辑机构，叶圣陶立即辞去教育科学馆公职，返渝主持开明编译所的工作。重建的开明书店，注册资金为30万元，经理为范洗人，叶圣陶主管编辑业务，地址在重庆城内保安路。书店获准开业后，很快复刊了《中学生》《国文》《开明少年》等杂志，并创办了《英语》月刊。短期内，该书店便出版了渝版书38种，拥有了众多新老读者。

开明书店讲究编书，叶圣陶此期的写作精力，便主要放在语文教科书的撰写上面。

叶圣陶所著的《精读指导举隅》，是专供各中学国文教师参考用的，书中选了6篇文章作例子，对怎样指导学生精读提出了宝贵建议。他自己也上过讲台，有着切身的体会，故而能结合实际，深入浅出。此书具有实用价值，出版后不久就销售一空。

他的另一本专著，名为《略读指导举隅》，着重讲怎样略读。书中也举了7种书作例子，提出要做好指导，首要的在于必须注重版本、序目、参考书籍、阅读方法和问题解答这五个要素，总之，要让学生掌握阅读的方法论，这样他们今后才能独立选择好书。

在《如果我当教师》和《致教师书》这两篇文章里，叶圣陶对如何当好教师提出了个人的见解。他认为如果要胜任愉快，关键在于热爱学生。他写道："决不将投到学校里来的儿童认作讨厌的小家伙，惹得人心烦的小霸王；无论聪明的、愚蠢的、干净的、肮脏的，我都要称他们为'小朋友'。"

编书编刊物，占用了叶圣陶不少的时间。他在抗战期间的创作，比抗战前要少，只出版了一本小说集《西川集》，包括几个短篇在内。

《邻居吴老先生》，塑造了一位个性鲜明的爱国老人。书中的吴老先生是从外地迁川的，只因他听见后来内地的表侄讲，日本人认为留在老家那地方的人都是"顺民"，他就气得要命，发誓要做"迁川一世祖"，再也不愿回故乡去，以免被人看成是汉奸。

《辞职》中的刘博生是一个小公务员，在某机关当会计。新调来的主任要他做假账，共同侵吞公款。刘博生虽然贫困，却廉洁自重，他宁肯辞职，也不愿与贪官污吏同流合污。

《春联儿》《我们的骄傲》等作品，刻画的也是具有强烈民族意识，富有正义感的人物。巴金因而评价说：“叶先生的这些作品，应该归为‘问题小说’一类。”

在长期流亡的生活和时代的影响下，叶圣陶逐渐看清了国民党消极抗战、积极反共的真面目。1945 年 2 月，他在陪都参观漫画展后有感，题写了《踏莎行·题丁君所绘“现象图”》，表明了他的爱憎：“现象如斯，人间何世！两峰‘鬼趣’从新制。莫言嬉笑入丹青，须知中有伤心涕。无耻荒淫，有为惕励，并存此土殊根蒂。愿君更画半边儿，笔端佳气如初霁。”

抗战结束，开明书店迁回上海，叶圣陶也随之离渝，但他的人品和著述，至今还为“老重庆”所提及。

叶圣陶与开明书店

刘岚山

无论是教书或写作，无论是处理个人生活或主持开明书店的编辑事务，叶圣陶先生都在表示出中国读书人所特有的朴实、耿直、坦率、负责的气质与性格。他经年穿着粗布中装，脚上的布鞋是家里做的，剃着光头，老老实实得像个乡下人，不大欢喜谈话。在书店里和同事们一同工作一同休息，这个世界的繁华就好像与他无关一样；但是，他却比任何口头喊着关心别人而实际上只关心自己的人都要关心别人一点，这不要说别的，开明书店之忠实于读者，从不出版一本很坏的书给读者，甚至连一本于读者无益的书也不经售，就是一个很好的证明。

开明书店现在每个月可出四五本书，厚的薄的都有，以富有教育性的为最多，而且，其对象大都是青年读者。如它所出的《开明少年丛书》《开明青年丛书》《开明青年音乐丛书》《开明文史丛刊》《世界少年文学丛刊》《开明文学新刊》六种丛书，和《中学生》《国文月刊》《开明少年》《英文月刊》四种月刊，就是以增进青年知识提高人的品质为目的。

抗战开始以后，到胜利以来的今天，由于物质条件降低与人们生活忙碌的结果，差不多没有一个报章杂志上无错字的，但开明书店所出版的杂志，却少到几乎没有，这是读书界一致公认的事实。这原因很简单，就是从上到下的认真态度所致。开明书店同人所以能够这样，不外以下两点：一即参加开明书店工作人员，大都以开明书店的事业为个人终身事业，譬如进入开明书店工作一年以上的人员，书店就给他（她）一份股权，使他（她）同书店发生切肤关系；二即在生活上，书店给予所有同人以有保障的生活，譬如他们现在以米布书涨价数乘底薪的薪金制度，就能使所有工作人员不受物价影响，而新建的具有娱乐室、球场、自修室的“开明新村”宿舍，不但能使同事有住的自由，而且也有进修与娱乐的自由。

开明书店目前有十七个分店，兼售外版书志的有七个分店，这是为了便利读者才办的。但代售书志内容必须经过审阅而有益于读者的，其他分店及总店，则概不兼售外版书，因为他们觉得在大城市里，书店很多，不必要有此麻烦。它现在经常出版一种推广性的小刊物《开明》，刊登作者介绍，书志评介，出版消息等，不发售，面索函索均可，这是专门为读者而办的，同一般书目广告大不相同。最能表现开明书店平实作风的，它在广告上从不大事夸张，如四种杂志，绝不称四大杂志，这虽是小事，但也可见开明书店精神一般了。

开明书店所出版的书，大都是先经叶先生看过的，有些教科书补充读物，如已出版的《开明少年国文读本》（高小），《开明新编国文》（初中），和即将出版的《开明儿童国语读本》（初小），《开明高级国文读本》（高中），就完全是他亲自选注或写作，因为他是一位教育界前辈，他知道学生们需要所在，懂得少年青年们心理，开明书店所出的教科书及辅助教科书的讲义等能为广大学生所欢迎，其故就在此。

叶先生一生教了极长时期的书，也写过很多儿童方面的著作，如他的童话《稻草人》《古代英雄的石像》，以及专谈写作的《文章例话》和《倪焕之》《未厌居习作》等小说散文，都是一般中学青年与小学生所爱读的，他近年因忙于开明书店事情，及文协编印之《中国作家》，很少在其他的刊物报章上发表文章，但偶尔写出一二篇，便传诵遐迩，被普遍地采作学生教材了。如不久前他写的那篇散文《牛》，差不多有十余个报纸与杂志转载，而油印成讲义的，更不知有多少，这是我所见到的，叶先生说他还不知道哩。朱自清先生在十几年前所写的一篇《我所见的叶圣陶》一文中说："他从前晚饭时总喝点酒，'以半醺为度；近来不大能喝酒，却学会了吹笛——前些日子说已会一出《八阳》，现在该又会了别的吧。"在严肃朴实忙碌的生活中，经过这些年来，叶先生之所以能够还健壮得如一个青年人，大概就是得力于他这种和易精神的，我想。

同气同舟

——叶圣陶与中华职业教育社

吴长翼

叶圣陶同中华职业教育社的关系源远流长。在“五四”风云里，叶圣陶以“为人生”的作品高张“写实”旗帜，登上了中国文坛。他的长篇小说《倪焕之》，塑造了一位改革教育、追求真理的典型人物。他对中华职业教育社提出，“为个人谋生之准备，为个人服务社会之准备，为国家及世界增进生产力之准备”的立社宗旨，表示了由衷的赞赏。自20年代起，叶圣陶就和黄炎培、江恒源、杨卫玉一同参加江苏省中小学各科课程标准的制订工作，在社办的中华职业学校教国文；给社办的《救国通讯》杂志写文章。抗日战争时期在重庆，叶圣陶又参加了《国讯》的编辑委员会。为了抵制当时扼杀进步文化事业的图书检查制度，叶圣陶主编的《中学生》和职教社主办的《国讯》一同在反对新闻图书检查的“联合声明”上签了名。

为了探索改革之路，叶圣陶、黄炎培诸先驱在各自的岗位上从事拓荒劳动，敝屣尊荣，历尽艰难，锲而不舍。他们为了改革教育走到一起，又在长期实践中，在国家民族命运不绝如缕的严峻现实面前，认识到“历史的政治经济规定了传统的教育方式……教育不会独自改头换面的，要到政治经济都改变了以后，才会以另一种方式出现”。“职业教育不可能从根本上解决社会最困难最重要的生计问题”，“职业教育固然重要，但非根本问题，根本问题不能解决，职业教育亦无办法”。于是，他们一面继续积极推进教育改革，一面积极投入爱国民主运动的洪流。

中华人民共和国成立以后，叶圣陶为中华职业教育社创办的“语文学习讲座”倾注了心血。语文与职业有什么关系？叶圣陶认为，无论什么职业，当工人、当农民，都离不开语文。语文是彼此之间交流意识、交流思想的工具，要善于使用、正确使用这个工具，才能充分进行交流。他为“讲座”延请王力、吕叔湘等许多专家学者讲课，自己给学员上第一课——“认真学习语文”。他不但一字一句给学员批改作文，还和职教社负责人孙起孟一同到平谷下乡调查；到中小学听“讲座”；参加教育部主持的“讲座工作经验交流会”；主持主讲人会议；并发表“讲座”工作要“切合实际、注重实用、讲究实效”的主张。

“语文学习讲座”自 1962 年 9 月开课至 1966 年 7 月停课，历时 4 年；在京听课学员 2400 余人，分布在 378 个单位，外地函授学员 36000 余人，分散在 27 个省、市。采取“讲课—播放录音—印发讲义”三结合，为在职人员找到一条适合业余学习的路子，帮助一批在职人员提高了使用语文这个工具能力。“讲座”的讲义，1980 年，叶圣陶在《纪念“语文学习讲座”》中深情地记述了对“讲座”的怀念：“北京讲课的地点先借用长安大戏院，后来借用民族文化宫礼堂。每回讲课之前，场子里就坐得满满的，几乎没有一个空位子，也没有一个迟到的人。”“几千名学员虽然分散在许多机关、企业、部队、学校里，他们都按人数的多少，有的编成班，有的编成小组……学员们在听课之前组织预习，在听课之后组织讨论；写了习作，相互商量评议；对讲座的组织和安排有什么意见，对讲课人有什么要求和质疑，都由学员代表带到学员代表会上云。讲课的人也轮流跟学校负责人一起参加学员代表会，直接听取学员们的意见，跟学员代表共同商讨教学方面的问题。学校的工作人员很少遇到有紧迫的事，如寄发刊物，布置活动之类，学员们得到消息，就主动推出代表来帮忙。办学的人、教学的人和就学的人相互的关系如此融洽，彼此的感情如此深厚，可以说超过了一般的正规学校，这正是民主办学的必然结果”，这些记述，反映了广大青年迫切求知的心情和盛况，也体现出叶圣陶与中华职业教育社同气同舟的关系。

向叶老致敬

萧　乾

1936年开明书店纪念十周年时，圣陶先生曾命我为纪念集刊《十年》写一篇小说，我写了《鹏程》。我还为他主编的《中学生》写过篇把短文。叶老又在那个刊物上评过我的《邓山东》。这大概就是我同开明的全部关系了——而且，都是通过叶老。

30年代，在乱糟糟的上海四马路上，开明一直是我所敬重的一家出版社。它质朴严肃，不尚时髦；在传播文化知识上，它是不遗余力的，对青年尤其满腔热忱。我对开明怀的这种好感，在很大程度上是来自我同叶老的友谊。在我心目中，他一直是也永远是一位至为可敬的长者，一位诲人不倦的良师。

1936及1937年间，在上海滩上编文艺刊物可不是件容易事。我这个刚出校门不上两年的北方青年，愣头愣脑的，很容易迷失方向。那时在上海，除了巴金和靳以，指导我支持我的，还有叶老和西谛。他们对我总是有求必应的。半个世纪以来，我同叶老没断过往来。甚至1957年以后那段漆黑的日子里当许多熟人一瞬间都变为路人的时候，他对我也一如既往，丝毫没由于我遭受的厄运而回避我或改变语气脸色。

我一向喜欢保存书信，可是1966年8月23日那场大火，把我的全部书物都化为灰烬，其中也包括一包叶老从30年代以来写给我的信，封封都是用毛笔楷书写的。那批信中，我尤其珍惜的是50年代初期的部分。当时我就常想，有朝一日总得为它们开个展览会，让大家看看老一辈作家对于文化事业是怎样热心的。

1953年，我由对外宣传岗位调到作家协会去。说是“文艺归队”，其实，是参加《译文》（后来改名《世界文学》）的筹备工作。刊物试了一期，接着就正式出版了。像所有刊物一样，《译文》也有个赠送名单。每期出刊都寄给宣传部门及文艺界领导，以及关心外国文学的作家们，数月总在一百册以上吧。

在所有接受赠刊的同志中，唯独叶老做法不同。他不但每期必看，而且收到后不久，总给我来一封信，对该期某些译文提出具体的修改意见。语气十分谦逊，如：某页某行，某句某词“似应改为……”不是一两条啊，经常是十几条甚至几十条意见。

当时编委之间对于翻译在看法上有些分歧，一种是硬译派，认为既然是从外文译过来的，就应当保留点洋味——包括语法；另一种则强调流畅，主张外国作品既然译成汉语，读起来就得像汉语。

一向以捍卫祖国语言纯洁性为己任的叶老，自然支持后一种意见。他不仅在观点上支持，每期他都不知要花费多少时间，那么逐字逐句地校正。

叶老仅仅关心《译文》这么一个刊物吗？不。而且他关心的也不限于刊物。听说《斯大林全集》出版后，叶老硬是把那个多卷集从头到尾看过，提了几千条意见，寄给了马恩列斯编译局。那时他是一位日理万机的大忙人啊，正负责着教育部并兼管人民教育出版社的工作，然而为了祖国的文化事业，他就是那样的不吝惜时间和精力。叶老这样笃行不倦的献身精神真是令人感动。

叶老是开明书店的灵魂。开明书店之所以受到青年（包括当时的我）爱戴，靠的就是这样一种朴实赤诚的献身精神。纪念开明最好的办法，就是让这种崇高可贵的献身精神，在80年代中得到发扬光大。

赞开明书店

秦　牧

开明书店创建六十周年了，这是很值得纪念的。

开明书店是一家著有声誉的书店，它作风高尚正派，严肃认真，创办期间，着实出了不少好书。它和商务、中华、生活、新知读书生活出版社等，名字长期留在广大读者记忆之中，解放以前，数十年间，上海滩以至内陆各地，出版机构，从大书店以至小书店，“皮包出版社”，名目繁多，然而旋起旋没者居多，广为人知的毕竟寥寥无几，能够时常被人们提起，就说明它们着实做了不少好事，经得起时间的淘洗，给人的印象甚深。

开明书店虽然不像生活书店那样，在思想战线上起了冲锋陷阵的作用。然而它在严严正正、踏踏实实从事文化建设，引导青年人打好知识基础，积极向上方面，是起了良好作用的。它出版的关于学习、文化、文学方面的书籍，以及《中学生》之类的杂志，影响深远，博得人们广泛的好评。

我私人和开明书店还有过一段关系，是我终生难忘的。我的第一本书:《秦牧杂文》，是在开明书店出版的。近年来每当有记者或者杂志编辑，向我询问:“你的第一本书，是怎样出版的？”我就常常提起这桩事情。

我大概在40年代初，就经常在桂林报刊上发表一些杂文、散文，1944年因日军长驱侵入湘桂，我到了重庆，穷困潦倒无以为生。有位朋友说可以编一本杂文集送去开明书店看看能否出版。我抱着试试看的心情编了一本，约六万字，托人送去了。这是我二十三四岁时候写的作品，现在看来，虽稍有锋芒但并不怎样成熟。谁知不久以后，朋友告诉我，书店接受了，并说负责决审的是叶圣陶先生。叶老很认真，他除了自己审稿外，还要家里人也一道看，最后开家庭会议决定接受。

一个人发表第一篇文章，出版第一本书的时候，总是格外高兴的。因此，它给我的印象很深。当时我很幼稚，连一本杂文集需要作者自定一个书名也不知道，《秦牧杂文》这个书名，还是叶圣陶先生给我起的。这本书新中国成立前在上海开明书店出了两版，共印 4000 册。近年来，香港有人盗印了一版。前后总共是出了六七千本吧。

几年前我在北京见到叶老，我说："叶老，我的第一本书是您给我出的，您记得吗？"叶老连声说："记得记得。"正因为这个缘故，我对他老人家向来有一种特殊的亲切感情。

我写字素来比较潦草，抗战期间我在重庆给《中学生》写过篇稿子，听书店的朋友说，那稿子也是叶老亲自处理的，他嫌字迹潦草，竟亲自代誊抄了一遍。我听后，又是惭愧，又是铭感，此事对我的教训很大。

从这几件事情，可以想见叶老工作严谨作风的一斑，推而广之，又可以想见开明书店工作人员工作精神的一斑。有时我到开明书店编辑部去，看到他们上班时认真、忙碌的情形连脚步我也尽量放轻了。

开明书店能够在中国出版史上有其光辉的一页，绝不是偶然的。

在纪念开明书店创建六十周年的时候，我除了表达自己的祝贺之忱外，还希望这种严肃认真、高尚正派的作风，能够在出版工作者中代代相传，并进而发扬光大，追踪先行者，垂式后来人。

丐翁与叶老

范　泉

丏翁和叶老，都是开明书店的负责人。他们都是我文学道路上的引路人。

我和丏翁认识，是经《鲁迅全集》的发行人黄幼雄先生的介绍，时间大约是在1944年初。

从1940年12月起，在内山完造先生的推荐下，我开始翻译了日本小田岳夫的《鲁迅传》。《鲁迅传》的作者小田岳夫，虽然在鲁迅逝世几个月后，到上海法租界霞飞路（今淮海路）霞飞坊64号鲁迅先生的家里访问过许广平先生，但是由于他对鲁迅先生的认识不深，调查研究工作做得不细，加上当时有关鲁迅先生的研究、考证、回忆录等参考资料发表得不多，占有材料不够，有很多地方写得与实际情况有出入，开掘鲁迅先生的思想境界也比较肤浅。但即使如此，内山先生还是推荐给我，让我翻译，认为今后给创作鲁迅传的作者多少可以作为借鉴。

1944年初，《鲁迅传》的译稿在经许广平先生阅读，并遵照她的书面意见做了修改以后，由黄幼雄先生介绍，连同原著一起，交给丏翁，请他对照原著，从译文上，并从原著的一些叙事方面，订正错误。有时我也同去。只见丏翁把译稿和原著略加翻阅，便毫不迟疑地一口应允，还热情地接待了我们。大约过了两个月光景，我第二次去看望丏翁。他像见到一位熟识的老朋友一般，很高兴地和我握手，招呼我：

“啊，你来了！译稿我已看过。我们开明书店今后可以出版。”

等我坐定以后，他具体地说明了这部书的优缺点：优点在于简明扼要，缺点在于有不少因为是外国人的观点，说得似乎不够恰切。然后他亲切地指出我译文的一个毛病：

“有些语句，得意译。不能完全直译。意译了，反而能够表达原作的精神。”

他随便翻阅原著，念出原文，举了几个例子，给了我很大的启发。他指出的毛病，正是我长期以来十分苦恼而没有解决的问题。自从上海沦陷以后，我长期失业，开始了文字翻译工作。我曾翻译过川端康成的《文章》、岛崎藤村的《断片》，过分地以忠于原著为教条，对一些含义复杂、语法结构极其烦琐的语句（有些语句甚至不符合语法规律），总觉得很难用汉语来表达得完善，事实上也的确处理得不好。经他这一指点，使我豁然开朗。此后我又翻译了朝鲜作家张赫宙的《朝鲜风景》和《黑白记》，就按照丏翁的教导，不仅突破了不少难点，而且还大大加快了翻译的进度。

拙译《鲁迅传》的出版，已经是在日本投降以后的1946年9月。当徐调孚先生把我的译稿和清样派人送来，并附信要我最后校读一遍时，丏翁已经病逝。但是当我打开纸包，把我的译稿一页一页地看去，赫然呈现在我面前的，竟是丏翁不止一处地代我修改的手迹！这使我回想到1944年第二回看望丏翁时的那次教导。他指出我译文的毛病，却为了避免我丧失信心似的，没有把译稿退还给我，而是由他自己耐心细致地一一修改。这要花费丏翁多少时间和精力啊！丏翁教导我的，不仅是他的诲人不倦、扶持后辈的精神，而且还有这种一丝不苟、认真负责的工作态度。但正是这样一位敦厚的长者，我再也不能亲聆他的教诲了。我禁不住感动得热泪盈眶，终于在译本的扉页上，写下了“谨以此书献给夏丏尊先生”的几个大字，并在下面写了四行小字：

> 我流了感激的眼泪，翻看着留在译稿上的夏先生的手迹。想不到这个集子出版的时候，夏先生已永远不再和我们见面了……

认识丐翁是在沦陷了的上海，认识叶老是在胜利后的上海。

那时我在一家书店里工作，和叶老工作的开明书店，相距不过数百步，因此常有见面和联系工作的机会。特别是为了推荐一些新人的作品，他经常写信给我。为了约请他写稿，我也常到他书店，有时到他家里，他总是热情接待，有求必应。《一千五百种现代中国小说和戏剧》的编写者善秉仁来到上海的时候，我和叶老都参加了茶聚，并合影留念。一起参加茶聚并合影留念的，还有徐调孚、梅林、孔另境、臧克家、赵景深、唐弢、罗洪、朱雯等。到上海将近新中国成立前的一段时间，白色恐怖更加严重，几个进步期刊的编辑人，经常到星期六晚上，轮流充当东道主，每次约在跟上次不同的地点，秘密聚餐，相互交换一些有关解放战争和文化艺术界意外遭遇的信息。参加秘密聚餐的，有《中学生》编辑叶圣陶、徐调孚，《世界知识》编辑冯宾符，《观察》编辑储安平，《文艺复兴》编辑郑振铎、李健吾等。我是《文艺春秋》月刊的编辑，也参加了聚餐。记得有一次，大约是在1948年12月中旬的一个星期六晚上，当我们的聚餐已经开始了一段时间以后，只见气喘吁吁的储安平才从外面赶来，向大家打招呼：

“真是对不起，我迟到了！”

接着他坐下，边吃边谈，很风趣地讲述了如何把两条国民党特务的尾巴甩掉的经过。他熟悉北四川路（今四川北路）一带的饮食商店。他从一家饭馆的前门进去，后门出来。后门的弄堂两头各通一条马路。他是从另一头出来，跳上三轮车，赶到我们聚餐的地点的。大家听了议论纷纷。当时坐在储安平左侧的叶老，就很冷静地分析三点：一是“特务盯梢”肯定不自今日始，一定是早已跟踪了，可能自己还不觉得；二是他们跟踪的目的，不是要立刻动手暗害，而是要清查“同党”，等待时机，一网打尽；三是既已成为“盯梢”的目标，家庭的住处也一定被监视了，希望今晚不要回家，另找住处，而且今后最好也不要回去。

储安平听了叶老的话，再也没有回家。

1948 年 12 月 25 日，当《观察》周刊出版第五卷第十八期的时候，国民党特务终于下毒手，封了周刊社的门，逮捕了社里的工作人员，把已经发行出去的《观察》第五卷第十八期，从街头的报摊上没收了。一位潜逃出来的编辑悄悄地到我工作的书店来看我，告诉我被查封的经过。因为我在这最后一期里写了一篇歌颂解放区劳动妇女当家做主的小说《人像》，他从怀里取出两本，送给了我，还带着歉意似的说：

“稿费再不能付了。”

我非常激动：

“别这么说！——我又不是为了稿费写的。”

接着我问他现在打算怎么办。他迟疑了一会儿，看看四周没有人，便小声地告诉我说：

“跟储先生一起走，离开上海。”

原来他已经跟储安平联系上了。

事后获悉：被逮捕的那位同志，后来竟被国民党特务杀害了，而储安平却听了叶老的话，终于离开了上海，平安地到达了已经解放了的北平城。

此后叶老也离开了上海，转道香港前往北平。

1958 年，由于众所周知的原因，我也离开了上海，但是我没有去北京，而是来到青海的一个山沟里。21 年过去了，在我消磨了整个壮年时期以后，党的十一届三中全会的光辉终于照耀到我的身上，使我获得了新生，得到了平反和改正。21 年来，我总是过着挨整和被人嫉视的生活。人们看见我，就像看见一个麻风病人一样，不敢接近我。在和别人一起走路的时候，熟识的人们也总是对我视而不见，他们点头或招呼的，是和我一起走路的人，而决不包括走在他旁边的我。长期来我当基建仓库的保管员、拉运砖沙的押运员、司机招待员。一座座楼舍建成了，可是那些阶级斗争挂帅的“首长”们，总是把新建的住房分配给不搞基建的干部住，让搞基建的我一直住在远离工作地点的喇嘛寺里，和喇嘛住在一起，连喝一口水，也得从几丈深的井里，使用全身的力气吊起来，然后凭借自己的双肩，担到几丈高的崖岸上。多么艰难的生活呀，多么卑微的人生！而正是这种长期来的自卑感，统治了我的思想，使我在平反改正以后，仍然满腔踌躇，不敢也不愿把我自己的遭遇告诉别人，特别是一些文艺界的老前辈。“他们早已把我忘记了，我又何必去打扰他们呢”，我常常这么想。1980 年，由于我任教的大学校长要我了：编一个语文刊物。这才促使我鼓足勇气，尝试写了一封给叶老的信，询问他有关语文教学方面的问题，同时倾诉了我多年来的遭遇。从 1948 年 12 月到 1980 年 6 月，整整 32 年过去了，叶老还能记得我吗？我有些疑虑，甚至有些忐忑不安。我在写给他的信里，一开头就提出，不知道还记不记得我。

“我还记得您。”

叶老回信的第一句话就是这么说。

这是一句多么亲切而热情的话语呀！它温暖了我的心，鼓舞了我生命的活力！

自从我来到青海高原的 20 多年来，早已和文学告别，更从来不敢存在有谁还会记得我的奢望，更不要说像叶老那样文艺界的老前辈还会记得我。叶老不仅亲笔复了我的信，而且还不顾割除胆结石后体力不济、视力极度衰退的实际困难，写了五百多字的几页长信，并安慰我：“读所叙种种，不胜叹惋，幸噩梦已过，尊怀旷达，殊为欣慰。”

这是一位敦厚的长者发自肺腑的声音。

而正是在叶老的鼓舞下，我又重新走上了涂写文艺习作的文学道路。

应该说：丏翁和叶老，都是在我十分关键的时刻——在我长期失业，开始翻译遇到困难而十分苦恼的时候，在我从一个噩梦醒来还不知道应该怎样走的时候，亲切而热情地指点了我，鼓舞了我，使我思想上豁然开朗，进入一个新的境界。

他们都是我文学道路上的引路人。

第　四　辑

在北京，海棠花下享天伦

叶圣陶海棠花下享天伦

墨 非

东四八条71号院是文化名人、大教育家叶圣陶的故居。叶圣陶一生在很多城市居住过，其中居住时间最长的当数北京城了。1949年3月，叶圣陶从香港来到了北京，8月份入住东四八条71号院，一直到他1988年逝世，在这里度过了40年的时光，写下了不少教材类书籍和童话、文集，为我国的教育事业和文学界创造了不朽的文化财富。

叶圣陶在进京前就已是享誉全国的作家、教育家和出版家了。入京后，他先后担任出版总署副署长、人民教育出版社社长和总编辑、教育部副部长等职务。他夜以继日地编写教科书，为我国的教育事业鞠躬尽瘁，奉献了40年。

叶圣陶的故居是一座青砖黑瓦的三进院落，庭院带有石雕门楼、一字影壁和垂花门，北屋两侧各植一株海棠，南院两旁有一株白丁香和一株黑枣树。四株树之中，叶圣陶犹爱海棠。叶圣陶的邻居都是随他一起来京的朋友，其中宋云彬、傅彬然两家住在东西厢房，丁晓先住在南屋。叶圣陶居住的三间北屋比邻家环境要好很多倍，不仅装有地板和明亮的玻璃窗，还设有整洁的浴室。叶圣陶见朋友的家居环境比不上自己，心里觉得很不舒服，直到朋友们都搬出四合院，他才感到好过些。

西首耳房是叶圣陶的工作室兼卧房，书桌与南窗相对，一抬头就能看到窗外绿意盎然的爬山虎。在这间居室里，叶圣陶挑灯夜战，编写和校对了《汉语》和《文学》等多部教材，为学校的语文课拟定了教育范本；写下了《标点符号用法》，指导国人如何正确使用标点，并把国文改成了语文，这种叫法一直沿用了下来；出任《宪法》语文顾问时，逐字逐标点地审阅文章，一次次反复推敲；还为小学教材拟写了一首颇有童趣的儿歌："弯弯的月儿小小的船，小小的船儿两头尖。我在小小的船里坐，只看见闪闪的星星蓝蓝的天"，启发孩子的想象力。他创作的文学作品还包括《叶圣陶童话选》《叶圣陶出版文集》《抗争》《夜》《平常的故事》《微波》《箧存集》《潘先生在难中》《叶圣陶散文》《我与四川》等。

叶圣陶除了工作之外，最大的乐趣莫过于和家人与朋友一起赏花。由于这座四合院是清朝建造的，庭院里的海棠树至少有百年的树龄了，北京人管这两株垂丝海棠叫西府海棠，曹雪芹在《红楼梦》中给了它一个很美的名字，叫作"女儿棠"。叶圣陶最喜欢看海棠开花了，每到 4 月中旬，叶圣陶都在为海棠树的花期倒计时。到了花开那天，叶圣陶会让叶至善的夫人准备好酒菜，邀请顾颉刚、俞平伯等老朋友赏花饮酒。几位 80 岁上下的老人，难得一聚，在海棠树下谈古论今，由于都不再耳聪目明了，常常由于耳背会错了意，弄出许多笑话，在感叹岁月不饶人的同时，不免笑成一片。

1987 年 4 月，叶圣陶已是 93 岁的高龄老人了，冰心老人也来到叶家大院来赏花了。两位白发苍苍的老人在海棠花下拍了不少照片合影留念。叶圣陶的听力已严重衰退，冰心老人跟他讲话时需要趴在他耳边提高声音，他还是听不清，只有把手放在耳后拢音才能明白冰心说什么。他们交谈的时候颇像两个老小孩在亲昵地讲悄悄话。冰心发现叶圣陶的书桌上既没摆放书籍，也没摆放一支笔，那时叶圣陶视力完全模糊了，看不了书，更不能提笔写字了。冰心告辞时，叶圣陶赠给了她三朵刚刚盛放的郁金香，没想到这次别离，竟成了永别。次年叶圣陶就溘然长逝了。

从 1949 年到 1988 年，东四八条的老宅在岁月的磨砺中悄然发生着变化，而窗外的海棠依旧，年年花开，不仅见证了叶圣陶与老朋友的友谊，还见证了叶家延续不断的血脉亲情。晚年的叶圣陶时常坐在矮凳上给妻子修剪脚指甲。他戴着厚厚的老花镜，让妻子把脚放在自己的膝盖上，左手轻轻地端着妻子的脚，右手一丝不苟地剪着脚指甲，场面无比温馨。叶夫人卧病在床时，叶圣陶体贴入微地陪伴左右，甚至一度想推掉出国的工作。在叶夫人的再三劝说下，他才肯离家。20 多天回家后，他给妻子从国外带来好几件做工精致的牛角雕工艺品。妻子捧着这些有趣的物件一件件观摩把玩，脸上浮现出了灿烂的笑容。50 天后，叶夫人与世长辞。叶圣陶无比哀伤，曾写下“排遣哀愁无计，姑作南州游旅，愁尚损春眠”的诗句来表达丧妻之痛。

叶圣陶在这所宅院里曾有过天伦之乐，幽静的院子里，叶圣陶悠闲地坐在藤椅上，正在咿呀学语的曾孙女坐在车里，海棠树下，一老一小并排坐着，画面无比和谐和温馨。这幅美好的影像被收录在照片里，成为抹不去的光影回忆。叶圣陶还特意写了一首五绝来描绘当时的场景：“初有儿孙日，无如此日闲。阿牛闲似我，老幼共庭间。”而今那名咿呀学语的小女孩已经长大成人，而叶圣陶已经不在了，但大院里人丁兴旺，叶家的血脉在代代延续。北房的客厅里挂着叶圣陶的肖像画，在阳光的照射下，叶圣陶的面庞慈祥可亲，仿佛还是旧时模样。

当我们走进东四八条叶圣陶的故居，不禁会想到叶圣陶人生后 40 年的工作和生活状况。他为我国的教育事业呕心沥血，照顾家人，善待朋友，人生的内容已是无比丰富了。而今这条胡同传达给我们的理念是，和谐健康的人生应该是工作和生活相平衡的状态，工作固然重要，但是友情和亲情同样可贵，叶圣陶在海棠花下度过的岁月恰恰印证了这一点。行色匆匆的现代人，往往在打拼的路上忘记了生活的原色和人生的乐趣，甚至有时无暇顾念家人和朋友，也无心欣赏优美的风景。这是一种莫大的损失，丰饶的人生本不是这样的，工作与生活完全可以两者兼得，彼此相得益彰。

在叶圣陶的家里

吕　剑

这真是一个好天气。虽然已经数九，却意外地没有侵人的寒风，前几天的一场初雪，现在也已消融得毫无踪迹。我穿过一段长长的僻静的胡同，又来到了叶老家里。

“好久不见了！”他从里间出来，迎着我。

像往常一样，我们挨坐在一张沙发上。面前的茶几上清茶两杯，香气氤氲。

“这次我要向您当面致谢！”我说。

“谢什么？”他侧过脸来，一双长长的寿眉底下，有神的眼睛浅笑着，但是稍带疑惑地问道。……

早在30年代初期，当我还在读中学的时候，叶圣陶——当时署名叶绍钧——这位作家的名字，就已经很熟悉了。我从图书馆里借到了他前期作品、出版于20年代上半期的短篇小说集《隔膜》《火灾》《线下》，以及他的童话集《稻草人》。那时他在上海，还和夏丏尊主编了一份《中学生》月刊，我也是这份杂志的一个忠实读者。

通过他的小说和他编的杂志，我曾经想象，这位作家大概是一位很有人情味的人，是一位“诲人不倦”的长者。我曾有过一个幼稚的念头，如果我能见到他，该是多么幸运。当然，这在当时是难以办到的，因为我是一个山东的乡下孩子，没有能力到那个远方的大都市上海去。

但是有一天，我们终于高兴地相见了。但不是在上海，而是在新中国成立之后的北平。这距最初知道他的名字，差不多已经过去了20年了。1949年3月，应党中央之邀，经周恩来同志安排，他从上海绕道香港来到了北平，准备参加中华人民共和国成立之前的一次政治协商会议。7月，举行第一次全国文艺工作者代表大会，我就在这次大会上见到了他。我发现，他的风采，竟和我的想象完全一致，慈祥、谦和、热诚。

这年10月，中华人民共和国成立。他被任命为出版总署副署长，后又任教育部副部长，他没有余裕再写小说了。但他并不服老，还是经常出去访问、旅行，写了不少的诗和散文，并且一直关怀和指导着中年一代和青年作者的创作活动。“文化大革命”的十年间，即使像他这样一位淳朴谦逊的老人，也未能幸免于难。他的著作也不能出版了。

现在他的书又能出了。不久前，他将重印的精装本长篇小说《倪焕之》题款相贻。因此这次来，我就当面向他表示祝贺和感谢。他这才告诉我，“我的童话集和解放后写的一本散文集，也再版了。……”于是我又于无意中得到了两份赠品。

我说，“作家不能出书，那是不能想象的。现在好得多了。……”

很自然地，我谈到了他的著名长篇小说《倪焕之》。它是中国现代文学的重大收获之一。当年此书刚一出版，就被誉为“扛鼎之作”。我青年时代读它时，就曾经激动过。

我很想了解，这部长篇是如何诞生的。

“那时上海有一位朋友在编《教育杂志》”，叶老说，“他希望我写一部以教育为题材的长篇，在他的杂志上连载。这样我就一面进行构思，一面动笔写下去。我按月交稿，他们就按月连载。全书三十章，于1928年11月完成。算起来，现在已经过去五十年了。”

这部长篇小说的主人翁倪焕之，是一个热切憧憬、追求新的理想的青年。

他把救国的“一切的希望悬于教育”，希望以自己的“理想教育”，涤荡旧社会的黑暗和污垢。同时，他爱慕并追求与自己志趣相投的金佩璋，祈望在共同事业中建立起新的幸福的婚姻生活。但事与愿违，现实生活使他这一切美好的幻想归于破灭。五四运动一来，倪焕之在革命者王乐山的影响下，放宽视野去“看社会大众”，投身于改造社会的实际活动。1925 年“五卅”反帝运动和第一次大革命更把他卷入了革命浪潮，从农村来到了上海。但是，蒋介石“四一二”反革命政变，带来了白色恐怖，全国重陷于黑暗之中。这时，倪焕之几经挫跌，感到了悲观失望，终于怀着“什么时候见到光明和希望”的疑问患伤寒死去。但金佩璋倒是因为他的死而更加醒悟和勇敢起来。

《倪焕之》从一个重大侧面，反映了从 1911 年，特别是从 1919 年到 1927 年第一次大革命失败这一特定期间内，一部分知识分子的生活历程和精神面貌。主人公由一个改良主义者转向社会革命，但由于他的某种软弱性，没有也不可能坚持斗争下去。这个真实的形象在当时一部分进步青年中很具有代表性。作品的重要意义之一，正在于此。

叶老说：“我是用严正的态度写那样一个人物的，我丝毫不敢存着不恭的心理。他的命运也只能如此。但也应该说，这部作品，前半部要比较丰满一些，而后半部则比较薄弱。我自己也并不完全满意。”

这时我想起了他为这次重印写的《后记》。其中有一段是这样写的：“20 年代曾经有过倪焕之这样的人。当时的青年要寻找真理多么难啊！……在那大变动的年代里，他的努力失败了，希望破灭了，朦胧地意识到：将来取得成功的‘自有与我全然两样的人’。……祝愿（今天的）青年们万分珍惜自己的幸福，抛弃一切因袭，在解放全人类的大道上勇猛精进！”叶老以有力的笔触批判了他的人物，但也对他怀有深沉的同情。作者并不悲观，他充满信心地寄希望于未来的一代，而他的希望并没有落空。

叶圣陶在出版《倪焕之》前后，还出版了短篇小说《城中》《未厌集》《四三集》，散文《脚步集》《未厌居习作》《西川集》，以及童话集《古代英雄的石像》。“我想了解，您是怎样写起小说来的。”

“我写小说，并没有什么师承。十几岁的时候就在摸索了。但是如果没有接触到外国文学作品，我是不会写起小说来的。中学时代，华盛顿·欧文的《见闻录》，使我非常喜欢。1914 年，我就用文言文写了一篇贫苦的母子二人相依为命的故事，题名《穷愁》，投寄给小说周刊《礼拜六》，竟被登载了，于是我便继续作了好几篇，这样作了一年。”

但叶老的小说，显然和这个杂志上发表的其他作品不同。他在给友人的信中曾说，“吾亦自定宗旨：不作言情体，不打诳语，虽不免装点附会，而要有其本事，庶合于街谈巷议之论。”这是说，他旨在写实。这就自然和当时一般流行的小说大异其趣。因此他又说：

“我当时的小说多写平凡的人生的故事，同后来写的相仿佛。……”

但一个作家从什么基点出发，又怎样沿着他自己所选定的道路前进，绝不会是偶然的事，其间必有其轨辙可寻。

叶老于 1894 年 10 月 28 日生于江苏苏州。20 世纪的第一年，七岁，在私塾读书。家境清贫。中学毕业后，父亲无力再供他继续上学，1911 年，只得在苏州城里当初等小学教师。1917 年到苏州甪直镇当高等小学教员，在那里一直干了六七年。这时他颇热衷于教育工作，因此曾和同事们把学校大为革新。1923 年移居上海，主要当商务、开明书店的编辑，有时也在中学和大学兼课，这样一直到 1937 年抗日战争全面爆发。内迁四川八年，胜利后再回到上海。他的家庭境况和长期教育界、知识界的经历，使他亲自体察到底层社会及教育界、知识界的生活，这就是他的创作的坚实的基础。

就在他开始创作生涯的初期，发生了两件对他关系至为密切的事情。

一件是，叶老以白话写小说而正式迈上了文学道路。这在当时并不是一件小事情，并不单单具备“文学形式”上的意义。

“文言小说作了一年多便停笔了”，叶老继续回忆说，“直到 1920 年才又动笔。这正是‘五四’运动的第二年。当时在北京上大学的顾颉刚告诉我，那里的朋友们要办《新潮》杂志，希望我作一篇寄给他们。这就是那篇《一生》。从此，我就改用白话体写。那时在这个杂志上发表作品的还有俞平伯等。我也给北京的《晨报》和上海的《小说月报》写一点。就这样正式开始新小说的创作。”

而另一件是，“文学研究会”的成立。

这时中国新文化运动，已开始发展起来。1918 年 5 月，鲁迅的第一篇新小说《狂人日记》在《新青年》杂志上发表。这是中国新文学真正意义上的“开山斧”。随着文学运动的进一步发展，新兴的文学社团、文学刊物，也纷纷出现。1921 年 1 月 1 日，第一个文学团体“文学研究会”成立了。

“那是郑振铎从北京写信给沈雁冰和我商量发起的，是在北京成立的，”叶老说，“我那时还在苏州，沈雁冰则在上海。鲁迅没有参加，但他一直和这个团体保持着很好的友谊。”

文学研究会标举“为人生而艺术”，当时影响很大。我就以此请教于叶老。他告诉我，“研究会的参加者对这一点的看法都比较接近。沈雁冰可能记得比我更清楚。他现在写的回忆录里已经提到一些。他和郑振铎当时都写过一些文章，阐述过这些观点”。

文学研究会主张“为人生而艺术”，正如它的《缘起》中所说，“将文艺当作高兴时的游戏或失意时的消遣的时候，现在已经过去了。我们相信文学是一种工作，而且又是于人生很切要的一种工作。”当时著名评论家沈雁冰也曾说过，“文学是镜子”，“文学应该反映社会的现象，表现并且讨论一些有关人生一般的问题”。“作家应该观察和描写社会的黑暗、人们生活的‘痛苦’以及新旧两代思想上的冲突。”……这正是当时启蒙运动、人文主义思潮的反映。如果拿叶老的作品来考察，可以看出这也正是他的基本的创作态度。

叶老住在北京东城的一个四合院里，门户很小，但庭院里却显得宽敞、幽静。

北房廊厦间，夏天摆满几十盆球类和掌类的植物，嫁接出各种的花，玲珑多姿。一到冬天，就把它们移到屋子里，依然生机盎然。

我还是想和他谈谈他的小说。

“在我生活中看到了什么，感到了什么，我就写什么。空想的东西我是写不来的，”叶老说，“具体地说，我在城市里住，我在乡镇里住，看见一些事情，我就写那些。我当教师，接触一些教育界的情形，我就写那些。中国革命逐渐发展，我见到了一些，理解了一些，我就写那些。小说里的人物多是知识分子和小市民，我对他们比较熟悉，我就给他们写照。”接着，叶老又补充说：“那时写东西总感到很容易，没有什么条条框框。我不相信‘小说做法’或所谓指导思想一类的东西。一个作家，绝不会是先有了理论而后才有小说，而是作家在生活中观察、体验，发现了其中的这种意义、那种意义，逼使他非动笔不可。那时候，有些人物，有些故事，来到了我的脑子里，大体上一结构，我就一两天可以写出一篇小说。甚至一天就可以写出一篇童话，方便得很。当然，我一生中写的短篇也最多。”

是的，他的主要成就，也还是在短篇方面，从他于1922年出版的《隔膜》起，到1936年出版的《四三集》止，使叶老成为现代文学界最重要的短篇小说家之一。这些短篇取材广泛，开掘较深，从各个侧面、各个角度反映了半封建半殖民地以及官僚资本压迫下农村和乡镇的面貌，底层工人和农民的悲惨命运，知识分子的追求和幻灭，努力和失败，综而观之，是当时社会的一大部画卷。而叶老处理他的题材时并不是纯客观的，看来他也是想提出问题，指出病痛，引起人们救治的注意。我问他，是否同意我的这一理解。

叶老说，“可以这样理解吧。我总觉得对于不满意不顺眼的现象总得‘讽’它一下。讽了这一面，我所斯望的是在那一面，也就可以不言而喻了。所以我的期望常常寄托在不着文字的地方，包含在没有说出来的那一部分里”。

我们又谈到了他的《一生》。叶老几乎完全以白描的手法，真切地写出了一个农村妇女不幸的命运。她一辈子连名字也没有，任人摆布，像一头牲口。叶老在这里，素描式地勾勒出的这个无告的妇女形象，当时很有典型性。

叶老告诉我，“‘五四’前后，反帝反封建的思想正在广为传播，人们提出了很多问题，其中也包括妇女解放的问题。《一生》也可以说是在这种思想影响之下写成的。由于神权、君权、父权、夫权长期的统治，她们甚至很愚昧。我了解她们，我不能不同情她们。”

应当说，《一生》是叶圣陶真正意义上的处女作，是这位作家创作生活的真正开端。

在这之后，叶老又写了过着童养媳生活而仍未被扼杀了童心的《阿凤》。本来是种田的人却由于命运乖蹇而终于厌弃种田的《苦菜》，通过一个小学教员和农民的对话及其所闻所见而反映出残酷的地租剥削、农民与地主之间的对立的《晓行》。而《晓行》一篇对社会问题的揭示，则更清晰了。尽管行文比较冷静，但在表面冷静之下，我们尽可以意会到隐存于文字深处的那颗作者的心。这些作品，明显地透示出了作者当时的民主主义的精神。

对于叶圣陶这一时期的作品。茅盾曾经如此评价过：“冷静地谛视人生，客观地、写实地描写着灰色卑琐人生的，是叶绍钧。他的初期作品大多有点‘问题小说’的倾向，如《一个朋友》《苦菜》和《隔膜》。”这里所谓“客观”“写实”，实指“现实主义”而言。

“我绝不相信一个正直的作家，”我说，“会对于他周围的一切无动于衷，除非他不想当一个诚实的作家。”

“是的，”叶老回答我，“我可以再补充一下。我对于社会生活，各种人物，常常‘冷眼旁观’。但‘冷眼旁观’是为了一个目的，那就是真实地反映出客观世界，并通过这个‘反映’过程，道出作者的‘心’。”

事实正是如此。叶圣陶“冷眼旁观”的结果，是把很多人们习以为常的陈腐可笑的社会现象，小市民、小知识分子的灰色生活，通过他平实、冷俏的笔墨写了出来。

在这方面，叶老有一篇代表作，这就是《潘先生在难中》。小说中的那位灵魂卑鄙自私、善于随遇而安的潘先生，为了逃避战争的灾难和失业的危险，想方设法适应多变的环境。他始终在庸俗苟安中讨生活。作者的笔力深入到这个人物的精神世界，从而展示出了这一形象的典型特征。

随着中国革命形势的发展，随着生活阅历的加深，叶圣陶的视野也就更加扩大，在思想上和艺术上也就更为提高和成熟。出现在初版于1926年的《城中》一集的某些作品，特别是初版于1928年的《未厌集》和初版于1936年的《四三集》两书表明，作者更为关注现实斗争，并且力图写出新的人物了。《抗争》中写小学教员郭先生，他所鼓动的联合索薪之举虽然归于失败，但他却已经初步具有了集体斗争的意识，并从劳动者身上照见了新的希望。《一篇宣言》中的教员，由于执笔起草了救国宣言，被迫解除了职务，但他并没有气馁，也绝没有认为“救国有罪”。《某城纪事》写了群众对第一次大革命北伐军的欢迎、幻想以及土豪劣绅卷土重来篡夺胜利果实的悲剧。《多收了三五斗》这一著名的短篇，描写农村今年收成好，每亩比往年多打了三五斗。但由于洋米洋货的倾销，米商杀价收购，以致造成了“丰收成灾”。小说在结尾中暗示，农民在绝望中继续挣扎，在议论抢米风潮，在思索：应该怎样生存下去。这篇小说，可以看作当时中国广大农村的一个真实缩影。

“我过去长期住在我的故乡太湖地区，”作者告诉我，“这就是那篇小说的背景。我想写的是那些‘戴旧毡帽的农民’的群像，是河埠头小镇的那种特殊景色。当时的农民曾经陷入了那样的绝境。”

叶老特别提到了写于1927年的《夜》。

“1927年大革命失败，白色恐怖弥漫全国，一个真实的事件引起了我这篇小说的构思。一对革命的青年夫妇被捕了，据传案子很严重。我怎么能无动于衷！我不能抑制自己的感情，一口气把它写了出来。”如果没有记错的话，我以为，它应当是当时文学上反映蒋介石大屠杀的第一篇小说。

叶老的激动感染了我，使我仿佛一下子睹见了那个年代的一个镜头。一个恐怖之夜，一位老妇人哄着他的外孙大男入睡。她的弟弟偷偷跑来述说他的女儿女婿惨遭枪杀并为之寻找尸体的情景。他还带来了革命者刑前写在字条上的“留言”。作者描写道：愤恨的火差不多燃烧她全身，语声转成哀厉而响亮，再不存丝毫顾忌。她拍着孩子，说：“我只恨没有本领处置那辈该死的东西，给年轻的女儿女婿报仇！”她决定勇敢地再承担一次“母亲”的责任，显示了普通人民的新的觉醒。

叶老的《一包东西》可以看作是《夜》的姊妹篇，它真实地刻画出了一个同情革命而又胆小怕事者的心理状态，并从背面透示出了革命者的地下活动。这些后期的短篇，不难使我们发现，这位作者的脉搏和历史前进的动向竟如此合拍，表现出了作者当时在政治上和艺术上的勇气。

作者的短篇，从《一生》到《夜》，从《晓行》《苦菜》到《多收了三五斗》，从《潘先生在难中》到《抗争》《一篇宣言》，我们可以看到，小说中主人公精神面貌的变化，反映出了中国历史的重大变迁，也看到了作者在创作道路上跋涉的踪迹。可以这么说，从 1920 年开始，整个 20 年代、30 年代，甚至到 40 年代，是叶老创作道路的重要阶段，也是他创作生活的旺盛时期。

应当说，我是这位长者的常客。尽管我们两人的年龄差不多相距三旬，但由于他蔼然可亲，而我又问学心切，也就很能谈得来。我们可以说无话不谈。虽然我经常听到他夸奖哪一位作家又写了一部好作品，哪一位诗人又写了一首好诗，他却很少谈到他自己。他是一位非常质朴、谦虚的人。要不是受我之请，这一次他也还不会如此地和我谈得这么多。

在他客厅右边，有一间小小的书房兼卧室。我们有时也来到这里坐一坐。冬天的阳光射到桌面上。不少信件和稿件分别叠放在台灯旁边，我看到一份旧杂志，不禁使我想到了另一件事。

几十年间，他又从事教育，又当编辑，为中小学生编辑杂志和教本，为许多作家和青年作者提供阵地，他严肃热情地从事这一事业方面所付出的心血，并不亚于他当一个作家。

我问他关于编辑《小说月报》的情况。

“是啊，”他说，“先是沈雁冰接编过来，作为文学研究会的阵地。后来商务印书馆改请郑振铎接编。但郑振铎要去欧洲，1927 年下半年吧，就由我代他编了一年。”

“听说就在那一年里，你发表了好几位后来成了大作家的作品。”我说。

叶老谈兴很浓。“大革命失败，武汉的汪精卫和南京的蒋介石合流。这时，沈雁冰由于参加革命活动，不得不离开武汉，兜了一个圈子，回到上海。鲁迅、沈雁冰和我，正好都住在景云里。但沈不便出门，而生活又发生了问题，就动手写起小说来。他的《幻灭》《动摇》《追求》三部曲，真实地反映了当时知识分子在革命浪潮中的风貌。我看了原稿，觉得很好，主张在《小说月报》上发表。他在原稿上署名‘矛盾’，‘矛盾’是一个哲学词汇，不像个人名，我就擅自代他在‘矛’字上加了个草头，改为‘茅盾’。从这以后，他就长期用‘茅盾’二字作为笔名了。至于他的那部小说，也真是轰动一时。”

“听说巴金最初的作品也是在这一时期由你发表出来的。”

“是吧，”叶老高兴地说，“那时他在法国。他写了一部长篇《灭亡》，大概是寄到国内，通过他的朋友转到我手里的。”我们知道，正是这部有名的小说，奠定了巴金在文坛上的地位。

接着我又询问关于发表丁玲作品的情况。叶老莞尔而笑。他似乎在回忆当年的情景，说：“那时，我们编刊物，每篇投稿都看，认真地从投稿中选取。有一次，我从投稿中发现了一篇题作《梦珂》的稿子，署名丁玲，觉得写得很好，很新鲜。我大概还提出过一点意见，请她修改过；后来发表出来了。那也是一篇非常引人注意的作品。她那时大概也就是二十多岁吧。现在却也已经白发苍苍了。”

“我记得你在《中学生》上也提拔了不少青年作家！”

“是吗？”叶老想起来了。“那时经常写稿的记得有徐盈和子冈，他们后来成了夫妇作家和名记者。大概还有几位，一时记不起来了。”

“好像还有萧红，”我补充，“她有个笔名叫悄吟。”

但对于以上这些往事，叶老却总是表示，他只是做了一点应做的普通的工作。

坐在对面和我倾心而谈的，正是我们新文学运动中最老的前辈之一。叶老已届 86 岁高龄，他在文学长途中不辞辛劳地走过了 60 余年，为我国新文学做出了卓越的贡献。

但这一次仍然没有来得及和他交谈一下他的童话创作。他是中国现代最早写作童话并且最有成就的作家之一。但时已近午，我只好相约下次再来。他就取出一张近照送给我，作为这次谈话的纪念。

怀念

——记叶圣陶先生二三事

顾平旦

45年前，我还是个刚刚上初中的学生，却至今记得读过的两篇童话：《古代英雄的石像》和《稻草人》，当时可不知道他们的作者叶绍钧是谁。后来，我对文艺发生了兴趣，在读过的一本本文艺作品中，包括了《未厌居习作》，而且随着知识的增长，已经知道它的作者叶绍钧就是著名的教育家、文学家叶圣陶先生了。又因为叶先生是苏州人，我的同乡先辈，我的崇敬和仰慕的心油然而生。从此，我不放过读叶先生的每一本书，《文心》《文章病院》提高了写作能力；《中学生》杂志成了我中学时代的良师益友。我多么渴望，有一天能亲聆叶先生的教诲。

1963年春，北京出版社出版了《语文小丛书》，主编是著名学者吴晗先生，他约请了叶圣老、王力先生、吕叔湘先生等知名的语文专家做顾问或编委。我那时参加了这套丛书的编辑工作，经常要去向他们请教编辑上的问题，或是请他们审稿提意见。每一次去叶圣老总是那样慈祥可亲，放下手上的工作和我谈话。问我在苏州住在什么地方？当他知道我是苏州中学毕业的，笑着说：“我们是同学。”告诉我他在草桥中学，也就是苏州中学的前身念过书和教过书。对我这个后生小子，循循善诱。我在他的面前，毫无拘束之感。最令我感动的是叶圣老他不但亲自审读别人的稿子，而且还亲自执笔为“小丛书”写了《评改两篇作文》这样一本语文基础知识的普及读物。这是一本只有三万字左右的薄薄的小册子，可是叶圣老在看校样时，总是字斟句酌地校改，连一个标点符号也不放过。当时他手头工作相当多，又正患腹疾。在一封给我的信中说：“此次重校，又修改若干处，虽皆细节，念下去较为顺适……校此五十七面，亦费时六个钟头也。”这封信和这份留有叶圣老手泽的校样，我一直珍藏着，已有25个年头了。每一看到它们，总使我想起他曾对我说过的一句话：“做人、做事、做学问，都要认认真真，不能苟且。”叶圣老的言传身教，永远是我学习的楷模；他的话，我也一直铭记在心。

1977年冬天，冯其庸同志主持的《红楼梦》校注工作，已经进行到第四十多回，陆续印出了“十回”一册的征求意见本。记得我们校注组的同志，常常会为了标点断句问题引起争论。后来，其庸同志决定去请叶圣老来审读把关。因为我同叶圣老还比较熟悉，就把送稿和取稿的任务交给了我，大约有一年左右。当时，叶圣老已是80余岁高龄的老人，眼睛也不太好，但他欣然应允，以一如他对文学、编辑、出版事业的严肃态度，那样细致，那样认真，逐字逐句校读，“亲自标点，修改过不少地方”（新校注本《红楼梦·序》），而且总是准确地在约定的时间内校毕。我手头有一份叶圣老校改的《红楼梦》新校本第三十一到四十回的校样。他用工整的毛笔字，亲自对标点做了很多修改；还常常和叶至善先生一起商量进行校勘，提醒我们注意对照不同版本，对一些段落、词句文义的正确理解，指出我们的疏忽之处。他对每一处的改动都说明了理由，比如，对“逗号”的用法，删改得最多。他说：“逗号表示停顿。凡是念下来不须停顿（停顿了意思就不贯、语气就不顺）的地方，都不宜用什么符号。我删去符号之处，都是从这个看法来的，未必处处都合，尚希酌采。”他有时指出某些地方“好好念的时候，决不停顿”“决不能隔”“点断念起来就没味”，说“符号要与念诵联系起来。——如蒙同意我的想法，就不会怪我删去符号偏多了”，等等。因此，《红楼梦》新校本里倾注着叶圣老的无数心血，经过叶圣老大手笔的润饰，这部书在语言上更规范、更传神了。

此外，叶圣老还考虑到排版的式样，版面的美观，认为排诗词，上下“空行难看”，“希望就全书考虑，定出诗词的排版格式来”；指出对注释要用“干净利落的普通话”来写，难字生僻字“要注音”，等等。这些都是叶圣老积累了几十年的宝贵经验之谈，都是并非“小事”的小事。看了叶圣老的校改样，好像他正在手把手地教给我们关于标点、校勘的基本功；也教给我们处事待人的人生态度。

这“十回”《红楼梦》校样，统共有十万字多，别说校点，就是通读一遍也不是三五天能完毕的。可叶圣老仅仅用了六天时间，其工作之紧张程度可以想见。从叶圣老在每回校样末批注的日期推测，1978 年 1 月 13 日上午开始到 19 日上午结束，每天都写上“× × 日 × 午看”的字样，其间除了 16 日、18 日为半天，其他是上下午都在看的，可见他是作了非常有计划的安排的。不过，以叶圣老的高龄和身体，去做这样紧张的工作，我们不能不佩服他这种热爱事业、忘我劳作、坚毅拼搏的精神。

我和叶圣老的来往都是工作上的，也并不很多。现在他老人家已离我而去，再也不能听他的教诲，接受他的指导了。但是，他的音容，他的品格，他的热忱，他的作品，留给我们的实在太多了，只要想起这几件往事，就历历在目，时时在心，我对他的怀念将永远地、永远地那样深……

忆“五四” 访叶老

吴泰昌

忘记是谁说过，有的人的经历，本身就是一页真实可贵的历史资料。也许正是受这种说法的影响，五四运动60周年前夕，我特意两次走访大病初愈的叶老——文艺界尊敬的叶圣陶同志。

叶老已是85岁高龄的人了。他比郭老小两岁，比茅公大两岁，是健在的我国现代有成就的作家中最年长的一位。他有65年的创作历史。“五四”新文学运动时期，他是有影响的新潮社和文学研究会的重要成员。20年代，他先后出版了短篇小说集《隔膜》（1919—1921年）、《火灾》（1921—1923年）、《线下》（1923—1924年）、《城中》（1923—1928年）、《未厌集》（1926—1928年），长篇小说《倪焕之》（1928年）等。他在小说创作上的突出成就，是“五四”文学革命运动最初收获的一部分。

是一个暖得要人脱下棉衣的北京的春日。虽然已是下午4点多了，当踏进叶老住宅的大门时，我还是迟疑了一下。一个多月前，在我江南之行的前一天，也是这个时辰，我去看望过他。叶老身体、精神一向很好，自去年7月因病住院手术后，虽然疗养得不错，也很难与从前相比了。他告诉我，精神还好，只是视力愈来愈差了。那天一位老朋友来看他刚走，他有点疲倦。我只匆匆将来意说明，不忍心再打扰他。约定返京后来谈。今天，虽然已事先约好，我比预定的时间还是晚到了，我想让他多休息一会儿，使他更有精神来回忆一些有意义的往事。我进门时，叶老已端庄地坐在沙发上。他急切地问我这次在沪、宁、杭一带看见的那些他的老朋友，他们的近况怎样。当谈起郭绍虞时，他笑着说，“五四”那年，我同他都不在北京……我们的谈话，就这样开始了。

叶老说，五四运动发生的时候，他在苏州甪直镇任吴县第五高等小学教员。甪直是水乡，在苏州东南，距离三十六里，只有水路可通，遇到逆风，船要划一天。上海的报纸，要第二天晚上才能看到。教师们从报纸上看到了北京和各地集会游行和罢课罢市的情形，当然很激奋，大家说应该唤起民众，于是在学校门前开了一个会。这样的事在甪直还是第一次，镇上的人来得不少。后来下了一场雨，大家就散了。这一段经过，他写在《倪焕之》第十九节里，不过不是纪实。说到这里，叶老强调说，写小说不是写日记，不是写新闻报道，如果说小说中的某人就是谁，小说中的细节都跟当时的情景一模一样，那就不对了。叶老这几句话是有所感而发的。《倪焕之》是我国现代文学史上一部名著。1928年在《教育杂志》上连载，1930年出单行本。不及一年，就印了三版，可见当时影响之大。最近人民文学出版社又重印了这本书。有的研究者认为这是一部自传体小说，叶老不同意这种意见。我不止一次听他说过，《倪焕之》描写的内容是有生活依据的，但绝不是他个人生活经历的实录，是艺术创作，而不是日记。叶老接着说，当时大家没有做宣传工作的经验，虽然讲得激昂慷慨，可是在甪直这样一个镇上，群众的反应不会怎么大是可想而知的。

关于五四运动的影响，叶老说，“五四”提出了外御强权、内除国贼的口号，提出了要民主、要科学的口号，对当时的知识青年来说，影响是很大的，他肯定也受到影响，但是说不清具体是什么样的影响，那影响有多大。他说，关于这一类问题，有的人能自觉，有的人却不自觉，他是属于不自觉的这一类，这只好让研究的人从他的言行和文章中去考察了。

叶老对“五四”前后的文艺期刊是很熟悉的。他说，民国初年的期刊，消遣性质的多于政治性质的，所以小说期刊居多，出版几乎集中在上海。“五四”前夕，全国各地出版期刊成为风气，大多讨论政治问题、思想问题、社会问题。“五四”以后，各地的期刊就更多了。在1958年和1959年，中共中央马恩列斯著作编译局研究室，出版过《五四时期期刊介绍》三厚册，真可谓洋洋大观。这些期刊大多是青年学生主办的，还有比较进步的教员。这表示中国的青年觉醒了，开始登上思想政治舞台了，这跟第一次世界大战有关，跟十月社会主义革命的胜利有关。

谈到新潮社，叶老说，新潮社成立在“五四”前夕，是北京大学的学生组织，1919年1月开始出版《新潮》月刊。他的幼年同学顾颉刚当时在北大上学，是新潮社的社员，写信到角直约他给《新潮》写些小说，还邀他参加新潮社。叶老先后寄去了几篇小说，第一篇刊登在《新潮》第1卷第3期上，篇名是《这也是一个人！》，后来编入集子，改为《一生》。在《新潮》上，叶老还发表过几篇关于小学教育和语文教学的论文。叶老说：“大概是在《新潮》上刊登了文章的缘故，就有不相识的人写信到角直来了，振铎就是其中的一位。这种寻求朋友的风气，在当时是很盛行的。后来振铎和朋友们在北京筹备文学研究会，写信邀我列名为发起人。”

叶老说，文学研究会的宣言刊登在《小说月报》第12卷第1期上，其时是1921年初。发起人一共12个，只有郭绍虞同志是他小时候的朋友，其他8位是后来才见面的，还有蒋百里和朱希祖，根本没见过。叶老说：“文学研究会标榜‘为人生’的文学，似乎很不错。但是‘为人生’三个字是个抽象的概念，大家只是笼统地想着，彼此又极少共同讨论，因而写东西，发议论，大家各想各的，不可能一致。”

《小说月报》始刊于1910年7月，是民国初年和五四运动以后影响很大的文学刊物。叶老说，“五四”之后，原来的《小说月报》受到新文化运动的冲击，不大受欢迎了。商务印书馆要跟上潮流，从1921年的第12卷开始，改由沈雁冰同志主编。叶老回忆说：“也是振铎来信，说《小说月报》将要改弦更张，约我写稿。我在1920年10月写了一篇《母》寄去。这篇小说替名是叶绍钧，发出来的时候，雁冰加上了简短的赞美的话，怎么说的，现在记不清了。”

叶老在“五四”之前就写小说了。据他自己回忆，大约始于1914年，其时他20岁。上海有一种周刊叫《礼拜六》，他先后投稿有十篇光景，第一篇是《穷愁》，后来收在《叶圣陶文集》第三卷里。《礼拜六》的编者是王钝根，他并不相识，稿子寄去总登出来，彼此也不写什么信。《礼拜六》的封面往往画一个时装美人，作者是画家丁聪同志的父亲丁悚。

叶老说，当时的各种小说期刊，多数篇用文言，少数篇用白话。他记得给《礼拜六》的小说除了用文言写的，也有一两篇用白话写的。最近有人查到上海出版的《小说丛报》上有叶老在1914年写的两篇小说，也是文言写的，篇名是《玻璃窗内之画像》和《贫女泪》。叶老完全忘了这两篇了。他只记得《小说丛报》的主编是徐枕霞。徐枕霞是后来被称为鸳鸯蝴蝶派的主要角色。

叶老记得上海出版的《小说海》也刊登过他的两篇小说，可是忘了篇名。最近有人查到了，是《倚窗之思》和《旅窗心影》。叶老说，《旅窗心影》原来投给《小说月报》的，当时主编《小说月报》的是恽铁樵。恽铁樵喜欢古文，有鉴赏眼光，他认为这一篇有可取之处，可是刊登在《小说月报》还不够资格，就收在也是他主编的《小说海》里。他还写了一封长信给叶老，谈论这篇小说的道德内容。叶老说，鲁迅先生的文言小说《怀旧》就是发表在《小说月报》上的，署名周逾。恽铁樵对这篇小说极为欣赏，加上了好些评语，指出他所见到的妙处。如果现在能找到这一期《小说月报》来看看，叶老认为是满有意思的。叶老跟恽铁樵通过信，没见过面。恽铁樵后来离开商务印书馆去行医了，很有点名气，诊费相当高。

要研究叶圣陶教育思想

张承先

1979年我调到教育部工作，当时叶圣陶同志担任教育部顾问。从那时起，我同这位著名的老教育家有了较多的接触，逢年过节总要去看望他，向他请教一些问题。

1980年7月底8月初，我在哈尔滨主持召开了全国重点中学会议，针对当时中学教育中存在的单纯追求升学率的问题，提出5条措施：在全国和省、市、自治区一律不搞高考分数排队；坚决把学校和学生从频繁考试中解放出来；严格按照教学计划、教学大纲的规定进行教学，不得搞突击；必须对全体学生负责，不得只抓毕业班，放弃非毕业班；必须保证学生的睡眠时间、体育活动和假期。回来后，我向叶老讲了会议情况和提出的措施，叶老非常赞同。他说：单纯追求升学率的问题不解决，教育没有希望；提出的5条措施很好，关键在于落到实处。1981年11月26日，首都报纸发表了叶老《我呼吁》一文，呼吁各方面关注中学生在高考重压下负担过重的问题，引起很大反响。11月30日，首都报纸又登载了在五届政协四次会议上政协委员赞成叶老呼吁的报道。12月，赵紫阳总理在五届人大四次会议上所做的《政府工作报告》中充分肯定了叶老的意见，说："最近，叶圣陶代表发表了题为《我呼吁》的文章，批评了当前中学和一部分小学片面追求升学率的错误做法，词意恳切，表达了学生、教师、家长和广大人民群众的心声。希望有关方面认真注意这个问题，切实加以改正。”

叶老十分重视、尊重和关心教师。1980 年 9 月 4 日叶老与吕叔湘、苏步青等人大代表联名在报纸上发表呼吁信，要求社会各界人士把“尊师爱生”口号变为事实，指出教师理应得到社会的尊重。我很赞同叶老等人民代表的意见，就在《人民教育》上发表了《教师应当受到全社会的尊重》一文，提出希望各级行政领导部门切实解决教师工作、生活的实际问题，把那些需要办、经过努力能办到的事尽力办好，解除广大教师的后顾之忧。叶老说，要各方面都重视起来，实实在在地给教师解决一些火烧眉毛的问题。

1985 年，叶老在医院为我国第一个教师节写了这样几句话：“教育工作不是一个人所能搞好的，需要全体教师们共同的努力，教育工作者一定要能够与志向、兴趣相同的人合作。教师们应该希望自己的学生多能、多智、多行。要做到这一点，教师自己就要永远求长进。”叶老说，要想提高教育质量，教师自己就要不断地学习新知识。教师既要了解学生总的特点，也要知道学生的个性，根据不同类型学生的实际情况，创造自己独特的教育方法。叶老还强调要搞活教育，建立多层次的教育体制。无论是中学还是大学，都应该有目的地培养学生的特长，使他们毕业后都能适应社会工作的需要。

叶老说他的教育思想可以概括为一句话——“教是为了达到不需要教”，即提倡引导与启发，使学生加强自力锻炼，达到疑难能自决，是非能自辨，斗争能自奋，攻关能自勉的主动境界。这是叶老对自己 70 多年丰富教育实践的总结，是叶圣陶教育思想的精髓。我认为，整理、研究叶圣陶教育思想，对我们当前和今后的教育改革无疑是有重要参考价值的，这也是我们对叶老的最好的悼念。

一枝一叶总关情

——忆与叶圣陶先生的一次通信

王　政

戊辰年正月初一，正当人们欢庆龙腾虎跃又一年的时候，从收音机里听到的却是政协全国副主席、苏州籍的著名老作家叶圣陶先生逝世的噩耗，心中无限伤感。蓦然想起了10年前我曾与叶老就他出生地问题的一次通信。

记得1979年春天，我曾集中时间研读过叶圣陶先生的一些文学著作。对其借故乡常见之物，抒写乡思别情的散文《藕与莼菜》；表现30年代水乡农村丰收成灾的小说《多收了三五斗》；描写“五四”以后苏南一位小学教员追求革命，曾被誉为“扛鼎”之作的长篇《倪焕之》等洋溢着乡土情趣的篇章尤为崇拜和赞赏。当时出于对这位生于苏州的文学大家的敬慕，我还一度研究了他的生平事迹，并撰写了《文坛老骥叶圣陶》一文，投寄给一家电台的编辑部。不久，便接到编辑部的电话。来电的意思，一是通知稿件已被录用，二是编辑约我去斟酌一下叶老究竟是生于苏州市，还是甪直（今属吴县）。后来我重又翻阅了一些文学史料，从旁人的记述中查到叶老确实在1894年10月28日生于苏州市。但对编辑提出的生于甪直之说仍无第一手资料加以佐证。于是，在那年初冬我便想到直接给叶老写信查证这件事。由于不知叶老在京的住处，那信是通过《文艺报》编辑部转去的。信邮出以后，我才想到叶老年事已高，又担负着一定的领导职务，有着繁忙的社会活动，对我这位从无交往的普通文学青年的信肯定会不屑一顾。哪知不到半个月，叶圣陶先生就请夏佳同志代写了复信，不仅确切地回答了我提出的问题，还介绍了他在苏州的一段简历。复信中说，他“出生在苏州城里悬桥巷，后迁居濂溪坊，20年代初迁居甪直，后又迁回城内大太平巷，不久迁居上海。抗战前两年迁回苏州城内滚绣坊青石弄，1937年9月离开。以后没有在苏州定居，只偶尔回苏州参观访问。”叶老的这封信，虽然是封普通的回信，但却凝聚了一位大作家对普通文学青年来信的重视，并且为我们准确掌握他在苏州的生活线索提供了可靠的依据。

在这10年间我保存过许多信，以后又大多处理了，唯独叶老的这封信我却一直珍藏着。每当读这封信时，我就想起了叶老，想到了他在文学作品中给我们描绘的多姿多彩的故乡形象，从而使我更加热爱苏州，也更加敬仰这位老人。

第　五　辑

答教师问

答江亦多[①]：心思与行动要求其活泼

（1958年9月9日）

亦多惠鉴：

你是教育系的毕业生，教育理论当然学了不少，但是在教学和班级工作的实践上，你是个新手，你还没有真知。所以我要提醒你，不要有架子，要虚心地向有经验的同志学习请教，多动脑筋钻研教学和了解学生。不断努力才能真正懂得实践出真知的道理。

你在大学学的是凯洛夫教育学，那是苏联的教育学，不是中国的教育学。因此在实践中必须根据我们中国的实际，山东的实际，你们学校和学生的实际，灵活适当地运用，才能有所得益。

针对你的习性，你所处的环境，你从事的职业，我想送你一句话：心思与行动要求其活泼。

我想教师工作的最终目的，无非是培养学生具有各种良好的社会习惯。诸如热爱国家关心他人的习惯，礼貌诚笃的习惯，虚心自强的习惯，阅读书写的习惯，勤劳操作的习惯，求实研索的习惯等等。

望常来信。祝不断进步。

圣陶　　9月9日

---

① 江亦多同志是我的表妹，当时刚毕业于河北大学，分配到山东惠民师范学校当教员。

答张中石[1]：多头并进大概是不好的

（1959年3月5日）

中石同志：

来信读悉。承您安慰我，勉励我[2]，深深感激。我的情绪并不怎么坏。总之不如你所想象之甚，可请放心。

你创作欲旺盛，自是好事。你问我青年时期怎么样，我的青年时期，创作欲不像你那样旺盛，所以没有什么经验可以奉告。据我简单的想法，胸中有许多东西要写，最好先写那了解得比较透彻的，考虑得比较成熟的。至于用什么形式，什么体裁，那就要看选定的材料最适宜用哪种形式、哪种体裁。多头并进大概是不好的。写成了一篇再来另外一篇，心思可以集中。

我并非师范出身。我是读了五年旧制中学，毕业后就去当小学教师的。

下乡实习，希望你得到多方面的长进。我常常想，爱好文艺的人，也不妨把创作的念头放开，不去想它，专心致志于工作、劳动或某项活动。这样工作、劳动、活动不至于分心，可以做得更好。一边工作、劳动、活动，一边念念不忘写些什么，可能会做得差些。经过一段时期之后，某些主题自然萌生，而且

---

① 张中石同志当时是江苏丹阳师范的学生。

② 张中石同志在来信中安慰我父亲，不要因了我母亲去世过于悲伤。我母亲是1957年3月2日去世的，已是两年以前的事了。

越来越具体。那时候再动笔写，可能会写得比较结实。这只是我的空想，写在这里，供给你参考。

相声稿已经看过，提不出什么意见。现在和另外三张纸一并奉还。

我不能多写，望你原谅。

祝你不断进步。

叶圣陶　　3 月 5 日

答孙文才[①]：教师不要完全依靠参考书

（1959 年 10 月 5 日）

文才同志惠鉴：

来信收读，以国庆稍忙，迟至今日作复，良歉。足下担任语文教师，信心甚强，愿努力做好工作，闻之深为欣慰。

承询《任瑞卿老先生》一文各点，我愧无多语可告。此篇主题思想极明显，无非言任老先生坚守教育岗位，老而益笃。此篇为平常之记叙文章，只是尚算清楚而已，亦无其他写作特点。有一事可告。此次任老先生被选为山东省来京观礼代表之一，3 日上午，我与他见了面，精神依然极好，彼此握手，感到无限欣快。

语文课之参考书，部里正设法，务期能逐渐供应。或者组织某地力量编写，或者推荐某地已经编成的参考书。我很知道，一部分教师极需要参考书的帮助。但是我也希望教师不要完全依靠参考书，最要紧的是自己在教学工作中逐步改进教法，创造经验，足下一定会同意我这句话吧？

承询鲁迅先生之诗[②]，足下谓除五六两句外，余皆消极。消极是不错的。我以为消极之中寄托其愤慨，鄙视当时的一切坏人坏事，积极意义当于言外求

---

① 孙文才同志当时是吉林浑江师范学校的教员。

② 《自嘲》。

之。我此言说得未必恰当，恐不能满足下之意。最近广州人民出版社出版了张向天所撰的《鲁迅旧诗笺注》，可资参考，足下不妨向新华书店购之。

手头事稍多，不能写长信，请原谅。

敬礼。

叶圣陶　　10 月 5 日上午

答曹承德[1]：道与文并重

（1959年11月17日）

承德同志：

今日接读惠书，非常欣慰。从手书中我知道您的造诣，觉察您的钻研的精神，首先向您致敬意。我又为贵校的孩子们感到高兴，为与您接触的老师们感到高兴，他们在您的教导和帮助之下，进步一定比较快。而您在他们中间不断努力，也将会继续提高，永无止境。

近时我们在草拟中小学语文教学大纲。修改成草案以后，将发布出去供讨论和试行。现在把有关“道”与“文”的关系的意见奉告，也可以说征求您的意见。

在语文教学中，我们认为“道”与“文”是不可分割的。“语言是思想的直接现实”，人们进行思维活动，不能离开语言这个工具。就一篇文章说，思想内容和语言形式是不可分割的。文章不是不相关的字句凑成的，是要言之有物，言之成章的，是用来记叙事实，阐明道理，抒发感情，讲述知识的。事实、道理、感情、知识是内容，而记叙、阐明、抒发、讲述必须凭借语言作为表现形式。读一篇文章，理解它的内容和理解它的语言文字是紧紧联系在一起的。

---

① 曹承德同志当时是湖南湘潭砂子塘小学的教员。

写一篇文章，正确地反映客观事物和准确地运用语言文字也是分不开的。因此，无论说“以道为主”“以文为主”或者“道与文并重”，都是把“道”和“文”割裂开来，既不符合思想内容与语言形式不可分割的客观实际，也不符合培养读写能力的教学实际。那样理解“道”与“文”的关系，在教学实践中会有很大的流弊。

假如我们的意见不错，符合于实际，那么来书所叙的两种想法，分主次，分先后，都是不对的了。分主次的一种想法是以语言形式为主，以思想内容为次，这样一割裂，主次都搞不透。分先后的一种想法是以语言形式为先，思想内容为后，那么在注重语言形式的先一阶段，势必凭空而不落实。

请您先考虑我们的意见怎么样，如果觉得有理，再考虑怎样向主张两种意见的同志们进行说服。

教学大纲尚未草定，或许还有改动，务请不要向人说这就是将要确定的教学大纲中的意见。至嘱。

专此奉复，顺致敬礼。

叶圣陶　11 月 17 日上午

答孙文才：要去教人

（1960 年 1 月 21 日）

文才同志惠鉴：

17 日手书，今日收读。承告我种种情形，教学奏绩，学生有进步，闻之深感欣慰。又承送我照片，使我得识容颜，多谢多谢。

问我几个问题，我不能做满意之回答，只能说说个人的想法，供足下参考。

“语文”一名，始用于 1949 年之中小学语文课本。当时想法，口头为语，笔下为文，合成一词，就称“语文”。自此推想，似以语言文章为较切。文谓文字，似指一个个的字，不甚恰当。文谓文学，又不能包容文学以外之文章。我个人想法如此。

讲读课恐不限于逐句逐段地讲。学生自己能理解的句与段，我以为就不必讲。学生不能理解者要讲，理解而不透者要讲。最好能向学生提出些问题，引导他们由思索而达到理解，也不必见他们不怎么理解就给他们讲。因此，讲课方法宜视具体文篇、学生情况，分别定出，不能一律。我这想法足下以为如何？

给人物做鉴定，我不甚了解这句话的含义。是否指判定人物的思想正误，品质高下，其言其行的进步或落后等等而言？如果确是这个意思，我以为这是必须让学生弄明白的。我觉得要学生弄明白这些，重要的是不离开本文。学生对本文理解得透，篇中人物谁好谁坏，非但能够知道，而且深切地感到，宛如当面接触这些人物了。我的话说得很简略，不知道足下能不能体会？

教学大纲要拟定的，我虽不能说何时定出，但是各项事业都要跃进，教学大纲的订出不会慢。以我个人想，语文为基础学科，师范生要去当教师，师范生语文的训练必须加强，水平必须提高，是非常重要的事。师范生比起中学生来，多一个“要去教人”的要求。为了这“要去教人”四个字，师范生在学习的时候，就有许多项目要学习。足下在师范当教师，一定深深体会到这一层，愿足下尽量发挥积极性和创造性，使学生得到很好的培养。

大楷小楷的问题，我不能具体回答。我只想向足下说，写字是技能，要养成好习惯，多练，认真地练，只要抽得出时间，练习不嫌其多。

字体的问题，文改会正在研究中。已经认字的人好像不成问题，在教学上确是个问题。

老师坐着批评学生，我想这无所谓对不对。

简略作答，未必尽对，未必能满足足下的要求。余不多谈。

敬礼。

圣陶　1 月 21 日上午

答张中石：请容许我交白卷

（1960 年 5 月 25 日）

中石惠鉴：

您说来了几封信，不知道什么缘故，我只收到本月 12 日的一封。这封信收到已十天，我因今天才有空，给您写回信。回信也不能写得长，只能简略写几句。

您既然担任教职，我以为做好教育工作最要紧。业余习作，有功夫当然可以多做。一篇写完成，自己觉得不满意，一要研究其所以然，二则不必灰心。每写一篇都是佳作，恐怕谁也办不到。还有一点可以向您说的，习作之前先在胸中酝酿得意思明确了，形象具体化了，然后下笔写。换句话说，在意思和形象都还朦胧的时候，不要急于动手写。这样，或者可以使自己比较满意。至于给报刊投稿，被采用了，自然是可以高兴的事，因为您的思想跟读者见面了。要是不被采用，不要责怪编者，编者有编者的考虑，他不采用，总因为对读者没有多大帮助之故，您说我的想法对不对？

您问我的问题，我不是不肯回答，而是回答不出。经历的过程如何，如何克服，写特写之类会不会妨碍儿童文学的习作，诸如此类，我心中无数。随便说几句近乎敷衍，我既不愿，您也无益。请容许我交白卷，您在实践中自己解答吧。我不曾留心有关创作理论的书，您要我介绍，我也不能介绍什么。“童话选”[1]找到一本，封面脏了，另外封寄，请检收。

您对教育部提的三点建议很好，深表感谢。下星期就要开群英大会，杨部长将做报告，报上一定要登的，请届时细读。语文教材增加篇数，提高程度，广收各体，您所说的，正是我们要做的。

来信有少数几处错误，另纸写告，余不多写了。

祝您进步，成功。

叶圣陶　　5月25日

---

① 《叶圣陶童话选》。

答孙文才：语言宜浅显扼要，深入浅出

（1961年1月3日）

文才同志：

接到你祝贺新年的信，非常欣慰。我也祝贺你工作顺利，成绩更好，多多使你的学生受益。

承问数点，不能详答，只能简单写几句。

论文不易讲授，曾经听好多教师谈起。我想最要紧的还在教师自己进修。把论文的内容弄清楚，一要细研本文，二要多参阅有关的文章。譬如近来报上社论与通信报道，很多涉及农村公社的，要弄明白这些文章，最好把中央《关于农村人民公社当前政策问题的紧急指示信》反复钻研，达到透彻地了解。对一篇文章大体了解，那是不能就去上课向学生讲的，必须全篇透彻地了解，才能上课。确实了解了，通透了，还得考虑用什么方法指点，用什么语言表达，使学生也达到同样的了解。大概指点不宜烦琐，宜抓住关键。语言宜浅显扼要，深入浅出。我写的这一节很不具体，对你恐没有多大帮助。

还有一点，论文大多有长句，有复句。学生看不明白一句里的骨干，看不明白下一句跟上一句的关系，就看不明白整篇的意思。教师备课的时候，如果把每句的主语和谓语画出，体会句中各个成分跟主语谓语的关系，再研究第二句跟第一句，第三句跟第二句……第二节跟第一节，第三节跟第二节……意思的承接怎么样，逻辑的关系怎么样，这是个纲举目张的办法，容易使学生领会。你不妨试试这个办法。运用得好，学生不仅了解了论文，同时也是语法和逻辑知识的练习。

现在我们正在编十年制新课本，今年暑假前出版。新课本要出教学参考书。

杂事稍多，其他两个问题恕我不谈了。匆匆作答，歉甚。

敬礼。

叶圣陶　　1月3日傍晚

答陈敬旭[①]：出题目需大费心思

（1961 年 6 月 19 日）

敬旭同志：

接读惠书，欣愉殊深。于出题目大费心思，诸题皆能深入学生心中，学生据以练习，成绩想有可观。我尝谓为教师者只需多动脑筋，经常为当前之学生设想，必能自致善法，予学生以切实之助益。足下即如是之教师也，佩服。

有一教师尝出一题，令学生致书其友，假定其友将来北京相访，书中告以出车站而后，于何处趁何路汽车或电车，到何站下车，循何方向抵学校所在之胡同，入胡同如何辨认学校所在。我以为此是好题目。又有教师出题，令学生说明应用誊写机印刷文件之详情，令学生说明如何生火炉。我以为此等题目亦好。命题作文，不仅练笔，实为训练脑筋，使其就某一事物详悉思之。思之既明，取舍自定，条理自见。苟不为作文练习，学生于所见所闻或皆知之不详，识之不真，此于学习或从事工作，俱有不利。由作文练习启其精思之途，逐渐养成良习，则其效不仅在于能作文而已也。因来书谈作文，辄以鄙见奉告，不识足下以为有当否？

手头事稍多，作答简略，幸谅之。

敬礼。

叶圣陶　　6 月 19 日上午

① 陈敬旭同志当时是上海宝山横沙中学的教员。

答梁伯行[1]：凡为教目的在达到不需要教

（1962年7月23日）

伯行同志：

惠书并总结两份诵悉，欣愉之情，非可言状。为别年余，未尝通信，而时闻社中同志相告，足下教学日进，誉声颇著。今岁之初到无锡，曾思奉访，而参观时迫，离去匆匆，怅未如愿。今读惠书及印件，宛如对面长谈，所云欣愉，盖以此也。

总结两份之内容，大部分皆足下在此之时社中同志所恒言者，而足下又益之以近获之经验，故能深切著明若是。我唯有欣然领受，别无意见可提，印件则留置案头，俾得随时重观，以资沾溉。

年来常与景山、二龙路、丰盛胡同三校之语文教师接触，时或往观授课，颇感教师增加本钱，最为切要。所谓本钱，一为善读，一为善写，二者实相关而不可剖分。去年尝写一短文曰《“教师下水”》付《文汇报》，希望教师经常练笔，深知作文之甘苦，盖即添本钱之意。而除课本以外，经常认真看书读报，熟悉阅读之道，是亦添本钱也，我尚未为文言之。此添本钱之说实至寻常。唯有老师善读善写，乃能导引学生渐进于善读善写。苟非然者，学生即或终臻善

① 梁伯行同志当时是江苏无锡机械学校的教员，人民教育出版社曾借调他到北京工作。

读善写，断非老师之功。足下精研语文教学，敢以浅见奉告，乞断其所思当否。

循诵印件，觉其强调教师精究课文，讲透课文，此固非常必要，而于同时导引学生自动理解课文，为他时阅读任何书籍文篇做准备，言之无多，似感不足。及读至从多讲到少讲，从讲到不讲之处，乃知足下与同事诸君固已注意及之。于此我欲进一言，可否自始即不多讲，而以提问与指点代替多讲。提问不能答，指点不开窍，然后畅讲，印入更深。而学生时常听老师提问，受老师指点，亦即于不知不觉之中学会遇到任何书籍文篇，宜如何下手乃能通其义而得其要。此如扶孩子走路，虽小心扶持，而时时不忘放手也。我近来常以一语语人，凡为教，目的在达到不需要教。以其欲达到不需要教，故随时宜注意减轻学生之依赖性，而多讲则与此相违也。

我颇有零星想法，如获晤面，逞臆而言，可历数小时。而累累书之，则为时力所弗许，幸谅我书之简略。何日大驾来京，或我有再到无锡之便，必当谋作半日之谈。无锡景物宜人，足下居之，想至安适。余不多及。即请暑安。

叶圣陶　　7 月 23 日上午

答程树安[①]：如何写好儿童文学

（1962 年 9 月 19 日）

树安同志：

诵惠书，详悉尊况，良为欣慰。如何写好儿童文学，此是包蕴极广之题目，愧我识见短浅，实无法做简要切实之答语。以意度之，此事绝非一途，各人于实践之中探索，用心各异，方法互殊，皆可达“写好”之境也。

《格言录》翻阅一过，拟以两点意见奉告。收录似当选其精者，各门尚可汰去数条，一也。各门之中，所收有与此门不甚相干者，似宜细心检核一次，二也。杂事稍多，不克多叙，幸恕之。大稿另封寄还。

敬礼。

叶圣陶　　9 月 19 日上午

---

① 程树安同志当时是武汉劳动里小学的教员。

答林井然[1]：立诚最为贵

（1962年12月28日）

井然同志：

10月底来书早收读，延未作答，近又接本月20日书，今日稍得暇，特此奉复，恕未能详也。

尊稿仅阅其半，亦仅匆匆翻过，未能细观。随书鄙见二纸，请察览，所言未必尽当，还望斟酌。撰写此类书稿，供初学者阅览，我以为甚有意义。唯“浅出”之作必本于“深入”，叙述人物宜力求具体。我非谓尊稿未尝考虑及此，然稍嫌其犹有不够。是否可以此为基础，再加修订，然后设法出版。足下自为订定之后，最好请熟谙文史之人仔细审读一过，庶几言必有据，事皆征实，持以问世，无愧于心。若我之匆匆一翻，固不足以语于此也。

承告尊处同志之意，谓可汇刊有关语文教学之文稿。我当与此间同志共商之，如种种条件俱无问题，自当照办。

承询“立诚最为贵”[2]一语。此语自“修辞立其诚”来，无非“言之有物”“言之由衷”之意。而品德修养，实际锻炼，亦复包蕴在内。苟德之不修，实之不讲，虽自以为“有物”，自以为“由衷”，犹未“诚”也。不识尊处同志以为然否？

---

① 林井然同志当时是辽宁安东第六中学的教员。

② 是我父亲所作《语文教学二十韵》中的一句。

承惠贵校照片三帧，敬谢。校舍如此，实甚宏敞矣。

敬祝

新年佳胜，教学成功。

叶圣陶　　12月28日上午

尊稿另封奉还。

答孙文才：有可批才批，无可批即不批

（1963年1月15日）

文才同志惠鉴：

来书早读，迟至今日复为歉。承告工作与生活之情形，皆感欣慰。已得麟儿，遥致祝贺。所询数点，简答于下。

传统的语文教学方法，我未尝说过。有人言之，恐各有其概念，所指未必尽同。从前注重读，此至有道理。古文与口头语言殊异，读之至熟，实即学习古文之语言。必熟乃能写，亦如今时儿童熟习口语，乃能说连贯之一段话也。今时教古文，自亦宜熟读，虽不求其能写，而熟习其语言乃能深味其意义，较之仅仅看一二遍好得多。在此意义上，现代文亦须熟读，即不能篇篇熟读，亦宜挑若干佳篇读之。

为活动而活动，当然不好。任何事情，遗其本旨，流于形式，均属不好。教课之本旨并非教师讲一篇课文与学生听，而是教师引导学生理解此课文，从而使学生能自观其他类似之文章。既曰引导，自须令学生有所事事。使彼练习，向彼提问，皆其事也。若此之练习与提问，当不致流于形式。

《夜》另有所据，据实事而益之以想象。瞿秋白所说，与《夜》无关。

《略谈作文批改》已看过。意思大体同意，唯觉说批的部分说得太多，似乎有非作种种的批不可之意。我想有可批才批，无可批即不批，不一定眉批段批总批一应俱全。批改不是挑剔，要多鼓励，多指出优点，此意甚好。请容我老实说，此篇写得较粗糙，似未经仔细斟酌，故颇有欠妥当之语句，如“眉批的针对性强，能把批语落实到具体的病例中”，即其一也。足下如仔细重观，当能逐一发现不妥之处。率直奉告，谅不以为忤。

余不多叙。即颂近佳。

叶圣陶　　1 月 15 日下午

答王承辉[①]：教师必须兼顾全班

（1963年1月22日）

承辉同志惠鉴：

来信诵悉。承询之事，简略奉告如下。

我在座谈会中所言，原属个人意见，供教师参考，非欲强人必须照办。此点想尊处亦已知之，不待我之详细解释。

作文教学欲期收效，欲令学生获得实益，最重要之一点在提高教师之业务水平。教师业务水平高，讲读课教得好，作文课指导得好，批改得好，学生自能日有进益。帮助教师不断提高业务水平，我以为是文教科之重要工作，不知足下以为然否。

至于批改，无论全班改、轮流改、重点改，必须使学生真正明晓教师之用意，且能用之于此后之实践，乃为有效。尤须所批所改无不中的，悉得其当，使学生受真正之实益。如何使学生真正明晓，此教学方法之事，未可忽视。如何则所批所改无不中的，此系于教师之业务水平，尤关重要。

教师必须兼顾全班，使全班学生均有进益，此是天经地义。我并非反对全班改，我只以为于全班改之外，兼采其他方法，既节教师之劳，不损学生之益，

① 王承辉同志当时在四川垫江县文教科工作。

似亦未尝不可试行。此所谓其他办法，教师可以本其经验而为创造，轮流改、重点改之外或更有他途。如以某一学生之文为材料，书于黑板，师生共改，而教师于此际起主导作用。全班学生如真能人人用心，其受益必不鲜矣。

至如本本批改，而所批所改或当或不当，询之学生，学生又不尽明晓教师之用意，如此者即属劳而少功，我未能同意者也。

余不多及。

敬礼。

叶圣陶　1月22日上午

答邹上一[①]：教师之主导作用在善于引导启迪

（1963年5月8日）

上一同志：

惠书并意见书一份均诵悉。所论诸点，与我平日所思颇有相同之处。同声相应，感佩可知。所谓教师之主导作用，盖在善于引导启迪，俾学生自奋其力，自致其知，非谓教师滔滔讲说，学生默默聆受。所谓阅读教学，本身自有其重要性，并非作文教学之辅。而善于指导阅读，虽不喋喋言作文，实大有利于学生作文能力之培养。我有时应邀作讲，辄言及以上两点。听者似皆首肯，而是否遽付诸实践，尚不可知。行与知固未必常相随也。

尊论各级各科之安排，用意与极少数试验学校之设想相类。不拘故常，深研求是，精神可佩。

意见书当交部中研究部门仔细研究。

简略奉复，聊答雅意。

敬礼。

叶圣陶　　5月8日上午

---

① 邹上一同志当时是湖南青树坪第二中学的教员。

答曾献栋[①]：文稿写成而后，最好自为修润

（1963年5月9日）

献栋同志：

来信接读已久，延至今日作复，深歉。

你家中人与亲戚皆任教师，研讨切磋，至多方便，提高业务水平，条件特好。愿祝努力，获致佳绩。

稿二篇俱看过，意皆甚是。谈写字一篇嫌其说得太多，如许意思，若能注意于精简，即不需如许篇幅。稿中有少数错字，已为标出，希留意。

以文稿见寄，自所不拒。然观之未能限时间，作复亦不必甚速。至于修润，实难照办，尚希谅之。

我意文稿写成而后，最好自为修润。觉得尚有意义，于人或有益，自无妨投稿。投稿而不见录，亦不必心存怅惘，彼编辑者不采纳，当有其考虑，为投稿人所弗及察者。投稿而见录，己之所怀得与读者之心通，自是可慰，而不宜沾沾自喜。态度如是，似较妥善。你以为何如？

余不多书。

敬礼。

叶圣陶　　5月9日上午

---

① 曾献栋同志当时是内蒙古包头乌拉特前旗新安小学的教员。

答张自修[1]：阅读为写作之基础

（1963年7月27日）

自修同志惠鉴：

接读来书已月余，近又获诵第二书，延迟作报，良为歉疚。选辑若干文篇供学生阅读，此事自属可行。盖课本选文不能多，而学生诵此少量文篇实嫌不足，别有选本俾自为诵习，正应其所需，至于多诵文篇，固有裨于作文，然目的不仅在练习作文。阅读教学之目的，我以为首在养成读书之良好习惯。教师辅导学生认真诵习课本，其意乃在使学生渐进于善读，终于能不待教师之辅导而自臻于通篇明晓。课外更读选本，用意亦复如是。果能善读，自必深受所读书籍文篇之影响，不必有意模仿，而思绪与技巧自能渐有提高。我谓阅读为写作之基础，其意在此。若谓阅读教学纯为作文教学服务，则偏而不全矣。

承嘱为选本作序，拟即以此意书之，请观妥否。序文暂不动笔，待选本排版将成之时，当可交上，不误出版之期。选本之名，我以为用《中学语文课外阅读文选》即可。前次寄来拟选之文篇全份，嘱我阅看。我杂事稍多，暇时颇少，苟随便翻阅，同于未阅，欲逐篇详览，势有所不能，以故敢违雅命，不复阅看，径即奉还。（写作常识之部分曾约略翻阅，觉得尚可。）我思足下有教

---

① 张自修同志当时是陕西横山中学的教员。

研室之同志共商，复有教育厅与出版社之协助，第须以郑重其事相约，人选之文必以“质文并美”为准，所选定能悉当矣。

吕叔湘先生近往东北，回京须在9月间，嘱转致之书暂留我处。《教师报》恐未能遽行恢复。承告他科教师亦须留意语文，高师文科宜加书法课，宜介绍传统语文教育，用意甚好，当告部中同志，期共同注意，促其实现。

匆匆奉复，即致敬礼。

叶圣陶　　7月27日下午

答李嘉谟[①]：练字要认清目的

（1963年8月8日）

嘉谟同志：

惠书诵悉。我的意思，练字要认清目的。目的在应用，叫人看起来方便，觉得顺眼，照我那篇短文所说的尽够了，用哪种笔都一样。目的在学习传统的书法，自然要看看碑帖，下功夫临摹。看碑帖无非要看出它间架行款的好处。临摹可以挑几种跟自己的字相近的碑帖。讲究执笔法，目的在做到运笔灵活。死死拿着笔，运笔不灵活，字就不容易写好。临摹只是初步，进一步要求有自己的独到处。真有独到处，就是书法家了。

至于每天写多少，什么时候写，我想并无一定。总之，一要不间断，二要每写必认真。当今国内谁是书法家，恕我回答不出。

敬礼。

叶圣陶　　8月8日

---

① 李嘉谟同志当时是山东济南道德街小学的教员。

答吴海发：观摩教学

（1978 年 1 月 11 日）

海发同志：

稿子只看了一页，眼睛就很不舒服，这是勉强用力注视所致，只好放下不看了。实情如此，希望得到你原谅。

我常想，观摩教学，老师相互听课，自是好事情。可是不先想想这么做究竟为什么，就会出偏向。教课的抱着大显身手的态度，务求说得详尽有劲，博得人家的喝彩；听课的抱着入场看戏的态度，欣赏台上演员的一举一动，一眼一板：这就是偏向了。为什么是偏向？因为双方都把学生忘掉了。无论教育和教学，都为的学生，要学生进步和成长。那么，在观摩教学的时候，教课的就该不管旁边有多少人在那里听，专心致志在给学生指导和启发上用功夫；听课的呢，注意于教课的教师怎样指导和启发，尤其要注意于学生是不是真正从教师的指导和启发得到了益处。观摩教学的时候双方都着眼在学生，接下来再开个座谈会，彼此谈谈优点缺点，仍然着重在学生受益与否，这才使观摩教学真起作用了。要不然，观摩教学就没有多大意思。

上面一段话我久已藏在心头了。因足下给我看这篇稿子我不能看，就把这点意思写出来，作为小贡献，聊解我自己的抱歉。请看我的意思怎么样？

稿子收到后请来一信，俾免悬念。

叶圣陶　　1 月 12 日

答田稼[1]：语文老师不要做说书先生

（1978年12月20日）

田稼同志：

本月13日手书，昨日接读。承时时垂念，感不可言。《爱的教育》原著确不差，夏先生翻译此书，当时对教育界颇有影响。现在三联书店正在编辑夏先生的文集，收录他的语文方面的论文、创作小说和散文，《爱的教育》也收在里边。这个消息想来是足下乐于听到的[2]。

来信说到“以身作则”，这真是极端重要的守则，任何人都应当如此，教师尤其应当如此。教师如不能以身作则，天天念思想政治的经毫无用处。来信说学生怕班主任，我想这就可见班主任没有能以身作则，尽到熏陶的责任。使学生怕的教师决不是好教师。

语文老师不要做说书先生。讲课文，课前空讲一通之后，接着句句讲，段段讲，越讲得起劲，学生越不动脑筋，自己不动脑筋，怎么会得益呢？所以要尽量少讲，学生领悟不到之处才给说一说。再如教学生作文，老师自己先要明白为什么作文。作文不是为了考试，作文不是生活的点缀，而是生活的必需。作文就是说话，用笔来说话。日常生活中，各项工作中，一个人连话都说不好，是绝对不成的。说话联系到思维，联系到语法，所以在作文教学中要注意思维

① 田稼同志当时是四川重庆第十一中学的教员。

② 《夏丏尊文集》后来由浙江人民出版社出版。

和语法。还有，教师自己如果说话和作文都不怎么讲究，教学生也就没有把握了。所以教师要永远留意，口头和笔下都要求其准确和干净。一说得太多了，就此停住。请足下看我这些浅见还要得吗？

我身体尚可。在寓时多，难得出门。书报几乎不看，因为看不清。写信通常是寥寥几句，这封信算是比较长的了。

即问近佳，并贺新禧。

叶圣陶　　12月20日

答杨苍舒[1]：普通教育并非专为高考之准备

（1979年12月13日）

苍舒先生惠鉴：

前日方寄一书，昨日接诵大札，即从简作答。

书画出版社曾有二位同志来访，谈中小学书法教材之编辑。我向以为小学不必习毛笔字，缘笔墨砚皆甚难使用，新笔到手，当日即坏，磨墨不得法，手面几案都沾墨污。故以为如须习毛笔字，似可从中学始。我更有一意，以为临碑帖习书法与用钢笔铅笔或毛笔学写行款齐整笔画匀称之字，可比之以习作文艺与练习日常需用之文。行款齐整笔画匀称之字为人人所必需，否则于己于人皆有不利。能成书家固极好，然不必人人为书家。我向在教育部即持此意见，我为少数。多数人以为毛笔字总须自幼学习，而亦无甚坚强之理由。以上浅见，亦曾以语书画出版社之二同志。鄙意足下尽可参加彼社之编辑工作，决不宜因我个人之见而有所迟疑。敬希采纳。

普通教育并非专为高考之准备，蒋南翔同志亦曾谈过。而古来相传之风习深中人心，以为十年窗下，唯求应试入选。今年各省市中学皆提前准备，此是至可忧虑之事，可虑在不明普通教育之目的。既记者来问，遂勉力一呼。必须

① 杨苍舒同志当时是上海市上海中学的教员。

教育行政人员。学校当局以及家长多数人醒悟，方能改变此情形。否则于建设事业，于青年之思想意识，损害至大。简述所怀，高明以为何如？

料知周末必返寓所，故此书寄愚园路。即请近安。

叶圣陶　　12 月 13 日

答鲁宝元柳正深[1]：外国语文跟我国语文完全不同

（1980年1月27日）

宝元正深二位同志惠鉴：

你们二位代表好，多位老师给我的信，已经接读。

来信中谈的我国中学语文课本和中学语文教学的四点，我看了高兴极了。有些意思我也曾经想过，有些意思我没有想到，使我得到启发，咱们还没见过面，已经是心心相通的好朋友了。

外国语文跟我国语文完全不同，可是就教学语文和编辑语文课本的目的和方法而言，不妨看看外国人是怎么考虑的。看看当然不是想照抄，拿来作借鉴却是有好处的。什么叫借鉴？就是拿它当镜子来照见自己是俏还是村，俏呢，俏得怎么样；村呢，村到何等程度。

如今有关语文数学的刊物可谓盛极一时了，我没有作过统计，仿佛觉得大中城市出的不少，有些县份也有。你们准备出版的《外国语文教学通讯》在这么多的刊物中别开生面，来一面镜子，不说别人光说我，我是乐于阅读的。

匆匆奉复，顺请教安。

叶圣陶　　1月27日

---

① 鲁宝元同志和柳正深同志当时是北京外语学院附属学校的教员。

第　六　辑

漫谈写作

我如果是一个作者

我如果是一个作者，我如果写了一本书，希望写书评的人第一要摸着我心情活动的路径。在这条路径里，你考察，你观赏，发现了美好的境界，我安慰地笑了，因为你了解我的甘苦；或者发现了残败的处所，我便不胜感激，因为你检举了我的缺失。

书评是写给作者看的，假如没有摸着作者心情活动的路径，任你说得天花乱坠，与作者和作者的书全不相干。同时书评是写给读者看的，读者读的是这一本书，你就不能不啃住这一本书。假如没有摸着作者心情活动的路径，无论你搬出社会影响的大道理或是文学理论的许多原则来，与这一本书全不相干。

我不欢喜听一味地赞扬，也不欢喜听一味地斥责。一味地赞扬适用于书局的广告，书局的广告常常使读者感到肉麻，尤其使作者看了难过。你，写书评的人，何苦使我难过呢？一味地斥责，父亲对于儿子，教师对于学生，尚且要竭力避免，为的是希望他悔改。你，写书评的人，对于我来这么一味地斥责，是不是说我在写作方面的成功，真是“他生未卜此生休”了吗？我承认这一回的过失，但是我愿意悔改。你为什么不给我开一条悔改的路径呢？

我欢喜听体贴的疏解。假定我有些微的好处，你给我疏解为什么会有这些好处，我就可以在这方面更加努力。假如我有许多的缺失，你给我疏解为什么会有这许多缺失，我就可以在种种方面再来修炼。你同情于我，你看得起我的书，肯提起笔来写书评，这种体贴的美意是不会缺少的。也许你的笔稍稍放纵了一点，写成的批评只是把我的书标榜或是示众，但是，依据你这种美意反省一下，就会觉察这只是阿好者或是仇人的行为，不特无益于我，而且违反你对于我的美意，于是你不由得要“改弦更张”了。

疏解以外，直抒所感也是一种批评的方法。直抒所感往往须利用比喻，如说“仿佛走进了一座庄严的殿堂”，“宛如看见了一个状貌态度服装器用各不相称的人物”，这种批评对于读者比较有意思。读者看过作品，再来看这种批评，好比游历回来听同游者谈说所得的印象，谈来和自己的印象相合，固然有得所印证的乐趣，如果和自己的印象大有径庭，也可以把过去游踪重行回味一下。这种批评对于作者，用处似乎较少。无论说作品仿佛一座庄严的殿堂，或者宛如一个状貌态度服装器用各不相称的人物，总之不过描摹了作品的一种光景罢了，而作者所要从批评者那里听到的不只是自己作品的一种光景。

批评者不能不有一副固定的眼光。这里所谓眼光并不单指眼睛看事物而言，包括通常说的人生观和世界观。眼光来自生活，一个人的一生眼光即使有转变，可是在某一段时间以内总是固定的。教他用一副眼光去看这件事物，更用另外一副眼光去看那件事物，事实上很难办到。所以我不希望批评者随时转变他的眼光，只希望批评者不要完全抹杀他人的眼光。万一我的眼光与他的不同，且慢说“要不得”“不可为训”那些话儿，不妨站在我的地位设想，看看我这种眼光怎么来的，然后说依他的眼光看来，结果完全两样。也许我给他说服了，我的眼光就会来一下转变。这是他的胜利，而我对于他也将感激不尽。

有一些批评者似乎有一种偏嗜，好比吃东西，他们偏嗜着甜的或是辣的，就觉得甜的或是辣的以外都不中吃。不幸我的东西偏偏不是甜的或是辣的，不中吃是当然的事情。但是我也不觉得惭愧，因为本性既已注定，无法为了迁就他人的口味，硬要变做甜的或是辣的。

读者的话

尊贵的作家！我是个读者，我要诚挚而爽直地向你们说几句话。

如果你们并不愿意我认识你们的心灵，你们的心灵的动荡如云气的自由卷舒，如波澜的随意生灭，不为什么，当然更不是为我，那么请你们把这些卷舒生灭之迹深深地藏在心里，不用写出来，更不用给我看见。

如果你们兴会忽来，想把这些痕迹留在纸面上，如小孩子画一个从颔颊下生出手足来的人在墙上，学生写无数不连属的单字在课本的封面一样，这也是你们的自由。但是你们自始至终不曾想到我，就没有给我看见的必要，还是请你们把这些痕迹关在你们的抽屉里罢。

如果你们曾经想起我，想起要把你们的工作给我看见，那么你们与我便发生了关系，我就有这权利对你们陈述我的要求：

我要求你们的工作完全表现你们自己，不仅是一种意见一个主张要是你们自己的，便是细到像游丝的一缕情怀，低到像落叶的一声叹息，也要让我认得出是你们的而不是旁的人的。这样，我与你们认识了，我认识你们的心了；我欣喜我的进入你们的世界，你们也欣喜你们的世界中多了一个我。在我呢，当然是感激着你们的丰美的赠遗；而你们自己尝得到这种欣喜的美味，也正是超于寻常的骄傲。我不希望你们说人家说烂了的应酬话，我不希望你们说不曾弄清楚的勉强话，我更不希望你们全不由己、纯受暗示而说这样那样的话。如果如此，我所领受的只是话语的公式，是离散的语言文字，是别人家的话语，而不是你们的心的独特的体相。于是乎我大失望了，像忽然一跤，跌入一个无穷大的虚空里去一样。

我又要求你们的工作能使我的心动一动，就是细微，像秋雨滴入倦客的怀里也就好了；能使我尝到一点滋味，就是淡薄，像水洒的沾上渴者的舌端也就好了；能使我受到一点感觉，就是轻浅，像小而薄的指爪在背上搔着也就好了。这样，我就满足了所以要读你们的东西的愿望。我觉得我的生活是充实，是有味，是不枯寂——虽然充实着的是喜乐还是悲忧，滋味是甘甜还是酸苦，感觉是痛快还是难受，尚都不能说定，而我总觉得这是比较的好的生活了。你们赏与我的这样的优厚，我当然感激你们，至于心里酸酸的，眼眶里的泪儿欲偷跑出来。我不希望你们的工作使我漠然无动，像对着一座白墙；我不希望你们的工作使我毫不觉得有什么味道，像喝着一盏白水；我更不希望你们的工作全不触着我，像正当奇痒，而终于不曾伸出手指来。如果如此，至少在这一个当儿，我要觉得我的生活是空虚，是乏味，是枯寂，一切都不是我所有的了。于是乎我大失望了，又像忽然一跌，跌入一个无穷大的虚空里去一样。

尊贵的作家！我要向你们要求的还有许多，只是太零碎了，就只说了上面的两端罢。其实这两端还只是一物，哪有出于你们的心灵的东西而不能使我感动的？哪有足以感动我的东西而是表现不出你们自己的？你们应当怎样努力，从我这微薄的意思里也就可以得一点消息了。

第一口的蜜

欣赏力的必须养成，实已是不用说明的了。湖山的晨光与暮霭，舟子同樵夫未必都能够领略它们的佳趣。名家的绘画与乐曲，一般人或许只看见一簇不同的色彩，只听见一阵繁喧的音响。一定要有个机会，得将整个的心对着湖山绘画乐曲等等，而且深入它们的底里，像蜂嘴的深入花心一样。于是第一口的蜜就尝到了。一次的尝到往往引起难舍的密恋，因而更益去寻觅，更益去吸取。譬诸蜂儿，好花遍野，蜜亦无穷，就永远以蜜为生了。

所以这个机会最重要。它若来时，随后的反复修炼渐进高深，实与水流云行一样是自然的事。最坏的是始终没有这个机会。譬如无根之草，又怎能加什么培养之功呢？任你怎样好的艺术陈列在面前，总仿佛隔着一幅无形的黑幕，只有彼此全不相干罢了。

可是这个机会并不是纯任因缘的，我们自己能够做得七八分儿的主；只要我们拿出整个的心来对着湖山等等，同时我们就得到机会了。什么事情权柄在自己手里时，总不用忧虑。现在就文艺一端说，我们且不要斥责著作家的太不顾人家，且不要怨恨批评家的不给人引路；我们还是使用固有的权柄来养成自己的欣赏力罢。

如果我们存着玩戏的心来对一切的文艺，我们就劫夺了自己的幸福了。玩戏的心只是一种残余的如灰的微力，只能飘浮在空际，附着于表面，独不能深入一切的底里。更就实际生活去看，只有庄严地诚挚地做一件事情才做得好。假若是玩戏的态度，便不能够写好一张字，画好一幅画，踢好一场球，种好一簇花，甚至不能够讲好一个笑话。对于文艺，当然终于不会欣赏了，我们应以教士跪在祭台前面的虔意，情人伏在所欢的怀里的热诚，来对所读的文艺。这时候不知有别的东西，只有我们的心与所读的文艺正通着电流。更进一步，我们不复知有心与文艺，只觉即心即文艺，浑和不分了。于是我们可以听到作者低细的叹息，可以感到作者微妙的愉悦；就是这听到这感到，我们便仿佛有了全世界。于是我们尝到第一口的蜜了。

如果我们存着求得的心来对一切的文艺，我们就杜绝了精美的体味了。求得的心总要联带着伸出一只无形的手来，仿佛说：给我一点什么。心在手上，便不能再在对象上；即使在对象上还留着一点儿，总不能整个的注在上边。如是，我们要求的是甲，而文艺并不给我们甲，我们要求的是乙，而文艺又并不给我们乙；我们只觉得文艺是个吝啬不过的东西，不得不与它疏远了。其实我们先不该向文艺求得什么东西。我们不要希望从它那里得到一点知识，学会一些智慧，我们又不一定要从它那里晓得什么伟大的事情，但也不一定要晓得什么微细的生活。我们应当绝无要求，读文艺就只是读文艺。这时候我们的心如明镜一般，而且比明镜还要澄澈，不仅仅照得见一片的表面。而我们固有的知识智慧感情经验与文艺里边的情事境界发生感应，就使我们陶然如醉，恍然如悟，入于一种难以言说的快适的心态。于是我们尝到第一口的蜜了。

我们是读者，不要被玩戏的心求得的心使着魔法，把我们第一口的蜜藏过了。

诚实的自己的话

我们试问自己，最爱说的是哪一类的话？这可以立刻回答，我们爱说必要说的与欢喜说的话。我们有时受人家的托付，传述一句话，或者为事势所牵，不得不同人家勉强敷衍几句，固然也一样地能够说，然而兴趣差得远了。语言本是为着要在大群中表白自我，或者要鸣出内心的感兴。顺着这两个倾的，自然会不容自遏地高兴地说。至于传述与敷衍，既不是表白，又无关感兴，本来不必鼓动唇舌的。本来不必而出以勉强，兴趣当然不同了。

作文与说话本是同一目的，只是所用的工具不同而已。所以在这关于说话的经验里可以得到关于作文的启示。倘若没有什么想要表白，没有什么发生感兴，就不感到必要与欢喜，就不用写什么文字。一定要有所写才动手去写。若不是为着必要与欢喜而勉强去写，这就是一种无聊又无益的事。

勉强写作的事确然是有的。这或由于作者的不自觉，或由于别有利用的心思，并不根据所以要写作的心理的基本。作者受别人的影响，多读了几篇别人的文字，似乎觉得颇欲有所写了，但是写下来却与别人的文字没有两样。至于存着利用的心思的，他一定要写作一些文字才得达某种目的。可是自己没有什么可写，不得不去采取人家的资料。像这样无意的与有意的勉强写作，所犯的弊病是相同的，就是模仿。我这样说，无意模仿的人固然要出来申辩，说这所写的确然出于必要与欢喜；而有意模仿的人或许也要不承认自己的模仿。但是有一种尺度在这里，用着它，模仿与否将不辩而自明，就是这文字里的表白与感兴是否确实作者自己的。从这衡量就可见二者都只是复制了人家现成的东西，作者自己并不曾拿出什么来。不曾拿出什么来，模仿的讥评当然不能免了。至此，无意模仿的人就会爽然自失，感到这必要并非真的必要，欢喜其实无可欢喜，又何必定要写作呢？而有意模仿的人想到写作的本意，为葆爱这种工具起见，也将遏抑利用的心思。直到他们确实有自己的表白与感兴才动手去写作。

像那些著述的文字，作者潜心研修，竭尽毕生的精力，获得一种见解，创成一种艺术，然后写下来的，自然是写出自己的东西。但是人间的思想情感往往不甚相悬，现在定要写出自己的东西，似乎他人既已说过的就得避去不说，而要去找人家没有说过的来说。这样，在一般人岂不是可说的话很少了吗？其实写出自己的东西并不是这样讲的；按诸实际，又决不能像这个样子。我们说话作文，无非使用那些通用的言词；至于质料，也免不了古人与今人这样那样运用过了的，虽然不能说绝没有创新，而也不会全部是创新。但是要注意，我们所以要说这席话，写这篇文，自有我们的内面的根源，并不是完全被动地受了别人的影响，也不是想利用着达到某种不好的目的。这内面的根源就与著述家所获得的见解和创成的艺术有同等的价值。它是独立的，即使表达出来恰巧与别人的雷同，或者有意地采用了别人的东西，都不受模仿的讥评，因为它自有独立性。这正如两人面貌相同性情相同，无碍彼此的独立，或如生物吸收了种种东西营养自己，却无碍自己的独立。所以我们只需自问有没有话要说，不用问这话人家曾否说过。果真确有要说的话，用以作文，就是写出自己的东西了。

更进一步说，人的思想情感诚然不甚相悬，但也决不会全然一致。先天的遗传，后天的教育，师友的熏染，时代的影响，都是酿成大同中的小异的原因。原因这么繁复，又是参伍错综地来的，就成各人小异的思想情感。那么，所写的东西如果是自己的，只要是自己的，实在很难遇到与人家雷同的情形。试看许多文家一样地吟咏风月，描绘山水，会有不相雷同而各极其妙的文字，就是很显明的例子。原来他们不去依傍别的，只把自己的心去对着风月山水；他们又绝对不肯勉强，必须有所写才写；主观的情思与客观的景物糅合，组织的方式千变万殊，自然每有所作都成独创了。虽然他们所用的大部分也只是通用的言词，也只是古人与今人这样那样运用过了的，而这些文字的生命是由作者给予的，终究是唯一的独创的东西。

讨究到这里，可以知道写出自己的东西是什么意义了。既然要写出自己的东西，就会连带地要求所写的必须是美好的。假若有所表白，这当是有关于人间事情的，则必须合于事理的真际，切乎生活的实况；假若有所感兴，这当是不倾吐不舒快的，则必须本于内心的郁积，发乎情性的自然。这种要求可以称为“求诚”。试想假如只知写出自己的东西而不知求诚，将会有什么事情发生？那时候，臆断的表白与浮浅的感兴，因为无由检验，也将杂出于我们笔下而不自觉知。如果终于不觉，徒然多了这番写作，得不到一点效果，已是很可怜悯的。如果随后觉知了，更将引起深深的悔恨，以为背于事理的见解，怎能够表白于人间，贻人以谬误；浮荡无着的偶感，怎值得表现为定形，耗己之劳思呢？人不愿陷于可怜的境地，也不愿事后有什么悔恨，所以总希望自己所写的文字确是美好的。

虚伪浮夸玩戏都是与诚字正相反对的。有些人的文字里却犯着虚伪、浮夸、玩戏的弊病。这同前面所说的一样，有无意的，也有有意的。譬如论事，为才力所限，自以为竭尽智能，还是得不到真际，就此写下来，便成为虚伪或浮夸了。又譬如抒情，为素养所拘，自以为很有价值，但其实近于恶趣，就此写下来，便成为玩戏了。这所谓无意的，都因有所蒙蔽，遂犯了弊病。至于有意的，当然也是怀着利用的心思，借以达某种目的。如故意颠倒是非，希望淆惑人家的视听，便趋于虚伪；谀墓献寿，必须彰善颂美，便涉于浮夸；作书牟利，迎合人们的弱点，便流于玩戏。无论无意或有意犯着这些弊病，都是学行上的缺失，生活上的污点。如果他们能想一想是谁作文，作文应当是怎样的，便将汗流满面，无地自容，不愿再担负这种缺失与污点了。

我们从正面与反面看，便可知作文的求诚实含着以下的意思：从原料讲，要是真实的，深厚的，不说那些浮游无着不可证验的话；从态度讲，要是诚恳的，严肃的，不取那些油滑轻薄十分卑鄙的样子。

我们作文，要写出诚实的自己的话。

怎样写作

《读书生活》的同人在《创刊辞》里说："我们的理想是，将来的《读书生活》完全要变作读者的园地，里面全部要登载他们的文学写作，生活实录，科学研究，时事意见等等，稿子要从各社会层的角落里飞来，撰稿人都是不见经传的生活奋斗的大众。"但在目前，他们知道这一种特性还不能充分地发挥，所以当前的《读者生活》的实践是特别注意：

一、首先做到对于不大读书的人提出一个读书生活的正确观念，纠正和说服过去所受的一些不良的影响；

二、供给正确而又通俗的科学知识，使读者从此片断的知识，渐渐进入较专门的研究；

三、为彻底了解各社会层及职业团体生活的特殊与实况，特别设生活记录；

四、鼓励大众写作；

五、设读书问答，解除读书过程中的疑难。

这五条中间，第三、四两条是《读书生活》达到它的"理想"——完全变作读者园地——的预备工作。我很赞成《读书生活》将来的理想以及它目前所担负的五种任务。特别是第三、四两条。《读书生活》的理想能否实现，先要看最近的将来有多少生活记录和青年文艺的稿子从各社会层的角落里飞来。

《读书生活》的读者自然并不缺乏生活记录和文艺作品的材料。然而他们一提起了笔，也许会觉得头绪纷繁，不知从哪里说起好，也许会觉得笔尖不听指挥，活泼泼的生活记录会写成死板板的零用账。他们写出来了，也许自己看看不满意就丢在抽屉里了，也许寄到了编辑先生手里，编辑先生也给它发表出来了，但读者得不到生动的印象。这样的情形，未必是我的想象。有许多青年常常提出“怎样写作”的问题来，就可见有了材料而感到表现困难的大概并不少吧？

我们也见过有许多书籍或论文回答“怎样写作”了。那都是长套的大议论，介绍了前人写作经验的心得。这些回答也许是有用处的，也许曾有人得了启示，但读了什么什么“作法”之类的书籍而愈弄愈糊涂的青年却也很多。他们本来倒还会写写，读多了“作法”，反弄成不敢下笔了。或者写了出来却更加死板了，于是积极指导写作的什么什么“作法”之类变成了一团冷粽子，停积在青年胸口消化不来了。

有材料而觉得表现困难的青年是应当学习一点什么写作法的。不过那些专书却不能给他们什么。他们倒是丢开了种种规则自由独立的写去，恐怕要好得多。他们倒是多读名家的著作，不要先把什么写作法横梗在心中，只是欣赏地去读着，恐怕倒能够不知不觉间读会了一些写作法。他们假使要写一篇生活记录，那就好像是跟朋友或家人谈话似的写下去吧，千万不要存着我在作文的意思。一有了这存心，就会写成了死板板的讲义体或零用账了。假使要写一篇小说，也请千万不要把写小说的架子先在自家心里搭起来；倒是先把自家所要写的对象精密地整理过了，就不拘什么“形式”写下来罢。什么什么写作法，请你暂且不要放在心上。你写多了，读多了，你自然会自己产出方法来。

木炭习作跟短小文字

美术学生喜欢作整幅的画，尤其喜欢给涂上彩色，红一大块，绿一大块，对于油彩毫不吝惜。待涂满了自己看看，觉得跟名画集里的画幅有点儿相近，那就十分满意；遇到展览会，当然非送去陈列不可。因此，你如果去看什么美术学校的展览会，红红绿绿的画幅简直叫你眼花；你也许会疑心你看见了一个新的宗派——红红绿绿派。

整幅的彩色画所以被美术学生喜欢，并不是没有理由的，从效用上说，这可以表示作者从人生、社会窥见的一种意义，譬如灵肉冲突哩，意志难得自由哩，都会的罪恶哩，黄包车夫的痛苦哩，都是常见的题材。从技巧上说，这可以表示作者对于光跟色彩的研究功夫，人的脸上一搭青一搭黄，花瓶里的一朵大花单只是一团红，都是研究的结果。人谁不乐意把自己见到的、研究出来的告诉人家。美术学生会的是画画，当然用画来代替言语，于是拿起画笔来，一幅又一幅地涂他们的彩色画。

但是，从参观展览会的人一方面说，这红红绿绿派往往像一大批谜，骤然看去，不知道画的什么，仔细看了一会，才约略猜得透大概是什么，不放心，再对准了号数检查手里的出品，目录，也有猜中的，也有猜不中的。明明是一幅一幅挂在墙上的画，除了瞎子谁都看得清，为什么看了还得猜？这因为画得不很像的缘故。画人不很像人，也许是远远的一簇树木，画花不很像花，也许是桌子上堆着几个绒线球，怎叫人不要猜？

像，在美术学生看来真是不值得齿数的一个条件。他们会说，你要像，去看照相好了，不用来看画，画画的终极的目标就不在乎像。话是不错，然而照相也有两种：一种是普通的，另一种是艺术照相。普通照相就只是个像；艺术照相却还有旁的什么，可是也决不离开了像。把画画得跟普通照相一样，那就近乎“匠”了，自然不好；但是跟艺术照相一样，除了旁的什么以外，还有一个条件叫作像，不是并没有辱没了绘画艺术吗？并且，丢开了像，还画什么画呢？画画的终极的目标固然不在像，而画画的基础的条件不能不是这个像。

照相靠着机械的帮助，无论普通的、艺术的，你要它不像也办不到。画画全由于心思跟手腕的运用，你没有练习到像的地步，画出来就简直不像。不像，好比造房子没有打下基础，你却要造起高堂大厦来，怎得不一塌糊涂，完全失败？基础先布下了，然后高堂大厦凭你造。这必需的功夫就是木炭习作。

但是，听说美术学生最不感兴味的就是木炭习作。一个石膏人头，一朵假花，要一回又一回地描画，谁耐烦。马马虎虎敷衍一下，总算学过了这一门就是了；回头就嚷着弄彩色，画整幅。这是好胜的心肠，巴望自己创造出几幅有价值的画来，不能说不应该，然而未免把画画的基础看得太轻忽了。并且，木炭习作不只使你落笔画得像，更能够叫你渐渐地明白，画一件东西，哪一些烦琐的线条可以省掉，哪一些主要的线条一丝一毫随便不得。不但叫你明白，又叫你的手腕渐渐熟练起来，可以省掉的简直不画，随便不得的决不随便。这对于你极有益处，将来你能画出不同于照相可是也像的画来，基础就在乎此。

情形正相同，一个文学青年也得下一番跟木炭习作同类的功夫，那目标也在乎像而不仅在乎像。

文学的木炭习作就是短小文字，有种种的名称，小品，随笔，感想文，速写，特写，杂文，此外大概还有。照编撰文学概论的说起来，这些门类各有各的定义跟范围，不能混同；但是不多噜苏，少有枝叶，有什么说什么，说完了就搁笔，差不多是这些门类的共通点，所以不妨并为一谈。若说应付实际生活的需要，唯有这些门类才真个当得起“应用文”三个字；章程、契券、公文之类只是“公式文”而已，实在不配称为“应用文”。同时，这些门类质地单纯，写作起来比较便于照顾，借此训练手腕，最容易达到熟能生巧的境界。

目标也在乎像，这个话怎么说呢？原来简单得很：你眼前有什么，心中有什么，把它写下来，没有走样；拿给人家看，能使人家明白你眼前的、心中的是什么，这就行了。若把画画的功夫来比拟，不就是做到了一个像字吗？这可不能够三脚两步就达到，连篇累牍写了许多，结果自觉并没有把眼前的、心中的写下来，人家也不大清楚作者到底写的什么：这样的事情往往有之。所以，虽说是类乎木炭习作的短小文字，写作的时候也非郑重从事不可。譬如写一间房间，你得注意各种陈设的位置，辨认外来光线的方向，更得捉住你从那房间得到的印象；譬如写一个人物，你得认清他的状貌，观察他的举动，更得发现他的由种种因缘而熔铸成功的性情；又譬如写一点感想，你得把握那感想的中心，让所有的语言都环拱着它，为着它而存在。能够这样当一回事做，写下来的成绩总之离像不远；渐渐进步到纯熟，那就无有不像——就是说，你要写什么，写下来的一定是什么了。

到了纯熟的时候，跟画画一样，你能放弃那些烦琐的线条，你能用简单的几笔画出生动的形象来，你能通体没有一笔败笔。你即使不去作什么长篇大品，这短小文字也就是文学作品了。文学作品跟普通文字本没有划然的界限，至多像整幅彩色画，跟木炭习作一样而已。

画画不像，写作写不出所要写的，那就根本不成，别再提艺术哩文学哩那些好听的字眼。但是，在那基础上下了功夫，逐渐发展开去，却就成了艺术跟文学。舍此以外，几乎没有什么捷径。谁自问是个忠实的美术学生或者文学青年的话，先对于基础做一番刻苦的功夫吧。

关于小品文

小品文不单指篇幅短小的文字而言，篇幅短小，不一定就是小品文。有时候，我们看到篇幅相当多的文字，却直觉地辨认出来这是小品文。一般地说，小品文大多是篇幅短小的文字。除此以外，小品文实在指某一种文体。怎样的一种文体呢？要像下定义一般叙述出来是不容易的，我们不妨就相反的方面来说。

跟小品文相反的是讲义体，也可以说教科书体。讲义，我们都领教过：全部分为几章，每章又分为几节，每节也许又有好几个子目；章有章的题目，节有节的题目，子目又有子目的名称；讲到内容，无非人生经验的公式化跟化石化；把人的感情赶到露不得嘴脸的角落里去，只是板起一副似乎理智的面孔，告诉人家一些好像同人家全不相干的事。在学校的课室里，桌子上摊着的是讲义，学生的手里却另外有一本小说；或者没有小说，那就低着头假装在那里看讲义，实际却在那里打瞌睡，不然就是在那里休养精神，恢复刚才一场足球的劳倦。这是读者对于讲义的反应。

教科书跟讲义是同样的东西；照我国的情形说，由书店发行用铅字排印的叫作教科书，由书记员缮写用钢笔版真笔版印发的就叫作讲义。动物教科书讲到昆虫，就说什么虫几足几翼，头部怎样，胸部怎样，腹部怎样，它是益虫或者害虫；地理教科书讲到地方志，就说某省位于某省的哪一方，面积多少方里，山脉有什么山，河流有什么河，人口多少，物产有什么什么。对于这样的教课书，学生如果不做反省，只认定记诵这些东西是学生命中注定的职务，倒也罢了。万一反省一下，自己记诵这些东西到底为的什么？那末，就是最低能的学生也要爽然若失了；每天对着一些不相干的名称、数字跟原理，这生活并不比囚犯快适了多少呀！

就说讲到昆虫的书，法布尔不是有一部巨著叫作《昆虫记》吗？在我国，全译本虽然还没有，零星的翻译却已见过不少。他讲昆虫跟教科书完全不一样。他把昆虫的全部生活描写出来；它们怎样斗争，怎样恋爱，怎样处理它们的子女，怎样消遣它们的闲暇，都给精细地记载在纸面，好比摄了一套活动影片。我们看了他的书，就同踏进了昆虫的世界一样，只觉得这个世界并不比我们的世界简单无聊，而且处处跟我们的世界有着关联，参览得越周到，也就对于我们的世界知道得越多。再说地理书，我们可以举出插图本的游记来，因为很早就有了译本。这部书也跟教科书完全不一样，不单是干干净净的名称跟数字，更注重的是把各地的风俗、人情、山河、景物描摹出来，好比领导了读者去游历，把所见的一一指点给读者看一般。读者在游历一番之后，自会悟出地理跟我们的生活非但相干，而且相干得很密切哩。

讲义跟教科书的那种体裁给予人的影响，第一是引起厌倦；第二，无论讲的什么，总使人有一种毫不亲切的感觉，仿佛是生活以外的事情。一个学生如果单只接触讲义跟教科书，即使记诵得烂熟，他可以在考试的时候得到一百分，他可以在学校里做一个成绩优良的得奖者，可是他未必能应付一件日常的事情，用了他从各科的学习所得到的知识。在关心世运的人看来，这正大可忧虑。然而一班教育者还是把讲义跟教科书看作唯一的宝贝，好像除了讲义跟教科书的传授以外就无所谓教育。这岂不叫人焦心？

在报纸跟杂志上，我们也常常看到讲义体的文字。无论什么题目，譬如说，就是白银问题吧，作者总给你个“一二三四”，一是白银问题的什么，二是白银问题的什么，到末了来一个“结论”。说得好听点，这叫作有条有理，脉络分明；说得不好听一点，这好比在马路上看见的出殡或者娶亲的仪仗，一组军乐队，一组细乐队，到末了是一口棺材或者一乘花轿，谁都知道无非这么一回事。再去翻看另外的报纸跟杂志，上面也有同类的文字，也就是这么一套，正像凡是出殡或者娶亲的仪仗大致相同一样。对于这些，我们只好翻过不看。既然离开了学校，谁还有这耐性去读这些枯燥的毫不亲切的讲义？

跟讲义体相反的文体是什么样子的呢？那是决不搭足空架子的：作者见到什么想到什么就说什么，见不到想不到就不硬要来说。那是不只是提供一些概念的：作者怎么得到这一些概念的过程，也精密地叙述出来，有时还用了画家的画笔似的描出一些生动的印象。那是抱着一种亲切的态度的：读者读了，总觉得自己跟作者同在这个世界里，所谈论的也正是这个世界里的事；即使读者被骂了被讥讽了，也会发生反省或者愤怒，但决不会看得漠然，认为同自己绝不相干。

可以说的当然还有，但就是上面的几项也就够了。像这样的文体，我们叫它做小品文。不用小品文的名称，那就叫它做文学的散文也可以。小不小到底不是顶要紧的条件；一部巨大的传记，一部很长的旅行记事，切开来看，固然是许多篇的小品文，合起来看，称为文学的散文也满适当。

文学跟非文学并没有划然的界限。好比每一种颜色有深有淡，等级很多，在无数等级的中段，是深是淡，只有在对比之下才辨得清。然而最深跟最淡的两个等级，那就不必对比，谁都能一望而知。精粹的小品文是一个极端，好比最深色；讲义体中间的尤其坏的是另一个极端，好比最淡色。在这两极端之间的就只有程度的差异，越接近小品文的越是文学，越远于小品文的越不是文学，如此而已。

自从新文学运动开头到如今，十几年里头，就创作者的努力范围看，更就一般论者的注目范围看，似乎文学这个名词只包含着小说、戏剧跟诗歌三件东西。把散文这东西也看作文学，大家分一部分心力来对着它，还是较近的事情。而成为文学的散文，正就是我们现在所说的小品文。试取从前文家的文集来看，其中最好的几篇，就是“最文学的”几篇，譬如杨子幼的《报孙会宗书》、陶渊明的《桃花源记》、柳子厚的《山水游记》、龚定庵的《重过扬州记》，也都是我们现在所说的小品文。这就可以知道小品文跟文学的散文是“二而一”，如果从文学史上看，并不是什么新花样。

开头和结尾

写一篇文章，预备给人家看，这和当众演说很相像，和信口漫谈却不同。当众演说，无论是发一番议论或者讲一个故事，总得认定中心，凡是和中心有关系的才容纳进去，没有关系的，即使是好意思、好想象、好描摹、好比喻，也得丢掉。一场演说必须是一件独立的东西。信口漫谈可就不同。几个人的漫谈，说话像藤蔓一样爬开来，一忽儿谈这个，一忽儿谈那个，全体没有中心，每段都不能独立。这种漫谈本来没有什么目的，话说过了也就完事了。若是抱有目的，要把自己的情意告诉人家，用口演说也好，用笔写文章也好，总得对准中心用功夫，总得说成或者写成一件独立的东西。不然，人家就会弄不清楚你在说什么写什么，因而你的目的就难达到。

中心认定了，一件独立的东西在意想中形成了，怎样开头怎样结尾原是很自然的事，不用费什么矫揉造作的功夫了。开头和结尾也是和中心有关系的材料，也是那独立的东西的一部分，并不是另外加添上去的。然而有许多人往往因为习惯不良或者少加思考，就在开头和结尾的地方出了毛病。在会场里，我们时常听见演说者这么说："兄弟今天不曾预备，实在没有什么可以说的。"演说完了，又说："兄弟这一番话只是随便说说的，实在没有什么意思，要请诸位原谅。"谁也明白，这些都是谦虚的话。可是，在说出来之前，演说者未免少了一点思考。你说不曾预备，没有什么可以说的，那么为什么要踏上演说台呢？随后说出来的，无论是三言两语或者长篇大论，又算不算“可以说的”呢？你说随便说说，没有什么意思，那么刚才的一本正经，是不是逢场作戏呢？自己都相信不过的话，却要说给人家听，又算是一种什么态度呢？如果这样询问，演说者一定会爽然自失，回答不出来。其实他受的习惯的累，他听见人家演说这么说，自己也就这么说，说成了习惯，不知道这样的头尾对于演说是并没有帮助反而有损害的。不要这种无谓的谦虚，删去这种有害的头尾，岂不干净而有效得多？还有，演说者每每说：“兄弟能在这里说几句话，十分荣幸。”这是通常的含有礼貌的开头，不能说有什么毛病。然而听众听到，总不免想：“又是那老套来了。”听众这么一想，自然而然把注意力放松，于是演说者的演说效果就跟着打了折扣。什么事都如此，一回两回见得新鲜，成为老套就嫌乏味。所以老套以能够避免为妙。演说的开头要有礼貌，应该找一些新鲜而又适宜的话来说，原不必按照着公式，说什么“兄弟能在这里说几句话，十分荣幸”。

各种体裁的文章里头，书信的开头和结尾差不多是规定的。书信的构造通常分做三部分：除第二部分叙述事务，为书信的主要部分外，第一部分叫作“前文”，就是开头，内容是寻常的招呼和寒暄，第三部分叫作“后文”，就是结尾，内容也是招呼和寒暄。这样构造原本于人情，终于成为格式。从前的书信往往有前文后文非常繁复，竟至超过了叙述事务的主要部分的。近来流行简单的了，大概还保存着前文后文的痕迹。有一些书信完全略去前文后文，使人读了感到一种隽妙的趣味。不过这样的书信宜于寄给亲密的朋友。如果寄给尊长或者客气一点的朋友，还是依从格式，具备前文后文，才见得合乎礼仪。

记述文记述一件事物，必得先提出该事物，然后把各部分分项写下去。如果一开头就写各部分，人家就不明白你在说什么了。我曾经记述一位朋友赠我的一张华山风景片。开头说：“贺昌群先生游罢华山，寄给我一张十二寸的放大片。”又如魏学洢的《核舟记》，开头说：“明有奇巧人曰王叔远，能以径寸之木为宫室、器皿、人物以至鸟、兽、木、石，罔不因势象形，各具情态。

尝贻余核舟一，盖大苏泛赤壁云。”不先提出“寄给我一张十二寸的放大片”以及“尝贻余核舟一”，以下的文字事实上没法写的。各部分记述过了，自然要来个结尾。像《核舟记》统计了核舟所有人物器具的数目，接着说“而计其长曾不盈寸，盖简桃核修狭者为之”。这已非常完整，把核舟的精巧表达得很明显的了。可是作者还要加上另外一个结尾，说：

> 魏子详瞩既毕，诧曰：嘻，技亦灵怪矣哉！《庄》《列》所载称惊犹鬼神者良多，然谁有游削于不寸之质而须麋了然者？假有人焉，举我言以复于我，亦必疑其诳，乃今亲睹之。由斯以观，棘刺之端未必不可为母猴也。嘻，技亦灵怪矣哉！

这实在是画蛇添足的勾当。从前人往往欢喜这么做，以为有了这一发挥，虽然记述小东西，也可以即小见大。不知道这么一个结尾以后的结尾，无非说明那个桃核极小而雕刻极精，至可惊异罢了。而这是不必特别说明的，因为全篇的记述都在暗示着这层意思。作者偏要格外讨好，反而教人起一种不统一的感觉。我那篇记述华山风景片的文字，没有写这种“结尾以后的结尾”，在写过了照片的各部分之后，结尾说：“这里叫作长空栈，是华山有名的险峻处所”。用点明来收场，不离乎全篇的中心。

叙述文叙述一件事情，事情的经过必然占着一段时间，依照时间的顺序来写，大致不会发生错误。这就是说，把事情的开端作为文章的开头，把事情的收梢作为文章的结尾。多数的叙述文都用这种方式，也不必举什么例子。又有为要叙明开端所写的事情的来历和原因，不得不回上去写以前时间所发生的事情。这样把时间倒错了来叙述，也是常见的。如丰子恺的《从孩子得到的启示》，开头写晚上和孩子随意谈话，问他最欢喜什么事，孩子回答说是逃难。在继续了一回问答之后，才悟出孩子所以欢喜逃难的缘故。如果就此为止，作者固然明白了，但是读者还没有明白。作者要使读者也明白孩子为什么欢喜逃难，就不得不用倒错的叙述方式，回上去写一个月以前的逃难情形了。在近代小说里，倒错叙述的例子很多，往往有开头写今天的事情，而接下去却写几天前几月前几年前的经过的。这不是故意弄什么花巧，大概由于今天这事情来得重要，占着主位，而从前的经过处于旁位，只供点明脉络之用的缘故。

说明文大体也有一定的方式。开头往往把所要说明的事物下一个诠释，立一个定义。例如说明“自由”，就先从“什么叫做自由”入手。这正同小学生作“房屋”的题目用“房屋是用砖头木材建筑起来的”来开头一样。平凡固然平凡，然而是文章的常轨，不能说这有什么毛病。从下诠释、立定义开了头，接下去把诠释和定义里的语义和内容推阐明白，然后来一个结尾，这样就是一篇有条有理的说明文。蔡元培的《我的新生活观》可以说是适当的例子。那篇文章开头说：

> 什么叫做旧生活？是枯燥的，是退化的。什么叫做新生活？是丰富的，是进步的。

这就是下诠释、立定义。接着说旧生活的人不做工又不求学，所以他们的生活是枯燥的、退化的，新生活的人既要做工又要求学，所以他们的生活是丰富的、进步的。结尾说如果一个人能够天天做工求学，就是新生活的人，一个团体里的人能够天天做工求学，就是新生活的团体，全世界的人能够天天做工求学，就是新生活的世界。这见得做工求学的可贵，新生活的不可不追求。而写作这一篇的本旨也就在这里表达出来了。

再讲到议论文。议论文虽有各种，总之是提出自己的一种主张。现在略去那些细节目不说，单说怎样把主张提出来，这大概只有两种开头方式。如果所论的题目是大家周知的，开头就把自己的主张提出来，这是一种方式。譬如今年长江、黄河流域都闹水灾，报纸上每天用很多的篇幅记载各处的灾况，这可以说是大家周知的了。在这时候要主张怎样救灾、怎样治水，尽不妨开头就提出来，更不用累累赘赘先叙述那灾况怎样的严重。如果所论的题目在一般人意想中还不很熟悉，那就先把它述说明白，让大家有一个考量的范围，不至于茫然无知，全不接头，然后把自己的主张提出来，使大家心悦诚服地接受，这是又一种方式。胡适的《不朽》是这种方式的适当的例子。“不朽”含有怎样的意义，一般人未必十分了然，所以那篇文章的开头说：

> 不朽有种种说法，但是总括看来，只有两种说法是真有区别的。一种是把“不朽”解作灵魂不灭的意思，一种就是《春秋左传》上说的“三不朽”。

这就是指明从来对于不朽的认识。以下分头揭出这两种不朽论的缺点，认为对于一般的人生行为上没有什么重大的影响。到这里，读者一定盼望知道不朽论应该怎样才算得完善。于是作者提出他的主张所谓“社会的不朽论”来。在列举了一些例证，又和以前的不朽论比较了一番之后，他用下面的一段文字作结尾：

> 我这个现在的“小我”，对于那永远不朽的“大我”的无穷过去，须负重大的责任；对于那永远不朽的“大我”的无穷未来，也须负重大的责任。我须要时时想着，我应该如何努力利用现在的“小我”，方才可以不辜负了那“大我”的无穷过去，方才可以不贻害那“大我”的无穷未来？

这是作者的“社会的不朽论”的扼要说明，放在末了，有引人注意、促人深省的效果。所以，就构造说，这实在是一篇完整的议论文。

普通文的开头和结尾大略说过了，再来说感想文、描写文、抒情文、纪游文以及小说等所谓文学的文章。这类文章的开头，大别有冒头法和破题法两种。

冒头法是不就触到本题，开头先来一个发端的方式。如茅盾的《都市文学》，把“中国第一大都市，‘东方的巴黎’——上海，一天比一天‘发展’了”作为冒头，然后叙述上海的现况，渐渐引到都市文学上去。破题法开头不用什么发端，马上就触到本题。如朱自清的《背影》，开头说“我与父亲不相见已二年余了，我最不能忘记的是他的背影”，就是一个适当的例子。

曾经有人说过，一篇文章的开头极难，好比画家对着一幅白纸，总得费许多的踌躇，去考量应该在什么地方下第一笔。这个话其实也不尽然。有修养的画家并不是画了第一笔再斟酌第二笔的，在一笔也不曾下之前，对着白纸已经考量停当，心目中早就有了全幅的布置了。布置既定，什么地方该下第一笔原是摆好在那里的事。作文也是一样。作者在一个字也不曾写之前，整篇文章已经活现在胸中了。这时候，该用什么方法开头，开头该用怎样的话，也都派定注就，再不必特地用什么搜寻的功夫。不过这是指有修养的人而言。如果是不能预先统筹全局的人，开头的确是一件难事。而且，岂止开头而已，他一句句一段段写下去将无处不难。他简直是盲人骑瞎马，哪里会知道一路前去撞着些什么。

文章的开头犹如一幕戏剧刚开幕的一刹那的情景，选择得适当，足以奠定全幕的情调，笼罩全幕的空气，使人家立刻把纷乱的杂念放下，专心一志看那下文的发展。如鲁迅的《秋夜》，描写秋夜对景的一些奇幻峭拔的心情，用如下的文句来开头：

> 在我的后园，可以看见墙外有两株树。一株是枣树，还有一株也是枣树。

“还有一株也是枣树”是并不寻常的说法，拗强而特异，足以引起人家的注意，而以下文章的情调差不多都和这一句一致。又如茅盾的《雾》，用“雾遮没了正对着后窗的一带山峰”来开头，全篇的空气就给这一句凝聚起来了。

以上两例都属于显出力量的一类。另有一种开头，淡淡着笔，并不觉得有什么力量，可是同样可以传出全篇的情调，范围全篇的空气。如龚自珍的《记王隐君》，开头说：

于外王父段先生废簏中见一诗，不能忘。于西湖僧经箱中见书《心经》，蠹且半，如遇簏中诗也，益不能忘。

这个开头只觉得轻松随便，然而平淡而有韵味，一来可以暗示下文所记王隐君的生活，二来先行提出书法，可以作为下文访知王隐君的关键，仔细吟味，真有说不尽的妙趣。

现在再来说结尾。在略知文章甘苦的人一定有这么一种经验：找到适当的结尾好像行路的人遇到了一处适合的休息场所，在这里他可以安心歇脚，舒舒服服地停止他的进程。若是找不到适当的结尾而勉强作结，就像行路的人歇脚在日晒风吹的路旁，总觉得不是个妥当的地方。至于这所谓“找”，当然要在计划全篇的时候做，结尾和开头和中部都得在动笔之前有了成竹。如果待临时再找，也不免有盲人骑瞎马的危险。

结尾是文章完了的地方，但结尾最忌的却是真个完了。要文字虽完了而意义还没有尽，使读者好像嚼橄榄，已经咽了下去而嘴里还有余味，又好像听音乐，已经到了末拍而耳朵里还有余音，那才是好的结尾。归有光的《项脊轩志》的跋尾既已叙述了他的妻子与项脊轩的因缘，又说了修葺该轩的事，末了说：

庭有枇杷树，吾妻死之年所手植也，今已亭亭如盖矣。

这个结尾很好。骤然看去，也只是记叙庭中的那株枇杷树罢了，但是仔细吟味起来，这里头有物在人亡的感慨，有死者渺远的惆怅。虽则不过一句话，可是含蓄的意义很多，所谓“余味”“余音”就指这样的情形而言。我曾经作一篇题名《遗腹子》的小说，叙述一对夫妇只生女孩不生男孩，在绝望而纳妾之后，大太太居然生了一个男孩；但不久那个男孩就病死了；于是丈夫伤心得很，一晚上喝醉了酒，跌在河里淹死了；大太太发了神经病，只说自己肚皮里又怀了孕，然而遗腹子总是不见产生。到这里，故事已经完毕，结句说：

> 这时候，颇有些人来为大小姐二小姐说亲了。

这句话有点冷峻，见得后一代又将踏上前一代的道路，生男育女，盼男嫌女，重演那一套把戏，这样传递下去，正不知何年何代才休歇呢。我又有一篇小说叫作《风潮》，叙述中学学生因为对一个教师的反感，做了点越轨行动，就有一个学生被除了名；大家的义愤和好奇心就此不可遏制，捣毁校具，联名退学，个个人都自视为英雄。到这里，我的结尾是：

> 路上遇见相识的人，问他们做什么时，他们用夸耀的声气回答道，“我们起风潮了！”

这样结尾把全篇停止在最热闹的情态上，很有点儿力量，“我们起风潮了”这句话如闻其声，这里头含蓄着一群学生在极度兴奋时种种的心情。以上是我所写的比较满意的两篇小说的结尾，现在附带提起，作为带有“余味”“余音”的例子。

结尾有回顾开头的一式，往往使读者起一种快感：好像登山涉水之后，重又回到原来的出发点，坐定下来，得以转过头去温习一番刚才经历的山水一般。极端的例子是开头用的什么话结尾也用同样的话。如林嗣环的《口技》，开头说：

> 京中有善口技者。会宾客大宴，于厅事之东北隅施八尺屏幛，口技人坐屏幛中，一桌、一椅、一扇、一抚尺而已。

结尾说：

忽然抚尺一下，众响毕绝。撤屏视之，一人、一桌、一椅、一扇、一抚尺而已。

前后同用“一桌、一椅、一扇、一抚尺而已”，把设备的简单冷落反衬表演口技的繁杂热闹，使人读罢了还得凝神去想。如果只写到“忽然抚尺一下，众响毕绝”，虽没有什么不通，然而总觉得这样还不是了局呢。

写作漫谈

预备写作的青年常常欢喜打听人家的写作经验。“你写作的动机是什么？你所要表达的中心意旨是什么？你怎样采集你的材料？你怎样处理你的材料？你在文章的技术上怎样用功夫？”

一些作家为着回答这种恳切的请教，就根据自己的经验，写成或长或短或详或略的文章。另外一些作家并不曾被请教，可是回想自己在写作上所尝到的甘苦，觉得很有可以谈谈的，也就写下写作经验之类的文章。

这种文章，对于了解作品和作家，很有点用处。我们所接触到的是作品，作品是从作家的心情的泉源里流出来的，所以了解作家越多，了解作品越深。写作经验之类把作家从心情活动起直到写成固定形式（作品）为止的一段过程告诉我们，自然可以使我们得到更多更深的了解。

但是，看了这种文章，对于着手写作未必有多大的帮助：第一，许多作家说来的经验很不一致，依从了谁说的好呢？第二，即使在很不一致的说法中间“择善而从”，可是“从”还只是呆板的效学，能不能渐渐熟练起来，把人家的经验化作自己的经验，也是问题。第三，经验是实践的结果，人家实践了，得到独有的经验，我们来实践，也可以得到独有的经验。与其被动地接受人家的经验，不如自动地从实践中收得经验。接受得来的经验也许会“食而不化”，从实践中收得的经验却没有不能供自己受用的。

我不是说写作经验之类绝对看不得。我只是说对于这种东西，希望不要太深切，一味想依靠这种东西，尤其不行。古往今来成功的作家中间，哪几个是看了写作经验之类而成功的，似乎很难指说出来。

预备写作的青年又常常欢喜懂得一点文章的理法。剪裁和布局有什么关系？叙述和描写有什么不同？同样一句话语有几个说法，哪一个说法效果最大？同样一个情境有几个写法，哪一个写法力量最强？诸如此类的问题都是他们所关心的。

关心这些问题绝不是坏事情，所以解答这些问题也绝不是无聊的勾当。关于这方面，现在已经有了许多的文篇和书本，甚至连文艺描写辞典之类也编出来了。

这种文篇和书本，对于训练阅读的能力，很有点用处。所谓阅读，除了随便看看的以外，原来应该咀嚼作品的内容，领会作品的技术。现在有了这些东西，把许多作品的技术归纳起来，作为我们的参考，自然可以使我们触类旁通，左右逢源，增进阅读的能力。

但是，在着手写作的时候，最好把这些东西忘掉。写作时候应该信奉“文无定法”这句老话，同时自己来规定当前这篇作品所需要的理法。一个作家在斟酌一篇作品的布局，推敲一段文章的词句，他决不这样想：“依照文章作法应该怎样？”他只是这样想：“要把当前这篇作品写得最妥帖应该怎样？”一壁写东西，一壁顾虑着文章作法中所说的各种项目，务必和它合拍：这不是写东西，简直是填表格了。填表格似地的成功的作品很难像个样儿，是可想而知的。何况你要这样做，必然感到缚手缚脚，大半连不大像个样儿的作品也难以写成功。

所以，对于文章作法之类和对于写作经验之类一样，希望太深切必然失望，一味想依靠结果是靠不住。

预备写作，大概要训练一副明澈的眼光。种种的事物在我们周围排列着、发生着，对它们怎样看法，要眼光，怎样把它们支配运用，要眼光。说的学术气一点，眼光就是所谓人生观和世界观。一个人尽可以不理会人生观和世界观那些名词，但是决不能没有一副应付事物的眼光。如果没有，他就生活不下去。眼光又须求其明澈。假定看法是错误的，支配运用是失当的，这就由于眼光不明澈的缘故，这样的生活就是糊涂无聊的生活。根据了这个着手写作，写成的就是糊涂无聊的作品，从认真的严肃的态度着想，这种作品很可以不用写。

进一步说，训练一副明澈的眼光是人人应该做的事情，一个工人、一个农夫、一个政府委员、一个商店伙计，如果不愿意过糊涂无聊的生活，都得随时在这上边努力。现在说预备写作需要训练眼光，好像这只是作家应该做的事情，实在有点儿本末倒置，认识欠广，这种指摘是应该接受的。我们不妨修正地说：一个作家本来应该训练一副明澈的眼光，因为他是一个人，必须好好地生活，同时为着写作，尤其应该训练一副明澈的眼光，因为唯有这样，写成功的东西才不至于糊涂无聊。

试看一些对于不好的作品的批评，如含义空虚，认识错误，取材不精当，描写不真切，这种种毛病，推求到根源，无非作者眼光上的缺点。眼光没有训练好，写作时候不会忽然变好。平时把眼光训练好，写作时候还是这一副眼光，当然错不到哪里去。而训练眼光是整个生活里的事情，不是写作时候的事情，更不是看看人家的写作经验之类所能了事的事情。

预备写作，又要训练一副熟练的手腕。什么事情都一样，要求熟练，唯有常常去做，规规矩矩去做。要把写作的手腕训练到熟练，必须常常去写，规规矩矩去写。练习绘画先画木炭画，练习雕像先雕一手一足，称为基本练习，基本弄好了，推广开去才有把握。写作也应该来一个基本练习。写信、写日记、写随笔，此外凡遇见可以写作的材料都不放过，随时把它写下来，这些都是基本练习。“出门不认货”的态度是要不得的，必须尽可能的力量，制造一件货色让它像一件货色。莫说全段、全篇都得斟酌，就是一句句子、一个字眼，也要经过推敲。写成功的虽然不一定是杰作，可是写作时候要像大作家制作他的杰作那样认真。这种习惯养成了是终身受用的，这样训练过来的手腕才是最能干、最坚强的手腕。

练习和成功，实际上是划不清界限的。某年某月以前是练习的时期，某年某月以后是成功的时期，在任何作家的生活史里都难这样地指说。不断地写作就是不断地练习，其间写作得到了家的一篇或是几篇就是成功的作品。所以在写作的当儿，成功与否尽可以不问，所要问的是，是否尽了可能的力量，是否运用了最能干、最坚强的手腕。

总之，写作是“行”的事情，不是“知”的事情。要动脚，才会走；要举手，才会取；要执笔，才会写作；看看文章作法之类只是“知”的事情，虽然不一定有什么害处，但是无益于写作的“行”是显然的。

以画为喻

咱们画图，有时候为的实用。编撰关于动物植物的书籍，要让读者明白动物植物外面的形态跟内部的构造，就得画种种动物植物的图。修建一所房屋或者布置一个花园，要让住在别地的朋友知道房屋花园是怎么个光景，就得画关于这所房屋这个花园的图。这类的图，绘画动机都在实用。读者看了，明白了，住在别地的朋友看了，知道了，就完成了他的功能。

这类的图决不能随便乱画。首先要把画的东西看得明白，认得确切。譬如画猫罢，它的耳朵怎么样，它的眼睛怎么样。你如果没有看得明白，认得确切，怎么能下手？随便画上猪的耳朵，马的眼睛，那是个怪东西，绝不是猫；人家看了那怪东西的图，决不能明白猫是怎样的动物。所以，要画猫就得先认清猫。其次，画图得先练成熟习的手腕，心里想画猫，手上就得画成一只猫。像猫这种动物，咱们中间谁还没有认清，可是咱们不能人人都画得成一只猫；画不成的原因，就在于熟习的手腕没有练成。明知道猫的耳朵是怎样的，眼睛是怎样的，可是手不应心，画出来的跟知道的不相一致，这就成猪的耳朵马的眼睛，或者什么也不像了。所以，要画猫又得练成从心所欲的手段。

咱们画图，有时候并不为实用。看见一个老头儿，觉得他的躯干，他的面部的器官，他的蓬松的头发跟胡子，线条都非常之美，配合起来，是一个美的和谐，咱们要把那美的和谐表现出来，就动手画那个老头儿的像。走到一处地方，看见三棵老柏树，那高高向上的气派，那倔强矫健的姿态，那苍然蔼然的颜色，都仿佛是超然不群的人格的象征，咱们要把这一点感兴表现出来，就动手画那三棵老柏树的图。这类的图，绘画的动机不为实用，可以说无所为。但也可以说有所为，为的是表出咱们所见到的一点东西，从老头儿跟三棵老柏树所见到的一点东西——“美的和谐”“仿佛是超然不群的人格的象征”。

这类的图也不能随便乱画。第一，见到须是真切的见到人家说那个老头儿很美，你自己不加辨认，也就跟着说那个老头儿很美，这就不是真切的见到。人家都画柏树，以为柏树的挺拔之概值得画，你就跟着画柏树，以为柏树的挺拔之概值得画，这就不是真切的见到。见到不真切，实际就是无所见；无所见可是还要画，结果只画了个老头儿，画不出那“美的和谐”来；只画了三棵老柏树，画不出那“仿佛是超然不群的人格的象征”来。必须要把整个的心跟事物相对，又把整个的心深入事物之中，不仅认识它的表面，并且透达它的精蕴，才能够真切地见到些什么。有了这种真切的见到，咱们的图才有了根本，才真个值得动起手来。第二，咱们的图既以咱们所见到的一点东西为根本，就跟前一类的图有了不同之处；前一类的图只须见什么画什么，画得准确就算尽了能事；这一类的图要表现出咱们所见到的一点东西，就得以此为中心，对材料加一番选择取舍的功夫；这种功夫如果做得不到家，那么虽然确有见到，也还不成一幅好图。那老头儿一把胡子，工细地画来，不如粗粗的几笔来得好；那三棵老柏树交结着的丫枝，照样的画来，不如删去了来得好；这样的考虑就是所谓选择取舍的功夫。做这种功夫有个标准，标准就是咱们所见到的一点东西。跟这一点东西没有关系的，完全不要；足以表出这一点东西的，不容放弃；有时为了要增加表出的效果，还得以意创造，而这种功夫的到家不到家，关系于所见的真切不真切；所见愈真切，选择取舍愈有把握；有时几乎可以到不须思索的境界。第三，跟前边说的一样，得练成熟习的手腕。所见在心，表出在手腕，手腕不熟习，根本就画不成图，更不用说好图。这个很明白，无须多说。

以上两类图，次序有先后，程度有浅深。如果画一件东西不会画得像，画得准确，怎么能在一幅画中表出咱们所见到的一点东西？必须能画前一类图，才可以画后一类图。这就是次序有先后。前一类图只凭外界的事物，认得清楚，手腕又熟，就成。后一类图也凭外界的事物，根本却是咱们内心之所见；凭这一点，它才成为艺术。这就是程度有浅深。这两类图咱们都要画，看动机如何而定。咱们要记载物象，就画前一类图；咱们要表出感兴，就画后一类图。

我的题目“以画为喻”，就是借图画的情形，来比喻文字。前一类图好比普通文字，后一类图好比文艺。普通文字跟文艺，咱们都要写，看动机如何而定。为应付实际需要，咱们得写普通文字；如果咱们有感兴，有真切的见到，就得写文艺。普通文字跟文艺次序有先后，程度有浅深。写不来普通文字的人决写不成文艺；文艺跟普通文字原来是同类的东西，不过多了咱们内心之所见。至于熟习的手腕，两方面同样重要；手腕不熟，普通文字跟文艺都写不好。手腕要怎样才算熟？要让手跟心相应，自由驱遣语言文字，想写个什么，笔下就写得出个什么，这才算是熟。我的话即此为止。

第　七　辑

笔耕不辍

《隔膜》序

顾颉刚

圣陶集了几年来做的小说20篇，付文学会刊入丛书，教我做一篇序。我与圣陶是最早的同学，他的思想与艺术，十分之七八，我都看见晓得。我虽则没做过文艺的研究，不能说明他的小说在文艺界的地位，可是要做一篇序来说明他的思想的本质，与他所以做小说的背景，自以为我是最适宜了。

圣陶小时候，与我住在同巷。20世纪的第一年，我九岁，他七岁，我们就在一处私塾读书。那时的情形，我现在已想不大起；只记得圣陶欢喜做些玩物，背着先生戏弄。他同我说的话，还记得一句：他说，“我会把象牙做朝版，你要我做吗？”象牙朝版他当然没有做过；但他看见了道士手里握的一块，便兴起了自己创作的念头，这是可信的。

他比我早进一年中学。我进中学时，他正是刻图章、写篆字最有兴味的当儿。记得那时看见他手里拿的一把大折扇，扇上写满了许多小小的篆字，我看了，的确匀净工整，觉得很是羡慕。后来他极欢喜作诗。当时同学里差不多没有一个会作诗的，他屡屡地教导我们，于是中学校里就结合了一个诗会，叫作放社。但别人的想象和表述，总不能像他那般的深细，作出来的东西总是直率得很，所以我们甘心推他做盟主。

他毕业后写给我的信，屡次把诗词来替代，开缄时往往只见一首长诗，或四五首的律诗。他的诗并不雕琢字面，也不堆砌典故，也不模仿哪一家，只是活泼泼的表情写景。现在就掇拾的方便，录出一首：

游拙政园

纤雨值休辰，园游恣幽赏。回沼抱南轩，几窗爱净朗。
小坐神忽清，喻之言难想。环顾卉树森，浓绿弥众象。
稀处现楼台，微风动帘幌。蓬莱宛一角，招致现任傥
一声鹧鸪啼，忽焉聆繁响：乃如蟹爬沙，急雨敲林莽。
此境益静寂，空山或可仿。颉公燕都归，听雨谈抵掌。
直北是长安，冠盖属朋党。白日妖霾现，杀人弃沟壤。
鸡鸣上客尊，狗苟公道枉。豪游金买笑，乞怜血殷颡。
嗟哉行路难，触处是肮脏。何当谢世虑，摄心息俯仰。
寄情孰所乐，高歌慨以慷。帝力鼓大化，谁省我所往？
辞终各无言，看水倚轩棂：初荷碧玉盘，水珠滚三两。
（二，七，二。）

圣陶对于文艺，没有一种不欢喜。他常要学雕刻，可怜这件事在中国是没有一点机会的，至今只落得一个想望。又常想看戏做戏，但苏州既没有机会，上海又没有力量去。元年九月，我到上海，看了戏告他；他答我道，“此事余无阅历，而自信有理想上之境界。”

君于戏剧，与我同一为少有经验；然观君之评剧，……即我未聆此未觏此剧之人之意，与君亦有同意。可知剧固无所谓佳不佳，惟近情者乃佳耳！余尝听人谈剧，而知剧中固多不近情者。彼演剧者亦同是人，何以乃作不近情之剧也？余与君之所见，余常以为近情；苟献身舞台，或亦不失为名伶也。（一，九，七。）

后来他到了角直，提议在学校里造了一个戏台，自编了剧本，每逢星期三演作一次，这事的伏脉就在那时了。

他家境很清贫，使他不能专向文艺方面走。他中学毕业后，就在苏州城里充做初等小学的教师。他的性情，原是和小学生聚得来的，无奈学生以外的人逼着他失掉了职业上的兴趣，所以他觉得很苦。他写信给我道：

> 做教师之无味，不在学生之不好，乃在同事之讲不落言话，调查视学之“象煞有介事”。坐是二者，我乃一肚皮的不高兴！（一，十二，廿二。）

又道，

> 昨倚阑干观鞋匠之工作，一刹那间，感想潮涌：以为以正当之腕力，做正当之事业，及其成功，当有无限快乐。所谓正当，系指实际而言；世间之伦理思想之所云，则非我所指也。如彼鞋匠，我力能以为鞋，则别无他之假借，他之思虑，抽其麻丝，持其皮刀为之不已；一鞋告成，此时之乐为何如哉！与我相较，则我必始托人引荐；得业矣，又必规规于课程；修身也，必有崇拜，同事也，必作寒暄；省县视学来，又必受牵制：百不自由。“因”既非正当，何得有正当之“果”！视彼制鞋人，羡之不已，效之无才，复自叹耳！……（二，一，十一。）

那时候，圣陶精神上苦痛极了：他自己文艺上的才具既不能发展，教育上的意见又不能见诸实行；称他的心，实要丢掉了教师，投身做工匠去。果然到后来，为了和同事视学不能沆瀣一气，于民国三年的秋间，给他们排挤去了！

圣陶想象的丰富，描写的精细，自中学时期以至民国三年，都可在他的诗里寻出。他欢喜逢人就侦察他们的心理，代他们设想，这在给我的信上也可见到几条。那时他虽未做小说，然而做小说的动机与兴味即在于此了。他说：

> 日坐茶寮，同学辈刺刺谈政党内阁不休。……一入政党便富于感情；某某党三字之于人，何其有如许神通也！然于广座之中，默聆各人之言论，即可以侦知其隶何党籍。小试侦探术，亦一消遣法已。（二，五，十。）
>
> 看上海各报，……虽明知其为肚里新闻，自撰专电，荒唐论说，而我辈看他如何想法撰法，则亦未始非趣事。（二，五，廿三。）
>
> 独至鹤园，茗于携鹤草堂，乃得少舒其意志。修发少年，傍镜自窥其首；盛妆佳丽，逢人故正其眸；热客谈时，涎珠飞越；老翁说古，意态横生：我从旁静观，皆具妙相。（二，八，廿八。）

假使他早做了几年的小说，这种“政党热”和“园游兴致”——民国元二年间苏州特盛的娱乐——必然充做了他笔下的材料了。

圣陶与小说最早的因缘，大约是中学校里把伊尔文《见闻杂记》做英文课本。那时，他读了几篇《妻》和《大梦》，便去练习翻译。到后来，又读了些旧小说，报纸上的小说也很留意。当时作者以苏曼殊的笔致为最干净，所以他的《断鸿零雁记》等，圣陶每从《太平洋报》上抄录下来。他刚任小学教员时，酷想把自己的环境和心神做一部很长的自传，前后写了二万字；但教课太忙，不曾做完。元年暑假里，有一家报馆向他要稿子，他想用白话体做一种理想小说，名唤《世界》，所说乃无国界无金钱以后之世界；拟逐日写千余字，一百天左右登完。但那家报馆筹办了长久，转瞬开学，他也不能做了。直到三年秋间受挤去职之后，他方始有了闲暇，努力发展。所苦的，他受经济的逼迫更厉害了，他只得做了许多短篇小说投寄《礼拜六》及《新闻报》等。他曾写信给我道：

如今为金钱计，日节一二小时为出卖之文，凡可以得酬的皆寄之。……然为文而至此，亦无赖之尤者矣！（三，九，二十。）

吾今弄些零用，还必勉强写几句。然吾却亦自定宗旨：不作言情体，不打诳语；虽不免装点附会，而要有其本事，庶合于街谈巷议之论。……总之，吾有一语誓之君前曰，吾决非愿为文丐者也！（三，十一，十三。）

读此可见圣陶极不愿拿文艺来敷衍生计。他不肯打诳语，必要有其本事，便可知道他的宗旨在写实，不在虚构，和那时盛行的艳情滑稽各派是合不拢来的。

圣陶因为自己所抱的宗旨与时流不合，所以对于当时的小说界很抱悲观。他在三年冬间，曾作了一篇《正小说》，把流行文字批评一下。这篇文字，他做好了就寄到一家杂志里去，我没有看见。现在抄出他来信的数则做个代表：

近来小说……皆一丘之貉。出场总有一段写景文字：月如何也，云如何也。云月之情万殊，诗人兴咏，灵心独运；而今之小说中所描写之云月乃无弗同！其语句：如谓女才则曰诵《唐诗》朗朗上口，此某家不栉进士。《聊斋志异》中，此等语虽非常见，然统观全书，亦且厌其老调；今乃无篇不然矣！公园春游，男女邂逅，三语未终，便是求婚。其后非阻于父母，即梗于离乱；中间约略点缀几句伤离怨别之套语，便自诩极文字之波澜，尽言情之能事矣！今世风行，言情独盛；言情之作，尤多老调：夫岂作者读者均弗怪为老调耶？抑亦人心淫佚，乐闻郑卫之音，温馨心上，以为“慰情聊胜无”之意耳！弹词家所唱盲词，人有两句以括之曰，“私定终生后花园，落难公子中状元”；今之小说，亦此类已！（三，十一，廿一。）

今之小说，可谓皆自抄袭得来。苟指出某篇出于某书，具不胜其

繁。或则窃取旧小说之一毛一发，便足命题成篇。至其语句之同，更不可数。只得谓彼辈熟读小说，故成语如流而赴也！（同）

那时，他所做的小说有《博徒之儿》《姑恶》《飞絮沾泥录》《终南捷径》等篇，都是摹写黑暗社会的作品。

到民国五年，旧同学吴宾若君在苏州东南角直乡做高等小学校长，招圣陶担任教科。这时候，他在城里的许多痛苦受不到了，旧教育讨厌的地方也可商量改革了。回忆他做城里教师时，有一信给我道：

惟念于教师职务得少尽精力，使醇醇诸棣展发神辉，亦此生一乐。虽今日所呈现象每不满昨日之所怀，所幸心存希望，即是一缕动机；此机勃发，或有美满光明之时也！（二，十，十二。）

此种希望，在城里固因种种牵制不能达到，但到了乡下却很可自由措施了。

他在这几年里，胸中充满着希望，常常很快乐地告诉我他们学校的改革情形。他们学校里，立农场，开商店，造戏台，设备博览馆，有几课不用书本，用语体文教授……几年内一步步地做去，到如今都告成功了。这固是圣陶的一堂同事都有革新的倾向，所以进步如此其快，但圣陶是想象最锐敏的，他常常拿新的意见来提倡讨论，使全校感受到他的影响，这是无可疑的。

自五年到现在，六年之间，他没有离开过角直。八年，又把全家搬了过去，从此他做了角直人了，他每天所到的地方，只有家庭及学校，而这两处都充满了爱的精神，把他浸润在爱的空气里。于是，他把民国四年以前的悲观都丢掉了，从不再说短气的话。社会的黑暗，他住在乡间，看见的也较少了。于是他做的小说，渐渐把描写黑暗的移到描写光明上去了。

民国七年间，《新青年》杂志提倡国语文学极有力量。但那时新体小说只有译文，没有创作。圣陶禁不住了，当《新潮》杂志出版时，他就草了《一生》

一篇寄去，随后又陆续做了好几篇。可喜《新潮》里从事创作的，还有汪缉斋、俞平伯诸君，一期总有二三篇，和圣陶的文字，竟造成了创作的风气。去年，他的短篇小说愈做愈多了。今年，更加入《晨报》及《小说月报》，很奋勉的做去；所发表的文字，都是读者逐次看见的。

这几年来，他常有信给我，论小说界的现状，及他著作小说的感情和兴味。可惜许多信札都不在手头，他在《晨报》上发表的文艺谈，我处也没有，不能把这些摘录出来。他最近有信给我，道：

> 我有一种空想，人与人的隔膜不是自然的，不可破的。我没有什么理由，只是一种信念罢了。这一层膜是有所为而遮盖着的；待到不必需要的时候，大家自然会赤裸相见。到时，各人相见以心不是相见以貌。我没有别的能力，单想从小说里略微将此人与人以暗示……（十，五，三十。）

这是圣陶近来做小说的宗旨。他所以表现这种微妙的爱，并不是求在象征主义中占得一席地，只是要把残酷的社会徐徐的转变！

圣陶做的小说，绝不是敷衍文字，必定自己有了事实的感情，著作的兴味，方始动笔；既动笔则便直写，也不甚改窜。换句话说，他的小说完全出于情之所不容已，丝毫假借不得的。要说明这件事，且得举一例。原来不会做小说的人，逢到一件奇事，或者自己有了什么悲观，就以为是很好的小说材料，去请求会做小说的人和他代做。我之对于圣陶，就有这样的几回；但他从没有依过我；或者说，“等我酝酿成熟了再讲罢！”我几次的愿望虽没有成遂，但我并不恨他的没情面，反而深敬他的不苟且。这几年的信，不幸不在手头，不能征引。我且把他对于诗上的话引了，也可以做一个推证。

我于民国二年间，在海道中作了几首诗，因为自己有不惬意的地方，请他改窜，又请他合作。他答我的信说道：

诗不可改，前人已屡言之。盖诗在偶拾，改则遂同斧凿，生趣且立尽。我诗于成时即不改窜。有功夫改，何不另作乎？君如欲改，还请自改！（二，五，一。）

至于合作则尤所不可。我未渡海，何以能说得出什么！苟强为之，不将如前代之赋秦宫汉殿耶？是以竟不和已！（二，五，二。）

这番话说得何等的决绝！这便是圣陶一切创作都能使精神饱满的缘故。

这回文学会集刊丛书，便把圣陶三年来的小说刻了一集。这本集子，是汇刊个人的新体小说的第一部，是很可纪念的。圣陶往年极羡慕的鞋匠生涯，于今成就了：这二十篇文字，便是二十双鞋子。想他鞋子告成时的乐趣，已经经过了二十回了！我祝颂圣陶，从今以后，永永在工作的时候，即是永永在快乐的时候。到他老年时，看着这最先的二十双鞋子，就是毕生事业的起点，当更觉得发生珍重的心思了。

圣陶因为里边有一篇唤作《隔膜》，也就把他做了全集的名字。但我以为这个名目不大好。因为集里固然有几篇——如《一生》《一个朋友》《隔膜》——是从骨子里看出人与人之冥漠无情的，但《母》《伊和他》《小病》《低能儿》诸篇，把人类心情的相通相感之境写得美满极了；况且圣陶做小说的趋势，又向不隔膜方面进行；怎能把小部分去赅括全体呢？要是圣陶永远过民国四年前的生活，所做的小说只向社会的黑暗方面描写，那么，这一集唤作《隔膜》，是确之又确的。现在他的学校与家庭都成了爱的世界，别种无情的社会他也没有加入，他的生活是再不隔膜没有了。所以我劝他改为《微笑》，来表达这交互萦感的心神。

我所以为圣陶作这篇序，有两种缘故。一、圣陶所交的师友，没有一个是拿了文艺来诱掖他进入这范围的；但他不以没有诱掖之故，便衰颓了志气，终是独行孤往，求之不懈；到底，别人也多受他的同化了。至于他遭值的时候，在其创作初期，社会上只把文艺当消遣品看，小说更是所谓“倡优同畜”的东西，而他那时独能从“描写物情宣达社会隐潜”为宗旨；到了现在，他的艺术手腕更高超了。从此两事，都可见圣陶具有文艺的天才；他便是不生今世，不做小说，他的事业也必向文艺方面发展，造成美满的成绩。我做这序的第一义，就是要说明他是一个文艺的天才。二、历来的学问家文艺家，别人替他作传，多在暮年或身后，所采集的材料，多半是享了盛名以后的；至于早年的思想行事，早已佚去，无从寻补。然而一生的基础，就在早年，我们若是要深知一个人的性情学业，这早年的事实必不应轻轻略过。圣陶要是能奋勉的修养和工作下去的，将来的事实自为人所易见，必有为他做详传的人，我们不必豫虑；单是现在以前的事，若不由我介绍，势将无人晓得。我做这序的第二义，便是搜集他早年的思想行事，来备将来的文献。

但是我极抱歉，他的信札，我粘贴在册上的，只有民国元年至三年，而三年的上半年又觅不到。其余的信札，都捆置在京寓，不便取览。所以记他的事实，只有二年半间是他亲笔告我的话。我将来如能把他的信札都聚合拢来，等这书再版时，或他出第二集时，加上一篇续序，这最早是我的愿望。

十，七，十，上午一时

《火灾》序

顾颉刚

圣陶将一年半以来所做的小说继续编成一集，就取第十七篇的名字——《火灾》——做这一集的名字，并且嘱我做上一篇序。我在《隔膜》的序上原说过：他寄给我的信有许多可以说明他的环境和思想的，但放在北京，不便取览。若得把他的信札聚合拢来，等《隔膜》再版或编成第二集时加上一篇续序，最是我的愿望。现在圣陶要我履行这个约言，但我的身子给环境束缚住了，没法到北京去，这个愿望是白白的许下了。我自己很知道没有文学的才性，又没有文学的修养，所以做《隔膜·序》时，只把圣陶的历史叙述了一遍，而不敢批评他的文艺作品。我所能为圣陶作序的话，除了不在手头的信札以外，可以说是已经说尽了。已经说尽了能说的话，而圣陶又是敦促我做第二集的序，这使我不得不僭越而批评他的文艺作品。但这是我做文艺批评的第一回，我很没有自信的胆量，所以专注在他的思想，而不及他的艺术，使得范围可以缩小一点。

《隔膜》这一集，最使我感动的，是下一半。这一半写的情感，几乎没有一篇不是极深刻的。圣陶在《阿凤》一篇里说，

“世界的精魂，是爱，生趣，愉快。”

他理想中有一个很美满的世界的精魂；他秉着这个宗旨，努力地把它描写出来，可说是成功了。试看这几篇里，写学校中认为顽皮的学生和低能的儿童，婆婆认为生气的儿媳妇，在平常人的眼光之下，真是不足挂齿的人物，但这辈不足挂齿的人物内心里，正包含着无穷的生趣和愉快。至于没人理会的蠢妇人，脑筋简单的农人和老妈子，他们也都有极深挚的慈爱在他们的心底里。他们虽是住在光线微弱的小屋里，过很枯燥的生活，虽是受着长辈的打骂，旁人的轻视，得不到精神的安慰，但是"爱，生趣，愉快"是不会给这些环境灭绝掉的。不但不会灭绝，并且一旦逢到了伸展的机会，就立刻会得生长发达。这时候，从前的痛苦一切都忘了，他们就感受到人生的真实意义了。

平伯说："读《绿衣》到方老太读信的一段，不禁泪下"。这是圣陶描写真切的效果，我最爱的是《潜隐的爱》，对于陈家二奶奶正与平伯对于《绿衣》有同样的感觉。二奶奶的境遇可悲极了：没有人爱她，没有人理她，她又是一个蠢笨的妇人，她的生死和世界没有一点关系；但她的内心里蓄着极丰富的慈爱，而这极丰富的慈爱只能够偷偷摸摸地发泄在邻家的孩子身上。她的心灵是何等的伟大，她已把全世界的垢污洗刷去了。我读了这一篇，使我觉得她真是一个爱之神，世界上没有她，真不知要变成何等的枯燥和寂寞。我恨不得到她的身旁，拭去了她的泪，安慰着她的心，帮着她照顾她的心爱的孩子，虽是明知当着她的面，仍不过是一个蠢笨的乡下妇人。

我们生存在这种冷酷的社会里，受着一切的逼迫，不由得不把人的本性一天一天地消失了。我们感到用了真性情处世的容易受挫折，于是各人把自己的心深深地掩埋着，专用蓄音片说话。我们感到爱人的徒然自苦，自私的可以得到实惠，于是用了全力去做自私的事，凡是能够达到自私的效果的，一切都可做得，不管矫饰和欺骗。我们的生命固然保存了，但生命的源泉——爱，生趣，愉快——是丧失了。读了圣陶的小说，只使得我们对于非人的行为起了极端的憎恶，而对于人的本性起了亲切的回省和眷恋，希望把已经失去的宝物重新寻了回来。世上像二奶奶这般的人正不知有多少，他们是弱者，他们的爱在不自然的境界中，从血和泪里洗刷出来，愈觉得光明澄澈。他们有种种不同的悲哀与欢乐的心境，可以帮助人们在搜寻已经失掉的宝物，但那得借了圣陶的一支笔，把他们都写了出来呢！

在第二集里，写出这种倾向的，有《地动》《小蚬的回家》《醉后》《义儿》等篇。《地动》里的明儿，因为他的父亲的故事讲话里说一个小孩子流落到远方，不能看见母亲，就引起了他的最初的悲哀，哭得至于呜咽了。《小蚬的回家》里的孩子，因为对于杀了一只有母亲的虾的忏悔，把一个别人送与他的小蚬投到河中，让它去看它的母亲。《醉后》里的季亮，因了一个初见面的娼妓对他讲了几句真情的话，使他在醉中感受到潜隐的悲哀的无奈，引起了永久的怅惘。这都不是为了自己的利益而去施爱，也不是为了历久的情愫而生眷恋，只是他们正在伸展他们的本性；他们已经用了他们的爱，把全世界融成一个不可分解的实体，没有什么唤作“我”，唤作“人”的界限了。

《义儿》一篇，很可与第一集的《一课》合看。明明是很有生趣，很能自己寻出愉快的小孩，但社会上一定要把他们的生趣和愉快夺去了。甚至于最爱他的母亲，也受了社会上的暗示，看着他的生趣和愉快，反而惹起了她的恼怒和悲感。义儿的叔父自诩他处置义儿的秘诀，就是永远不将好颜脸对他。读了这篇，不由得不使人感到冷酷的社会所需要的分子乃是没有生趣的人；越是冥漠无情，越容易在社会上占到稳固的地位；而其所排斥的，乃是天才和没有失掉本性的人。社会上如此的冷酷，也并不是有意，实在他们的宝物失去了多时了，没有人发出寻觅的呼声，他们就想不到宝物的可爱，——任生活上了错误的道路，——而一般人方以为正应如此！

要享受人生的愉快，是社会上所不容；但要往下堕落时，社会上却是很乐意的招接。圣陶的小说中，以描写教育界的情形为多。试看《乐园》中，小学教师为了吃不饱饭，使得他们的身体虽在教室，他们的心却在“机会之流”的旁边切迫地期待。等不到机会的，只得时常到小茶馆里，承揽乡下人的香疏书写，得到一点青菜、鸡子。以致到了上课的钟点，学生在学校里闹得翻了，教师还是在小茶馆里捧着茶壶。这难道是小学教师的自愿堕落吗？《饭》这一篇，写得更显著，教师为了没了钱，只得自己上街买菜，以致误了上课的时刻；学务委员为了要从教师身上刮下钱来，所以板了面孔责备他，罚去他的薪俸。这种在经济势力的高压之下，一层层生出的堕落，也是他们自己愿意的吗？所以《脆弱的心》里，莫先生听了许博士的演说，当时很能够领受他的意义，知道小学教师有无穷的趣味；并且有运转社会的可能，然而到他想起自己正为小学教师的时候，他的兴奋又退了。究竟这脆弱的心是他的本质呢，还是社会上逼成的呢？圣陶在《苦菜》里有几句话道：

> 凡从事 × 的，厌恶 ×，便致怠业。
>
> “× 决无可以厌恶的地方，可厌恶的乃是纠缠着 × 的附生物。去掉这附生物，才是治病除根的法子。”

他酷望着一切的生活都成了艺术的生活，但实际上一切的生活都给它们的附生物纠缠住了，以致只有堕落而无愉快。这是何等烦闷的事！

把上面的许多话归纳起来，就是圣陶做小说的一贯的宗旨：

> 人心本是充满着爱的，但给附生物遮住了，以致成了隔膜的社会。人心本是充满着生趣和愉快的，但给附生物纠缠住了，以致成了枯燥的社会。然而隔膜和枯燥，只能在人事的外表糊得密不通风，却不能截断内心之流；只能逼迫成年人和服务于社会的人就它的范围，却不能损害到小孩子和乡僻的人。这一点仅存的“爱，生趣，愉快”，是世界的精魂，是世界所以能够维系着的缘故。

唤起世界的精魂，鼓吹全人类对于人的本性都有眷恋的感情，寻觅的愿望，这是圣陶的责任。“如何可以使得人的本性不受现实生活的损害？”这是我们读了圣陶的小说以后应当激起的烦闷，应当要求解决的问题。

《稻草人》序

郑振铎

圣陶集他最近二年来所作的童话编成一集，把末后一篇的篇名《稻草人》作为全集的名称。他要我作一首序文。我是很喜欢读圣陶的童话的，而且对于他的童话久已想说几句话，现在就乘这机会在此写几个字；不能算是《稻草人》的介绍，不过略述自己的感想而已。

丹麦的童话作家安徒生(Hans Andersen)曾说,“人生是最美丽的童话”(“Life is the most beautiful fairy tale.”)。这句话，在将来“地国”的乐园实现时，也许是确实的。但在现代的人间，这句话至少有两重错误：第一，现代的人生是最足使人伤感的悲剧，而不是最美丽的童话；第二，最美丽的人生即在童话里也不容易找到。

现代的人受到种种的压迫与苦闷，强者呼号着反抗，弱者只能绝望地微喟。有许多不自觉的人，像绿草一样，春而遍野，秋而枯死，没有思想，也不去思想；还有许多人住在白石的宫里，夏天到海滨去看荡漾的碧波，冬天坐在窗前看飞舞的白雪，或则在夕阳最后的淡光中，徘徊于丛树深密流泉激溅的幽境里，或则当暮春与清秋的佳时，弄棹于远山四围塔影映水的绿湖上；他们都可算是幸福的人。他们正如一幅最美丽的画图，谁会见了这幅画图而不留意呢？然而这不过是一幅画图而已。在真实的人生里，虽也时时现出这些景象，但只是一瞬间的幻觉；而它的背景，不是一片荒凉的沙漠，便是灰暗的波涛汹涌的海洋。所以一切不自觉者与快乐者实际上与一切悲哀者一样，都不过是沙漠中只身旅行海洋中随波逐浪的小动物而已。如果拿了一具大显微镜，把人生仔细观察一下，便立刻现出卜莱·克拉卜莱（Cribbly Crabbley）老人在一滴沟水里所见的可怕现象：

> 所有几千个在这水里的小鬼都跳来跳去，互相吞食，或则彼此互相撕裂，成为片片。……这景象如一个城市，人民狂暴地跑着，打着，竞争着，撕裂着，吞食着。在底下的想往上面爬，乘着机会爬在上面的却又被压下了。有一个鬼看见别个鬼的一条腿比他长，便把它折下来，还有一个鬼生一个小瘤在耳边。他们便想把它取下来，四面拉着他，就此把他吃掉了。只有一个小女儿沉静地坐着，她所求的不过是和平与安宁。但别的鬼不愿意，推着她向前，打她，撕她，也把她吃掉了。

正如那向着这显微镜看着的无名的魔术家所说的，“这实在是一个大都市的情况”。或者更可以加一句，“这便是人生”。

如果再深邃地向人生的各方面看去，则几乎无处不现出悲惨的现象。如圣陶在《克宜的经历》里所说的：在商店里，在医院里，在戏馆里，所有的人都是皮包着骨，脸上没有血色，他们的又细又小的腿脚正像鸡的腿脚；或如他在《画眉鸟》里所说的：有腿的却要别人拉着，拉的人额上渗出汗来，像蒸笼的盖，几个周身蒙了油腻的人终日在沸油的镬子旁为了客人的吩咐而做工。唱歌的女孩子面孔涨得红了，在迸出高声的时候，眉头皱了好几回，颧骨上面的筋也涨粗了，她也是为了他人唱的。虽然圣陶曾赞颂田野的美丽与多趣，然而他的田野是“将来的田野”。现在的田野却如《稻草人》里所写的一样，也是无处不现出可悲的事实。

所谓“美丽的童话的人生”在哪里可以找到呢？现代的人世间，哪里可以实现“美丽的童话的人生”呢？

恐怕那种美丽的幸福的生活只在最少数的童话里才能有罢。而那种最少数的美丽的生活，在童话里所表现的，也并不存在于人世间，却存在于虫的世界，花的世界里。至于一切童话里所表现的“人”的生活，仍多冷酷而悲惨的。

我们试读金斯莱（Charles Kingsley）的《水孩子》（*Water Babies*），扫烟囱的孩子汤姆（Tom）在人的社会里所受的是何等冷酷的待遇。再试读王尔德(O.Wilde）的《安乐王子》，燕子飞在空中所见的又是何等悲惨的景象。少年皇帝在梦中所见的又是何等的景象。没有，没有，童话中的人生也是没有快乐的。正如安徒生在他的《一个母亲的故事》里所述的，母亲的孩子给死神抱去了，她竭尽力量想把他抱回，但当她在井口看见孩子的将来的运命时，她便叫道，“还是带他去好！”现代的人生就是这样。

圣陶最初动手作童话在我编辑《儿童世界》的时候。那时，他还梦想一个美丽的童话的人生，一个儿童的天真的国土。我们读他的《小白船》《傻子》《燕子》《芳儿的梦》《新的表》及《梧桐子》诸篇，显然可以看出他努力想把自己沉浸在孩提的梦境里，又想把这种美丽的梦境表现在纸面。然而，渐渐地，他的著作情调不自觉地改变了方向。他在去年1月14日写给我的信上曾说，“今又呈一童话，不知嫌其太不近于‘童’否？”在成人的灰色云雾里，想重现儿童的天真，写儿童的超越一切的心理，几乎是个不可能的企图。圣陶的发生疑惑，也是自然的结果。我们试看他后来的作品，虽然他依旧想用同样的笔调写近于儿童的文字，而同时却不自禁地融化了许多“成人的悲哀”在里面。固然，在文字方面，儿童是不会看不懂的，而那透过纸背的深情，儿童未必便能体会。大概他隐藏在他的童话里的“悲哀”分子，也与柴霍甫（A.Tchekhov）在他短篇小说和戏曲里所隐藏的一样，渐渐地，一天一天地浓厚而且增加重量。他的《一粒种子》《地球》《大喉咙》《旅行家》《鲤鱼的遇险》《眼泪》等篇，所述还不很深切，他还想把“童心”来完成人世间所永不能完成的美满的结局。然而不久，他便无意地自己抛弃了这种幼稚的幻想的美满的“大团圆”。如《画眉鸟》，如《玫瑰和金龟》，如《花园之外》，如《瞎子和聋子》，如《克宜的经历》等篇，色彩已显出十分灰暗。及至他写到快乐的人的薄幕的破裂，他的悲哀已造极顶，即他所信的田野的乐园此时也已摧毁。最后，他对于人世间的希望便随了稻草人而俱倒。“哀者不能使之欢乐”，我们看圣陶童话里的人生的历程，即可知现代的人生怎样的凄凉悲惨；梦想者即欲使它在理想的国里美化这么一瞬，仅仅一瞬，而事实上竟不能办到。

人生的美丽的生活在哪里可以找到呢？如果“地国”的乐园不曾实现，人类的这个寻求恐怕永没有终止的时候。

写到这里，我想，我们最好暂且放下这个无答案的冷酷的人生问题，转一个方向，谈谈圣陶的艺术上的成就。

圣陶自己很喜欢这童话集；他曾对我说，“我之喜欢《稻草人》，较《隔膜》为甚，所以我希望《稻草人》的出版也较《隔膜》为切。”在《稻草人》里，我喜欢阅读的文字，似乎也较《隔膜》为多。虽然《稻草人》里有几篇文字，如《地球》《旅行家》等，结构上似稍幼稚，而在描写一方面，全集中几乎没一篇不是成功之作。我们一翻开这集子，就读到：

> 一条小溪是各种可爱东西的家。小红花站在那里，只是微笑，有时做很好看的舞蹈。绿草上滴了露珠，好像仙人的衣服，耀人眼睛。溪面铺着萍叶，矗起些桂黄的萍花，仿佛热带地方的睡莲——可以说是小人国里的睡莲。小鱼儿成群来往，针一般地微细，独有两颗眼珠大而发光。
>
> 《小白船》

这是何等宜人的美妙的叙述呀；当我们阅读时，我们的心似乎立刻被带到一条小溪之旁，站在那里赏玩这种美景。然而还不止此，如果我们继续读下面的几段：

许多梧桐子，他们真快活呢。他们穿了碧绿的新衣，一齐站在窗沿上游戏。四面张着绿绸的幕；风来时，绿绸的幕飘飘地吹动，像个仙人的住宅。从幕的缝里，他们可以看见深蓝的天，天空的飞鸟，仙人的衣服似的白云；晚上可以看见永久笑嘻嘻的月亮，美眼流转的星，玉桥一般的银河，提灯游行的萤虫。他们看得高兴，就提起小喉咙唱歌。那时候隔壁的柿子也唱了，下面的秋海棠也唱了，阶下的蟋蟀也唱了。

《梧桐子》

温柔而清净的河是鲤鱼们的家乡。日里头太阳光像金子一般，照在河面上；又细又软的波纹仿佛印度的细纱。到晚上，银色的月光，宝石似的星光，盖着河面的一切；一切都稳稳睡去了，连梦也十分甜蜜。大的小的鲤鱼们自然也被盖在细纱和月光星光底下，生活十分安逸，梦儿十分甜蜜。

《鲤鱼的遇险》

春风来了，细细的柳丝上不知从什么地方送来些嫩黄色，定睛看去，又说不定是嫩黄色，却有些绿的意思。他们的腰好软呀。轻风将他们的下梢一顺地托起，姿势整齐而好看。默默之间，又一齐垂下了，仿佛小女郎梳齐的头发。

两行柳树中间，横着一道溪水。不知由谁斟满了的，碧清的水面几与岸道相平。细的匀的皱纹好美丽呀。仿佛固定了的，看不出波波推移的痕迹。柳树的倒影清清楚楚可以看见。岸滩纷纷披着绿草，正是小鱼们小虾们绝好的住宅。水和泥土的气息发散开来，使人一嗅到便想起这是春天特有的气息。温和的阳光笼罩溪上，更使每一块石子每一粒泥砂都有生活的欢乐。

《花园之外》

我们便不知不觉地惊奇起来，而且要带着敬意赞颂他的完美而细腻的描写。实在的，像这种描写，不仅非一般粗浅而夸大的作家所能想望，即在《隔膜》里也难寻到同样的文字。

在描写儿童的口吻与人物的个性方面，《稻草人》也是很成功的。

在艺术上，我们实可以公认圣陶是现在中国二三个最成功者当中的一个。

同时《稻草人》的文字又很浅明，没有什么不易明了的地方。如果把这集子给读过四五年书的儿童看，我想他们一定很欢迎的。

有许多人或许要疑惑，像《瞎子和聋子》及《稻草人》《画眉鸟》等篇，带着极深挚的成人的悲哀与极惨切的失望的呼号，给儿童看是否会引起什么障碍；幼稚的和平纯洁的心里应否即投入人世间的扰乱与丑恶的石子。这个问题，以前也曾有许多人讨论过。我想，这个疑惑似未免过于重视儿童了。把成人的悲哀显示给儿童，可以说是应该的。他们需要知道人间社会的现状，正如需要知道地理和博物的知识一样，我们不必也不能有意地加以防阻。

这童话集里附有不少美丽的插图。这些图都是许敦谷先生画的。我们应该在此向他致谢。有这种好图画附印在书本里，在中国，可以说此书是第一本。

关于《倪焕之》

夏丏尊

圣陶以从《教育杂志》上拆订的《倪焕之》见示，叫我为之校读并写些什么在上面。

圣陶的小说，我所读过的原不甚多，但至少三分之一是过目了的。记得大部分是短篇，题材最多的是关于儿童及家庭的琐事。这次却居然以如此的广大的事象为题材写如此的长篇了。在作者的文艺生活上，《倪焕之》实是划一时代的东西。

题材的琐屑与广大，在纯粹的艺术的见地看来，原是不成问题的事，艺术的生命不在题材的大小而在表现的确度上。文艺彻头彻尾是表现的事。最要紧的是时代与空气的表现。经过“五四”“五卅”一直到这次的革命，这十数年是中国历史上空前的大时代，我们游泳于这大时代的空气之中，甜酸苦辣，虽因人因时不同，而且也许和实际的甜酸苦辣的味觉一样是说不明白的东西，一种特别的情味，是受到了的，谁也无法避免这命定的时代空气的情味。照理在文艺作品上随处都能尝得出这情味来，文艺作品至少也要如此才觉得亲切有味。可是合乎这资格的文艺创作，却不多见。所见到的只是千篇一律的恋爱谈，或宣传品式的纯概念的革命论而已。在这样的国内文艺界里，突然见了全力描写时代的《倪焕之》，真是使人眼光为之一新。故《倪焕之》不但在作者的文艺生活上是划一时代的东西，在国内的文坛上也可说是划一时代的东西。

《倪焕之》中所描写的，是“五四”前后到最近革命十余年间中流社会知识阶级思想行动变迁的道路，其中重要的有革命的倪焕之王乐山，有土豪劣绅的蒋士镳，有不管闲事的金树伯，有怯弱的空想家蒋冰如，女性则有小姐太太式的金佩璋与崭新的密司殷。作者叫这许多人来在舞台上扮演十余年来的世态人情，复于其旁放射各时期特有的彩光，于其背后悬上各时期特有的背景，于是十余年来中国的教育界的状况，乡村都会的情形，家庭的风波，革命前后的动摇，遂如实在纸上现出，一切都逼真，一切都活跃有生气。使我们读了觉得其中的人物，都是旧识者或竟是自己，其中的行动言语，都是曾闻到见到过的或竟是自己的行动言语。

评价一篇小说，不该因了题材来定区别。因《倪焕之》中写着教育的事，说它是教育小说，原不妥当，因《倪焕之》中写着革命的事，就说它是革命小说，也同样地不妥当。至于因主人公倪焕之的革命见解不彻底，就说这小说无价值，更不妥当。作家所描写的是事实，责任但在表现的确否。事实如此，有什么话可说呢？作者似深知道了这些，在《倪焕之》中，通常的所谓事实的有价值与无价值，不曾歧视，至少在笔端是不分高下的。试看，他描写乡村间的灯会的情况，用力不亚于描写南京路上的惨案，和革命当时的盛况。《倪焕之》虽取着革命的题材，而不流于浅薄的宣传的作品者，其故在此。

只要与作者相识的，谁都知道他是一个中心热烈而表面冷静默然寡言笑的人吧。中心热烈，表面冷静，这貌似矛盾的二性格是文艺创作上重要素地，因为要热烈才会有创作的动因，要冷静才能看得清一切。《倪焕之》的成功，大半是作者这性格使然，就是这性格的流露，“文如其人”，这句旧话原是对的。

关于《倪焕之》，茅盾君曾写过长篇的评论，我的话也原可就此告结束了。不过，作者曾要求我指出作中的疵病，而且要求得很诚切，我为作者的虚心所动，于第一次阅读时，在文字上也曾不客气地贡献过一二小意见，作者皆欣然承诺，在改排时修改过了。此外，茅盾君所指摘的各节也是我所同感的。这回就重排的清样重读，觉得尚有可商量的地方，索性提了出来，供作者和读者的参考。

如前所说，文艺彻头彻尾是表现的事。所谓表现者，意思就是要具体地描写，一切抽象的叙述和疏说，是不但无益于表现而反足使表现的全体受害的。作者在作品中，随处有可令人佩服的描写，很收着表现的效果。随举数例来看：

> 焕之抢着铺叠被褥，被褥新浆洗，带着太阳光的甘味，嗅到时立刻想起为这些事辛劳的母亲，当晚一定要写封信给她。（第 56 页）
>
> 在初明的昏黄的电灯光下，他们两个各自把着一个酒壶，谈了一阵，便端起酒杯呷一口。话题当然脱不了近局；攻战的情势，民众的向背，在叙述中间夹杂着议论地谈说着。随后焕之讲到了在这地方努力的人，感情渐趋兴奋；虽然声音并不高，却个个字夹着活跃的力，像平静的小溪涧中，喷溢着一股滚烫的沸泉。（第 342 页）

前者写游子初到任地的光景，后者写革命军快到时党人与其旧友在酒楼上谈话的情形，都很具体地有生气。诸如此类的例，一拾即是。读者可以随处自己发现这类有效果的描写。无论在作者的作品之中，无论在当代文坛上作品之中，《倪焕之》恐怕要推为描写力最旺盛的一篇了吧。

但如果许我吹毛求疵的话，则有数处却仍流于空泛的疏说的。例如：第 401 页中，写倪焕之感到幻灭了，每日跑酒肆的时候：

> 这就皈依到酒的座下来。酒，欢快的人因了它更增欢快，寻常的人因了它得到消遣；而烦闷的人也可以因了它接近安慰与奋兴的道路。

这种文字，我以为是等于蛇足的东西，不十分会有表现的效果的。最甚的是第二十章。这章述“五四”后思想界的大势，几乎全体是抽象的疏说，觉得于全体甚不调和。不知作者以为何如?

我的指摘，只是我个人的僻见，即使作者和读者都承认，也只是表现的技巧上的小问题。至于《倪焕之》是决不会因此减损其价值的。《倪焕之》实不愧茅盾君所称的“扛鼎”的工作。

读《倪焕之》

茅　盾

……

《倪焕之》曾以“教育文艺”的名目在《教育杂志》上发表；就全书的故事而言，这个“教育文艺”的称呼，却也名副其实。到第十九章止，差不多占了全书的大半，主人公倪焕之的事业是小学教员。他和同志的小学校长蒋冰如很艰辛地在死水似的乡村里试验新的教育。他们得不到社会的同情，也得不到同事的谅解和热心赞助；但是倪焕之很有兴趣地干着。这时候，教育是他的终身事业；他又把教育的力量看得很大，“一切的希望悬于教育”。但是“五四”来了，乡村中的倪焕之也被这怒潮冲动，思想上渐渐起了变化；同时他又感到了几重幻灭，在他所从事的教育方面，在新家庭的憧憬方面，在结婚的理想方面。他感到寂寞了。他要找求新的生活意义，新的奋斗方式，从乡村到了都市的上海。接着便是“五卅”来了。“五卅”的怒潮把倪焕之冲得更远些；虽然他还是在做什么女子中学的教员，但一面也参加了实际运动；1927年的革命高潮时，他也是社会的活力中的一滴。然后，在局面陡然转变了时，他的心碎了，他幻灭，他悲哀，他愤慨；肠窒扶斯来结束了他的生活的旅程，在弥留的谵呓中，他这样说：“三十五不到的年纪，一点事业没成功，这就可以死吗？唉，死吧！死吧！脆弱的能力，浮动的感情，不中用，完全不中用！……成功，不是我们配得的奖品；将来自有与我们全然两样的人，让他们得去吧！”

在近十年中，像“倪焕之”那样的人，大概很不少罢。也许有人要说倪焕之这个人物不是个大勇的革命者；那当然不错。只看他目击大变之后，只是借酒浇愁，痛哭流涕，便可明白在临死的时候，他也知道自己的能力脆弱，感情浮动，完全不中用了。但是他的求善的热望，也该是值得同情的。

叶绍钧以前有过《隔膜》《火灾》《线下》《城中》《未厌集》等五个短篇集；《倪焕之》是他的第一个长篇，也是第一次描写了广阔的世间。把一篇小说的时代安放在近十年的历史过程中的，不能不说这是第一部；而有意地要表示一个人——一个富有革命性的小资产阶级知识分子，怎样地受十年来时代的壮潮所激荡，怎样地从乡村到都市，从埋头教育到群众运动，从自由主义到集团主义，这《倪焕之》也不能不说是第一部。在这两点上，《倪焕之》是值得赞美的。上文，我所说“五四”时代虽则已经草草地过去，而叙述这个时代对于人心的影响的回忆气氛的小说却也是需要，这一说，从《倪焕之》便有个实例了。上文我又说起“五四”以后的文坛上充满了信手拈来的“即兴小说”，许多作者视小说为天才的火花的爆发时的一闪，只可于刹那间偶然得之，而无须乎修炼——锐利的观察，冷静的分析，缜密的构思。他们只在抓掇片断的印象，只在空荡荡的脑子里搜求所谓“灵感”；很少人是有意地要表现一种时代现象，社会生活。这种风气，似乎到现在还没改变过来。所以我更觉得像《倪焕之》那样“有意为之”的小说在今日又是很值得赞美的。

……

话再回到《倪焕之》罢。

因为也是描写小资产阶级知识分子的，所以我觉得《倪焕之》中间没有一个叫人鼓舞的革命者，是不足怪的。再显明地说，主人公的倪焕之虽然“不中用”，然而正可以表示转换期中的革命的知识分子的“意识形态”。这样有目的、有计划的小说在现今这混沌的文坛上出现，无论如何，不能不说是有意义的事。这样“扛鼎”似的工作，如果有意识地继续做下去，将来我们大概可以说一声："五卅"以后的文坛倒不至于像"五四"时代那样没有代表时代的作品了。当代的批评多半是盲目的，作家要有自信的精神，要毫不摇惑地冷静地埋着头干！

论中国创作小说

沈从文

在第一期创作上，以最诚实的态度，有所写作，且十年来犹能维持那种沉默努力的精神，始终不变的，还是叶绍钧。写他所见到的一面，写他所感到的一面，永远以一个中等阶级的身份与气度创作他的故事。在文学方面，则明白动人，在组织方面，则毫不夸张，虽处处不忘却自己，却仍然使自己缩小到一角上，一面是以平静的风格，写出所能写到的人物事情，叶绍钧的创作，在当时是较之一切人作品为完全的。《隔膜》代表作者最初的倾向，在作品中充满淡淡的哀戚。作者虽不缺少那种为人生而来的忧郁寂寞，因为早婚的原因，使欲望平静，乃能以做父亲态度，带着童心，写成了一部短篇童话。这童话名为《稻草人》，读《稻草人》，则可明白作者是在寂寞中怎样做梦，也可以说是当时一个健康的心，所有的健康的人生态度，求美，求完全，这美与完全，却在一种天真的想象里，建筑那希望，离去情欲，离去自私，是那么远，那么远！在 1922 年后创造社浪漫文学势力暴涨，“郁达夫式的悲哀”成为一个时髦的感觉后，叶绍钧那种梦，便成一个嘲笑的意义而存在，被年轻人所忘却了，然而从创作中取法，在平静美丽的文字中，从事练习，正确地观察一切，健全地体会一切，细腻的润色，美丽的抒想，使一个故事在组织篇章中，具各样不可少的完全条件，叶绍钧的作品，是比一切作品还适宜于取法的。他的作品缺少一种眩目的惊人的光芒，却在每一篇作品上，赋予一种温暖的爱，以及一个完全无疵的故事，故给读者的影响，将不是趣味，也不是感动，是认识。认识一个创作应当在何种意义下成立。叶绍钧的作品，在过去，以至于现在，还是比一切其他作品为好。

《古代英雄的石像》读后感

丰子恺

人们常常说，图画比文章容易使人感动。但我总觉得不然。图画只能表示静止的一瞬间的外部的形态，文章则可写出活动的经过及内容的意义。况言语为日常惯用之物，自比形色容易动人。最近我为圣陶兄的童话描写插画，更切实地感到这一点。

圣陶兄来信嘱我为他的童话描些插画。我接信时就感到高兴，因为我对他的童话已有夙缘：去秋我在病床中曾经读过他发表在《教育杂志》上的《皇帝的新衣》。读一遍不足，想再读一遍；但腕力不能支持杂志的分量，我便特把这一篇童话撕了下来，以便反复玩味。后来我这篇文章塞在褥子下面，到现在依然存在。当时我在病床中读了，曾做种种的感想。我叹安徒生原作中的小儿，和圣陶兄所作的王妃，觉得人类之中，小儿最为天真，最保全人的本性，其次要算女子，大人们都已失其本性了。我在回想中观看这世间，觉得有不少的人穿着这种虚空的新衣。且皇帝的新衣被撕以后国内的情形怎样，我当时似乎知道。我知道当“女人们白润的手臂在皇帝的枯黑的胸前上下舞动，老头子们灰白的胡须拂着皇帝露骨的背心，两个孩子爬上皇帝的肩头”的时候，皇帝忽然心生一计，握住了女人们白润的手，挨近她们耳边，低声说了几句话，回头又向老头子们低声说了几句话，女人们和老头子们便把小孩子们几个巴掌打了开去，大家一齐跪倒在皇帝的脚下。于是皇帝重作威福，说他们现已看见新衣，不复是愚笨或不称职的人，便饶恕他们的罪过。兵士群臣看见撕新衣的人都已跪下，各自心中恐慑，也都跪了下来。……皇帝回宫之后，立刻传那些女人入宫，封她们为王妃；又封那些老头子为大官。他们都做了富贵之人而向民众赞美皇帝的新衣，颂扬皇帝的威权。女人们和老头子们本来也是天真的民众，但富贵能使他们练就这套本领。后来……后来怎样，我也记不清楚了。这虽然是病中的无聊的心的妄念，但我对于圣陶兄的童话，确有这样的一番夙缘。所以他嘱我描写插画，我很高兴应命。我有时为自己所不爱读的文章作插画，依样制图，犹如为文章的内容作图解，最感无聊。现在为我所爱读的文章作插画，或者有些兴味。

他陆续寄下九篇童话来，我把每篇仔细诵读，且选择插画的情景。但结果只有读的时候有兴味，描画依然是为文章的内容作图解，非但无补于文章，反把文章中的变化活跃的情景用具象的形状来固定了。譬如皇帝的相貌，古代英雄的石像的姿态，我在读文章的时候看见他们有时可恶，有时可笑，有时可怜，何等变化而活跃！但插画哪有表出这种变化的能力？

含羞草原来是代替这不合理的世间而羞愧的。可惜这种草世间并不多，我描画时要找些标本都找不到。它们何不繁殖起来，使不合理的世间可以知所觉悟，使蚕儿不致辍工，使熊夫人幼稚园亦不致停办呢？我读这些文章的时候，对于含羞草的见解觉得可敬。对于蚕儿的态度觉得可佩。对于熊夫人的困难的情形，则有更深的同情。因为我自己做过教师，知道不仅熊夫人的幼稚园中有这种情形，就是我所教过的学生中，也有虎儿、猪儿、鸡儿和猴儿；麒麟尤多而显著。读了这些童话，使我想起这世间的种种不合理而丑恶的状态。我相信我们一定另有一个十全的世界。在那世界中，熊夫人的幼稚园非常发达，蚕儿赞美工作，含羞草不复含羞。但我的插画不能表出这些感想，只能描出几种死的状态。非但无补于文章，反而固定了读者的自由的想象。所以我相信读书比描画有兴味，文章比图画容易使人感动。

插画描完之后，圣陶兄嘱我写些读后感，因此我又得欣然地写出这些感想。

叶绍钧的《未厌集》

赵景深

看完这本结集，得到两个作者的意见；不，也许是我悬揣而未必作者就是如此想的两个意见：

一、作者深怜生产的妇人的痛苦。这在《遗腹子》和《小妹妹》两篇里可以看到。作者把文卿先生和三三的父亲热望生儿，厌恶生女，不顾产褥妇的死活，这种残酷的心理，宗法社会的余孽，可谓形容得淋漓尽致。这两篇在艺术上比较起来，《小妹妹》似较佳，《遗腹子》几次重复的叙述倒像是童话里三次夺宝，不大像是小说了。也许《遗腹子》的用意是想写命运弄人，并不想责备文卿，但我总觉得文卿这样的重男轻女，即使不被骂为豺狼，也当被封为笨猪了。一定要生儿子吗？没有儿子，女儿不是一样的吗？就是没有又有什么要紧。中国人的家族观念，看来比国家大，比世界大，比一切都大。为了没有儿子，甚至去投河，真是其愚不可及。

二、作者觉得一个人活在世上应该脚踏实地地做一番有益于人们的事情。这在《抗争》和《赤着的脚》里可以看到。在《抗争》里作者感到教育于人类没有什么大用处，反不比打铁或者别的劳动，因此想要妻子去织袜；在《赤着的脚》里，作者写一个人研究了三四十年的农民生活，而农民生活却并未改善。总之，自己穿着长褂，拿着书本，而嘴里却说虽过的是小资产阶级的生活，而却有无产阶级的意识，到底是玄之又玄，非常滑稽，使谁也要失笑，谁也要不相信的事。你须深入民众，与他们合为一体，才能谈改革，否则依旧是两截，你管你，他管他。世间所缺少的就是真肯去干的傻子。

以下再拉杂地将随时想到的话写下一点来：

一、作者所用的题目有些是很巧妙的。如，《遗腹子》所写的并无遗腹子，《小病》所写的也并无小病。这犹之欧阳予倩所写的《泼妇》并不是泼妇。在修辞格上所列的反言格（Paradox）和这些题目也许是相似的罢。因为题目取得好，所以上述两篇，恰恰说到扣题，戛然中止，也就如初写黄庭了。

二、《抗争》的第四节使我忆起都德的《最后一课》，《夜》使我忆起泰来夏甫的《决斗》。前者我觉得有些看熟了。

三、作者写小说常能给人单纯的印象，尤其在情调的感染上。例如《小病》给我们寂寞，《夜》给我们阴惨，《苦辛》给我们鬼一般的幽悄，《一包东西》给我们恐慌。所叙只有一件事，没有多余的穿插，没有不必要的闲话。

四、《一包东西》《夜》《赤着的脚》《某城纪事》这四篇都可使我们窥见时代的侧影。不过最后一篇的莲轩似乎还可以更着力地描写一下。

五、《夏夜》的梦境布置得很好。梦是日间缺陷的满足，所以轮船茶房在梦里可以得到卖粥姑娘的爱，在炎热的夏夜又可以淋得满身的冷水。梦中可爱的一蒲包白糖大约就是他日间的仇敌大麻布包了。

全体说来，作者自然不是纯粹的客观，各篇都浸着他的温煦的气度，使人读任何一篇，都觉得作者是和蔼可亲的，同时又是严肃地对着人生的。即使嘲笑，也并不刻毒。在《线下》作者曾一度地变为冷静的自然主义者，但现在作者又带来温暖的太阳了。

叶绍钧小品序

阿　英

我很奇怪，有很多的理论者，他们对于作家存在的决定，不仅注意着“质”的方面，也注意着“量”的方面，把“质”与“量”看得一样的重。这个见解，是很错误的。实际上，对于一个作家价值的估定，应该是从“质”的方面看，即使作者只发表过很少的作品，但这少数的作品，是代表了作者，而在整个文艺运动上，有着重大的意义，那么，这个作家是存在的，甚至可以说是重要的。在小品文方面也是一样，要一定在有专册的小品集，或专门从事小品文活动，才能算是小品作家，则很多的优秀的小品文作者，以及他们作品所给予的影响，是将在不合理的决定之下被忘记。这样的作者，如叶绍钧等等，是应该把他们同样地作为小品文作家看的。

叶绍钧所写作的小品不多，而他自己对于这些成果，也似乎不甚珍惜。除掉和俞平伯合册的《剑鞘》而外，只刊印了不纯粹是小品的集子一种——《脚步集》。他虽然不吝惜这些小文章，不能以刊印小说集同样的热心来对待它们。可是，他的小品文，给予小品文运动的影响是巨大的，而每一篇，都可以说是非常精妙的佳构。他在这两个集子以外，写过《暮》（《我们的六月》）那样冥想的小品，写过《五月卅一日急雨中》（《小说月报》）那样表现着愤激之情的小品，写过《诗人》《水灾》（《光明周刊》）那样富有教育意义的小品，写过《牵牛花》（《北斗》）、《养蜂》（《东方》）那样的清淡隽永的小品。他写的小品，在数量上不能说多，可是每一篇差不多都经过了很久的胚胎时期，而后用一种细腻老练的艺术手法写了出来。

他的小品文最主要的特色，要很具体地讲，我很想用“宁静淡泊”四个字来说明。在小品文的内容上，固然表现着“宁静淡泊”的精神，就是在表现的形式上，也是同样地反映着一种“清淡隽永”的风趣。感情是丰富的，但他用一种极其微妙的方法表出之，如事物上蒙上一层轻纱，是那么淡淡的，又是那么深深地袭人。他的文字是轻灵的，而又是那么的细腻、缜密。如果我们一样的用着一颗宁静的心去研究它、吟咏它，在阅读的过程中，无论什么时候，都会使你感到有这么一个诗人，带着悠闲的心情，哲学家在探索问题似的，在那里“背手闲行吟好诗”。这一位田园诗人就是作者，而他的每一篇小品，真不啻是一首非常成功的、优美的、人生的诗。和他写小说一样，他是以着写实主义者的态度，在从事于小品文的写作。

哲学家探索问题似的，这不是偶然说出的一句话。这也是叶绍钧小品文的一个特征。这个特征，在小品文作家中，像陈衡哲的作品，是和他有共通性的。在他的小品文中，反映的田园诗人的情趣是很浓厚，但他和一般的田园诗人情趣的小品文作家，却是不同。一般的作者，对于自然的现象，是以着一种陶醉的热烈的心情向往；叶绍钧则是以哲学家的头脑，宁静的心，在对一切的自然现象、人生事物，刻苦地探索人生的究竟，在每一篇小品文里，他都很深刻地指示出一个人生上的问题。这特色，是叶绍钧小品文所特具的，这一点也就更强烈地影响了读者。

叶绍钧在《读者的话》（《剑鞘》）里写着，“不仅是一种意见，一种主张要是你们自己的，便是细到像游丝的一缕情怀，低到像落叶的一声叹息，也要让我认得出是你们的而不是旁的人的”。这说法真是等于作者的自白，叶绍钧的小品文是自己的而不是旁人的。有人说，他的一部分小品文和周作人的作风相似，这说法，在匆匆地读过了他们小品文的人，我想是可以这样相信的，但要是你细加研究，从他们思想上的不一致性到作风上的不一致性，那么，是很容易看到这两位小品文作家绝对的不相同之点，在对人生问题的理解上，叶绍钧在小品文里所反映的向上与向前的倾向，是比周作人的思想更清醒一些。在表现的态度上，周作人是具有严肃态度的哲人风致，而针绍钧则是飘逸的徘徊月下，自弄清影的诗人。

叶圣陶的短篇小说

朱自清

圣陶谈到他作小说的态度，常喜欢说："我只是如实地写。"这是作者的自白，我们应该相信。但他初期的创作，在"如实地"取材与描写之外，确还有些别的，我们称为理想，这种理想有相当的一致，不能逃过细心的读者的眼目。从来经历渐渐多了，思想渐渐结实了，手法也渐渐老练了，这才有真个"如实地写"的作品。仿佛有人说过，法国的写实主义到俄国就变了味，这就是加进了理想的色彩。假使这句话不错，圣陶初期的作风可以说是近于俄国的，而后期可以说是近于法国的。

圣陶的身世和对于文艺的见解，顾颉刚先生在《隔膜》序里说得极详。我所见他的生活，也已具于另一文。这里只需指出他是生长在一个古风的城市——苏州——中的人，后来又在一个乡镇——角直——住了四五年，一径是做着小学教师；最后才到中国工商业中心的上海市，做商务印书馆的编辑，直至现在。这 20 年来时代的大变动，自然也给他不少的影响：辛亥革命，他在苏州；五四运动，他在角直；五卅运动与国民革命，却是他在上海亲见亲闻的。这几行简短的历史，暗示着他思想变迁的轨迹，他小说里所表现的思想变迁的轨迹。

因为是"如实地写"，所以是客观的。他的小说取材于自己及家庭的极少，又不大用第一身，笔锋也不常带情感。但他有他的理想，在人物的对话及作者关于人物或事件的解释里，往往出现，特别在初期的作品中。《不快之感》与《啼声》是两个极端的例子。这是理智的表现。圣陶的静默，是我们朋友里所仅有，他的“爱智”，不是偶然的。

爱与自己的理想是他初期小说的两块基石。这正是新文化运动开始的思潮；但他能用艺术表现，便较一般人为深入。他从母爱性爱一直写到儿童送一个小蚬回家，真算得博大周详，母爱的力量在牺牲自己；顾颉刚先生最爱读的《潜隐的爱》（见顾先生《〈火灾〉序》），是一篇极好的代表。一个孤独的蠢笨的乡下妇人用她全部的心与力，偷偷摸摸去爱一个邻家的孩子。这是透过一层的表现。性爱的理想似乎是夫妇一体，《隔膜》与《未厌集》中两篇《小病》，可以算相当的实例。但这个理想是不容易达到的；有时不免来点儿“说谎的艺术”（看《火灾》中《云翳》篇），有时母爱分了性爱的力量，不免觉得“两样”；夫妇不能一体时，有时更免不了离婚。离婚是近年常有的现象。但圣陶在《双影》里所写的是女的和男的离了婚，另嫁了一个气味相投的人；后来却又舍不得那男的。这是一个怪思想，是对夫妇一体论的嘲笑。圣陶在这问题上，也许终于是个怀疑派罢？至于广泛地爱人爱动物，圣陶以为只有孩子们行；成人是只有隔膜与冷酷罢了。《隔膜》《游泳》（《线下》中）、《晨》便写的这一类情形。他又写了些没有爱的人的苦闷，如《归宿》里的青年，《春光不是她的了》里被离弃的妇人，《孤独》里的“老先生”都是的。而《被忘却的》（《火灾》中）里田女士与童女士的同性爱，也正是这种苦闷的另一样写法。

自由的一面是解放，还有一面是尊重个性。圣陶特别着眼在妇女与儿童身上。他写出被压迫的妇女，如农妇、童养媳、歌女、妓女等的悲哀；《隔膜》第一篇《一生》便是写一个农妇的。对于中等家庭的主妇的服从与苦辛，他也有哀矜之意。《春游》（《隔膜》中）里已透露出一些反抗的消息；《两封回信》里说得更是明白：女子不是“笼子里的画眉，花盆里的蕙兰”，也不是“超人”；她只是和一切人类平等的一个“人”。他后来在《未厌集》里还有两篇小说（《遗腹子》《小妹妹》），写重男轻女的传统对于女子压迫的力量。圣陶做过多年小学教师，他最懂得儿童，也最关心儿童。他以为儿童不是供我们游戏和消遣的；也不是给我们防老的，他们应有他们自己的地位。他们有他们的权利与生活，我们不应该嫌恶他们，也不应将他们当作我们的具体而微看。《啼声》(《火灾》中)是用了一个女婴口吻的激烈的抗议；在圣陶的作品中，这是一篇仅见的激昂的文字。但写得好的是《低能儿》《一课》《义儿》《风潮》等篇；前两篇写儿童的爱好自然，后两篇写教师以成人看待儿童，以致有种种的不幸，其中《低能儿》是早经著名的。此外，他还写了些被榨取着的农人，那些都是被田租的重负压得不能喘气的。他憧憬着“艺术的生活”，艺术的生活是自由的，发展个性的；而现在我们的生活，却都被揿在些一定的模型或方式里。圣陶极厌恶这些模型或方式；在这些方式之下，他“只觉一个虚幻的自己包围在广大的虚幻里”（见《隔膜》中《不快之感》）。

圣陶小说的另一面是理想与现实的冲突。假如上文所举各例大体上可说是理想的正面或负面的单纯的表现，这种便是复杂的纠纷的表现。如《祖母的心》（《火灾》中）写亲子之爱与礼教的冲突，结果那一对新人物妥协了；这是现代一个极普遍极葛藤的现象。《平常的故事》里理想被现实所蚕食，几至一些无余；这正是理想主义者烦闷的表白。《前途》与此篇调子相类，但写的是另一面。《城中》写腐败社会对于一个理想主义者的疑忌与阴谋；而他是还在准备抗争。《校长》与《搭班子》里两个校长正在高高兴兴地计划他们的新事业，却来了旧势力的侵蚀，一个妥协了，一个却似乎准备抗争一下。但《城中》与《搭班子》只说到“准备”而止，以后怎样呢？是成功？失败？还是终于妥协呢？据作品里的空气推测，成功是不会的；《城中》的主人公大概要失败，《搭班子》里的大概会妥协吧？圣陶在这里只指出这种冲突的存在与自然的进展，并没有暗示解决的方法或者出路。到写《桥上》与《抗争》，他似乎才进一步地追求了。《桥上》还不免是个人的“浪漫”的行动，作者没有告诉我们全部的故事；《抗争》却有“集团”的意义，但结果是失败了，那领导看作了祭坛前的牺牲。圣陶所显示给我们的，至此而止。还有《在民间》是冲突的别一式。

圣陶后期作品（大概可以说从《线下》后半部起）的一个重要的特色，便是写实主义手法的完成。别人论这些作品，总侧重在题材方面；他们称赞他的“对于城市小资产阶级的描写”。这是并不错的。圣陶的生活与时代都在变动着，他的眼从村镇转到城市，从儿童与女人转到战争与革命的侧面的一些事件了。他写城市中失业的知识工人（《城中》里的《病夫》）和教师的苦闷；他写战争时“城市的小资产阶级”与一部分村镇人物的利己主义，提心吊胆，琐屑等（如茅盾先生最爱的《潘先生在难中》及《外国旗》）。他又写战争时兵士的生活（《金耳环》）；又写“白色的恐怖”（如《夜》《冥世别》——《大江月刊》3期）和“目前政治的黑暗”（如《某城纪事》）。他还有一篇写“工人阶级的生活”的《夏夜》（《未厌集》）（看钱杏邨先生《叶绍钧的创作的考察》，见《现代中国文学作家》第二卷）。他这样“描写了广阔的世间”；茅盾先生说他作《倪焕之》时才“第一次描写了广阔的世间”，似乎是不对的（看《读〈倪焕之〉》，附录在《倪焕之》后面）。他诚然“长于表现城市小资产阶级”（钱语），但他并不是只长于这一种表现；更不是专表现这一种人物，或侧重于表现这一种人物，即使在他后期的作品里。这时期圣陶的一贯的态度，似乎只是“如实地写”一点；他的取材只是选择他所熟悉的，与一般写实主义者一样，并没有显明的“有意的”。他的长篇作品《倪焕之》，茅盾先生论为“有意为之的小说”，我也有同感；但他在《作者自记》里还说：“每一个人物，我都用严正的态度如实地写”，这可见他所信守的是什么了。这时期中的作品，大抵都有着充分的客观的冷静（初期作品如《饭》也如此，但不多），文字也越发精练，写实主义的手法至此才成熟了；《晨》这一篇最可代表，是我所最爱的。——只有《冥世别》是个例外；但正如鲁迅先生写不好《不周山》一样，圣陶是不适于那种表现手法的。日本藏原惟人《到新写实主义之路》（林伯修译）里说写实主义有三种，圣陶的应属于第二种，所谓“小布尔乔亚写实主义”；在这一点上说，他是小资产阶级的作家，我可以承认。

我们的短篇小说，“即兴”而成的最多，注意结构的实在没有几个人；鲁迅先生与圣陶便是其中最重要的。他们的作品都很多，但大部分都有谨严而不单调的布局。圣陶的后期作品更胜于初期的。初期里有些别体，《隔膜》自颇紧凑，但《不快之感》及《啼声》，就没有多少精彩；又《晓行》《旅路的伴侣》两篇（《火灾》中），虽穿插颇费苦心，究竟嫌破碎些（《悲哀的重载》却较好）。这些时候，圣陶爱用抽象观念的比喻，如“失望之渊”“烦闷之渊”等，在现在看来，似乎有些陈旧或浮浅了。他又爱用骈句，有时使文字失去自然的风味。而各篇中作者出面解释的地方，往往太正经，又太多。如《苦菜》（《隔膜》中）固是第一身的叙述，但后面那一个公式与其说明，也太煞风景了。圣陶写对话似又顶擅长。各篇中对话往往嫌平板，有时说教气太重，这便在后期作品中也不免。圣陶写作最快，但绝非不经心；他在《倪焕之》的《自记》里说：“斟酌字句的癖习越来越深”，我们可以知道他平日的态度。他最擅长的是结尾，他的作品的结尾，几乎没有一篇不波俏的。他自己曾以此自诩；钱杏邨先生也说他的小说，“往往在收束的地方，使人有悠然不尽之感”。

第　八　辑

名人笔下

一声叶老觉温馨

——国庆前夕拜望圣陶先生

臧克家

祖国的生日过了，月亮的生日过了，紧跟着，我 82 周岁的日子也到了。亲友们，来电来函，有的亲自来看我，大家以“老”待我了。这，成为一份动力，促使我去拜望长我十岁，为我所敬、所亲，“一声叶老觉温馨”的圣陶先生。有两三年没有见到面了，知道他老人家动过两次手术，长期住医院，不许会客。前年，我到家里去看望他，扑了个空。几年之前，逢年过节，我总用彩笺、工整的楷体字写封贺函，第三天准得到回信，夸奖我的字写得好，惹他喜爱。今年国庆前夕，心想看望叶老带点什么去呢？就用宣纸写了一个小条幅，上题：“愿追随叶老脚步跨进二十一世纪门栏。”叶老住北小街，我住南小街，坐车十分钟可达。没想到，单行线，北小街一段，绕了个大圈子，我的心很急，欲速而不达了。

在东四八条那个南向的大门前，下了车子。一个 40 岁左右的男同志正在收拾一些旧报刊，看到我们来了，回头进了大门，想是先行报信去了。我由爱人郑曼扶持着进了这个我十分熟悉的四合大院，觉得不似往常，有黄花迎人，显得很素净。心里有点紧张，也没注意到叶老吟咏过的隔院里那棵“风拂似洒雨”的“高杨”。我们步入会客室，寂然无声。地上铺着地毯，我的脚步还是轻又轻地在上面移动。叶老喜欢养鸟，过去我每次来访，与叶老叙谈，玉鸟也放开了大嗓高唱起来，我们谈话的声音也听不清楚了。叶老叫人把一个一个精致的竹笼挂到室外去；而今，没了鸟儿，室内很幽静，但少了点盎然生趣。

一会儿，专门服侍叶老的孙媳从西间出来招待客人，至善同志也从东间出来，招呼我们落座。然后，他们一齐急步向西间内室走去，接着听到向叶老大声地报告客到，而且叫着我的名字。接着他们二位拥护着老人一步一步地向外走，郑曼也跑了上去，三个人扶持老人家在当中大沙发上坐下。我和郑曼分坐在两边的单人沙发上。

我双目注视着叶老。面庞清癯，而那两道浓浓的白眉，特别显眼。叶老，耳失聪，目失明，听话凭传达，自己说话也有点吃力。我说：两三年不见叶老了，心里很怀念，知道您需要休养，没敢多来打扰。我的话，经过传达，叶老点了点头。我们谈到，最近在《新文学史料》上读到叶老的日记，上面记着在上海、香港多次拜望叶老的往事，心里很感动。至善同志对我说：我爸爸多少年来，一直对您很亲切，也很看重，您的《烙印》，爸爸第一次拿到开明书店公开出版，而且列入了《开明文学丛刊》。我回忆到 1942 年在重庆、1946—1948 年在上海、1949 年初在香港相濡以沫的困难时期与叶老会面的情况，情感波动不已。在那险恶的环境里，记得叶老有两句名言：“有所为，有所不为。”这是很难能而可贵的。而今置身盛世，本来可以大有所为，但限于年岁，有病在身，只能独居一室，养颐永年了。至善同志介绍叶老的情况，他说：不能看书、看报，听收音机也有困难，顶多不过二十分钟；精力不足了，稍疲累就睡着了。想想叶老生平，心广体康，淡于名利，全副精力专注于文学、教育事业，奖掖后进，培植人才，建树多多，而不自居功。晚年，爱弄花养鸟以自娱，现在疾病夺其所爱，而内心平静，不怨尤，不急躁，心中充满和祥之气，对病痛的磨难，泰然、淡然处之，这非有大涵养，有高尚品德是难以做到的。至善同志又告诉我们说：“爸爸关心国家大事，也注意文教事业，每天叫我们给他讲一些重要情况。”是啊，叶老，爱祖国，爱事业，爱朋友，身困斗室，但他的一条心牵连着大千世界。

这次去，特别带了个照相机，我们与叶老合影留念。把我带去的那条字，也照上了。我紧靠到叶老身旁，在他耳边大声地把我写的这十六个字念给他老人家听。我声音提得太高，心脏感到有点不适；而叶老侧耳倾听，看样子也大吃力！令我高兴的是，他到底听懂了，而且问我："还有多少年？"我回答："还有十三年！"叶老听了，自自然然，也不乐观，也不悲观，神态自若。我安心了。

看表，半小时已过，我们告辞了。几十年来，每次看望叶老，临走，他总是送下楼梯或送出客房，然后九十度地深深一躬。这一次，他只坐在原位子上，双手合十送客了。至善同志送我们上了车子。我心想，我与叶老一家都甚熟，也极感亲切。至善同志身负重责，对叶老至孝，他告诉我，他也已经 69 岁了。

叶老有个和谐的家庭，积福，老来也得福了。

叶老不老

徐　盈

去年，80 岁的丁玲同志为创办《中国文学》向 90 岁的叶圣陶征稿。丁玲胸怀万壑，那一股罕见的冲劲，使“老当益壮”的叶老深为感动。据闻，叶至善同志代表他的父亲叶圣陶向丁玲同志那种“五湖四海”的精神深致赞美，说他非常佩服丁玲还能创办这份刊物，真是非常了不起的事。“我有胆量今年把胆割掉了，但是我没有勇气再来编一个刊物。丁玲同志毕竟 80 岁了，请大家帮助丁玲同志把这个刊物办好吧。”这几句也是有冲劲的肺腑之言，闻者无不动容。

叶圣陶到老年从未服老。他的脑子灵活，同时手不停挥。1982 年，他开刀先去胆中之石，是叶老自己决定的。当时，他说毕生没有开刀的经验，愿意做一次尝试，他将生死问题，看得是那么平淡。他像一位有经验的医师冷静地指向病痛处做手术，指挥若定，他终于战胜了胆囊的石头而宣康复。叶老大病之后，天天读书“补课”，眼力毕竟差了，就让小辈读给他听。他就是用这种劲头使他慢慢恢复了健康。

叶圣陶康复记

徐　盈

“老当益壮”的叶圣陶，于本年初一连写了几篇新文章。他给《中国老年》，写了一篇关于他的养生之道的回忆，长达15000字，分为三期才分题登完。叶老说他于1982年开刀割去胆石，身体恢复，除了晚餐喝一杯老黄酒外，别无嗜好。以后他又为《读书》和《教育报》连写了几篇文章，壮心未兴年俱老，叶老的文章清新明晰亦如当年，读者说，叶老九十高龄，真是充分发挥了余热。

这时候，叶老的儿子叶至善却也患胆结石，住在北京医院疗养。他为叶老这样的高龄而又如此勤于写作深感不安。他说，儿女们对于父亲的脑子好是高兴的，但对其视力越来越坏，深为担心，而且一年不如一年。叶老戴了老花镜，加上放大镜，在40瓦的日光灯直射下还看不清在一般稿纸上的钢笔字。儿女们只好用粗铅笔把字写得核桃大让父亲看，还得尽可能让他少看一些，免得增加他的劳累。当叶至善住院时候，至诚、至美都在忙，有时还要出差，老人又被各方面索文如星火，他不得不自己动手，把核桃大的字写出来，让青年人去抄，这样下去，越写越多，使儿女们各自担心，但不能阻止叶老的写作热情，青春永在。

3月底，至善出院，他满心以为回去就可以为老人分担辛劳。他说，我和父亲得的是同样的病，开刀的又是同一位医生。我们身体还好，像父亲同样恢复得很快。哪知刚刚回去，就遇到高龄的叶老在一次文化界的会上中途退席，说是重感冒了。此后，低烧一直不退，半个月后，几度检查，说还是胆道中又有石头作怪。第一次患这种病的时候，医生顾虑老人，问他怕不怕，老人说，我多次生病，但此生没有开过刀，正好来一次实践。这次，医生还是有同样顾虑，一再征求他的意见。叶老相信科学说，我已经是这样的年纪，没有什么顾虑了，有石头还是开出来为是，留它下来作祟干什么？老人的青年精神一如他写得生机勃勃的大块文章。他没有什么个人的顾虑，只是全心全意为事业，而没有一丝一毫想着个人。家属也只好同意给叶老的胆石做第二次开刀。4 月初旬开了刀后，叶老的康复过程很好很快，26 日已经拆了线，再过一段时间就很有可能再读老叶的新文章了。叶老的老朋友、新朋友得知叶老患病时，纷纷到医院去探视，祝他早日痊愈。

宝刀不老，叶老不老。叶老还像年轻人一样为四化在战斗着。

我所见的叶圣陶

朱自清

我第一次与圣陶见面是在民国十年的秋天。那时刘延陵兄介绍我到吴淞炮台湾中国公学教书。到了那边，他就和我说："叶圣陶也在这儿。"我们都念过圣陶的小说，所以他这样告我。我好奇地问道："怎样一个人？"出乎我的意料，他回答我："一位老先生哩。"但是延陵和我去访问圣陶的时候，我觉得他的年纪并不老，只那朴实的服色和沉默的风度与我们平日所想象的苏州少年文人叶圣陶不甚符合罢了。

记得见面的那一天是一个阴天。我见了生人照例说不出话；圣陶似乎也如此。我们只谈了几句关于作品的泛泛的意见，便告辞了。延陵告诉我每星期六圣陶总回甪直去；他很爱他的家。他在校时常邀延陵出去散步；我因与他不熟，只独自坐在屋里。不久，中国公学忽然起了风潮。我向延陵说起一个强硬的办法——实在是一个笨而无聊的办法！——我说只怕叶圣陶未必赞成。但是出乎我的意料，他居然赞成了！后来细想他许是有意优容我们吧；这真是老大哥的态度呢。我们的办法天然是失败了，风潮延宕下去；于是大家都住到上海来。我和圣陶差不多天天见面；同时又认识了西谛、予同诸兄。这样经过了一个月；这一个月实在是我的很好的日子。

我看出圣陶始终是个寡言的人。大家聚谈的时候，他总是坐在那里听着。

他却并不是喜欢孤独，他似乎老是那么有味地听着。至于与人独对的时候，自然多少要说些话；但辩论是不来的。他觉得辩论要开始了，往往微笑着说："这个弄不大清楚了。"这样就过去了。他又是个极和易的人，轻易看不见他的怒色。他辛辛苦苦保存着的《晨报》副张，上面有他自己的文字的，特地从家里捎来给我看；让我随便放在一个书架上，给散失了。当他和我同时发现这件事时，他只略露惋惜的颜色，随即说："由他去末哉，由他去末哉！"我是至今惭愧着，因为我知道他作文是不留稿的。他的和易出于天性，并非阅历世故，矫揉造作而成。他对于世间妥协的精神是极厌恨的。在这一月中，我看见他发过一次怒；——始终我只看见他发过这一次怒——那便是对于风潮的妥协论者的蔑视。

风潮结束了，我到杭州教书。那边学校当局要我约圣陶去。圣陶来信说："我们要痛痛快快游西湖，不管这是冬天。"他来了，教我上车站去接。我知道他到了车站这一类地方，是会觉得寂寞的。他的家实在太好了，他的衣着，一向都是家里管。我常想，他好像一个小孩子；像小孩子的天真，也像小孩子的离不开家里人。必须离开家里人时，他也得找些熟朋友伴着；孤独在他简直是有些可怕的。所以他到校时，本来是独住一屋的，却愿意将那间屋做我们两人的卧室，而将我那间做书室。这样可以常常相伴；我自然也乐意，我们不时到西湖边去；有时下湖，有时只喝喝酒。在校时各据一桌，我只预备功课，他却老是写小说和童话。初到时，学校当局来看过他。第二天，我问他，"要不要去看看他们？"他皱眉道："一定要去吗？等一天吧。"后来始终没有去。他是最反对形式主义的。

那时他小说的材料，是旧日的储积；童话的材料有时却是片刻的感兴。如《稻草人》中《大喉咙》一篇便是。那天早上，我们都醒在床上，听见工厂的汽笛；他便说："今天又有一篇了，我已经想好了，来得真快呵。"那篇的艺术很巧，谁想他只是片刻的构思呢！他写文字时，往往拈笔伸纸，便手不停挥地写下去，开始及中间，停笔踌躇时绝少。他的稿子极清楚，每页至多只有三五个涂改的字。他说他从来是这样的。每篇写毕，我自然先睹为快；他往往称述结尾的适宜，他说对于结尾是有些把握的。看完，他立即封寄《小说月报》；照例用平信寄。我总劝他挂号；但他说："我老是这样的。"他在杭州不过两个月，写的真不少，教人羡慕不已。《火灾》里从《饭》起到《风潮》这七篇，还有《稻草人》中一部分，都是那时我亲眼看他写的。

在杭州待了两个月，放寒假前，他便匆匆地回去了；他实在离不开家，临去时让我告诉学校当局，无论如何不回来了。但他却到北平住了半年，也是朋友拉去的。我前些日子偶翻十一年的《晨报副刊》，看见他那时途中思家的小诗，重念了两遍，觉得怪有意思。北平回去不久，便入了商务印书馆编译部，家也搬到上海。从此在上海待下去，直到现在——中间又被朋友拉到福州一次，有一篇《将离》抒写那回的别恨，是缠绵悱恻的文字。这些日子，我在浙江乱跑，有时到上海小住，他常请了假和我各处玩儿或喝酒。有一回，我便住在他家，但我到上海，总爱出门，因此他老说没有能畅谈；他写信给我，老说这回来要畅谈几天才行。

十六年一月，我接眷北来，路过上海，许多熟朋友和我饯行，圣陶也在。那晚我们痛快地喝酒，发议论；他是照例地默着。酒喝完了，又去乱走，他也跟着。到了一处，朋友们和他开了个小玩笑；他脸上略露窘意，但仍微笑地默着。圣陶不是个浪漫的人；在一种意义上，他正是延陵所说的"老先生"。但他能了解别人，能谅解别人，他自己也能"作达"，所以仍然——也许格外——是可亲的。那晚快夜半了，走过爱多亚路，他向我诵周美成的词，"酒已都醒，如何消夜永！"我没有说什么；那时的心情，大约也不能说什么的。我们到一品香又消磨了半夜。这一回特别对不起圣陶；他是不能少睡觉的人。他家虽住在上海，而起居还依着乡居的日子；早七点起，晚九点睡。有一回我九点十分去，他家已熄了灯，关好门了。这种自然的，有秩序的生活是对的。那晚上伯祥说："圣兄明天要不舒服了。"想起来真是不知要怎样感谢才好。

第二天我便上船走了，一眨眼三年半，没有上南方去。信也很少，却全是我的懒。我只能从圣陶的小说里看出他心境的变迁；这个我要留在另一文中说。圣陶这几年里似乎到十字街头走过一趟，但现在怎么样呢？我却不甚了然。他从前晚饭时总喝点酒，“以半醺为度”；近来不大能喝酒了，却学了吹笛，前些日子说已会一出《八阳》，现在该又会了别的了吧。他本来喜欢看看电影，现在又喜欢听听昆曲了。但这些都不是“厌世”，如或人所说的；圣陶是不会厌世的，我知道。又，他虽会喝酒，加上吹笛，却不曾抽什么“上等的纸烟”，也不曾住过什么“小小别墅”，如或人所想的，这个我也知道。

记叶圣陶写科技文章

徐　盈

叶老圣陶在中华人民共和国成立初年任教育部副部长的时候，他手订的有初中实验课本《语文》一套，在第二册第六单元“说明文”中选了六篇“例文”，其中有《景泰蓝的制作》一文，是叶老自己写的。

据叶至善的回忆，1955 年，他父亲对手工业制品很有兴趣，曾经想写一组文章，把北京特种手工艺的制作过程定下来，让中学生既会设计，又会动手，以提高他们的科技知识。但结果只写了两篇，另一篇就是《荣宝斋的彩色木刻画》。之后，不知由于什么原因，没有继续到作坊亲自调查，可能就没有写下去。

叶至善近来参加一次年轻人的集会，宣传并帮助他们学习科技知识。他是这方面的内行，叶老当年让他陪着去时写几种手工艺的生产过程，必然有很深的用意。我联想到当年这位老教师向手工艺的老师傅学工艺的情景，不禁为之神往，并且感到具有深刻教育意义。

回忆在全国解放前一年（1948 年），我曾陆续写过几篇关于当年工矿企业总崩溃的报道。其中有一篇名为《特种手工艺玉碎记》的调查，当时确也拜访了几位名师，也曾参观过他们的手工场。记得在“反右”运动前夕，叶老问过我这篇调查文章的写作经过，是道听途说的，还是亲自去向那里的老师傅，一位一位挨个访问的？我告诉他，大崩溃的前夕，玉石俱损，特种手工艺代表历史文化结晶，亦无能幸免。我为此流过眼泪，至此就没有说下去。后来，有人告诉我，在一本中学语文教学读本中，叶老选了我写的那篇《玉碎记》中的一段。我那时在牛棚中，没有可能去找课本。也没有心绪想到年青的一代人，以及他们幼年就要有科技知识的培养，等等。1972年，回到北京，到叶老家拜望时，叶老愤怒地说，这一代教育事业的崩溃，使前人的努力付之流水。叶老晚餐时候要喝一杯酒的，他顿一顿酒杯说："别的我不说，只就我喝了多半辈子的茅台，就是今不如昔了。"

叶老是用工艺老师傅的心情讲这句话的。我到后来，才算领会了一些。老教师为下一代迈出哪一步都是经过实践的。

那片绿绿的爬山虎

肖复兴

1963年，我上初三，写了一篇作文叫《一张画像》，是写教我平面几何的一位老师。他教课很有趣，为人也很有趣，致使这篇作文写得也自以为很有趣。经我的语文老师推荐，这篇作文竟在北京市少年儿童征文比赛中获了奖。当然，我挺高兴。一天，语文老师拿着一个厚厚的大本子对我说："你的作文要印成书了，你知道是谁替你修改的吗？"我睁大眼睛，有些莫名其妙。"是叶圣陶先生！"老师将那大本子递给我，又说："你看看叶老先生修改得多么仔细，你可以从中学到不少东西！"

我打开本子一看，里面有这次征文比赛获奖的20篇作文。我翻到我的那篇作文，一下子愣住了：首先映入眼帘的是红色的修改符号和改动后增添的小字，密密麻麻，几页纸上到处是红色的圈、钩或直线、曲线。那篇作文简直像动过大手术鲜血淋漓又绑上绷带的人一样。回到家，我仔细看了几遍叶老先生对我作文的修改。题目《一张画像》改成《一幅画像》，我立刻感到用字的准确性。类似这样的地方修改得很多，长句子断成短句的地方也不少。有一处，我记得十分清楚："怎么你把包几何课本的书皮去掉了呢？"叶老先生改成："怎么你把几何课本的包书纸去掉了呢？"删掉原句中"包"这个动词，使句子干净了也规范了。而"书皮"改成了"包书纸"更确切，因为书皮可以认为是书的封面。我真的从中受益匪浅，隔岸观火和身临其境毕竟不一样。这不仅使我看到自己作文的种种毛病，也使我认识到文学事业的艰巨：不下大力气，不一丝不苟，是难成大气候的。我虽然未见叶老先生的面，却从他的批改中感受到他的认真、平和以及温暖，如春风拂面。

叶老先生在我的作文后面写了一则简短的评语："这一篇作文写的全是具体事实，从具体事实中透露出对王老师的敬爱。肖复兴同学如果没有在这几件有关画画的事儿上深受感动，就不能写得这样亲切自然。"这则短短的评语，树立起我写作的信心。那时我才 15 岁，一个毛头小孩，居然能得到一位蜚声国内外文坛的大文学家的指点和鼓励，内心的激动可想而知，涨涌起的信心和幻想，像飞出的一只鸟儿抖着翅膀。那是只有那种年龄的孩子才会拥有的心思。

这一年暑假，语文老师找到我，说："叶圣陶先生要请你到他家做客！"

我感到意外。像叶圣陶先生这样的大作家，居然要见一个初中学生，我自然当成人生中的一件大事。

那天，天气很好。下午，我来到东四北大街一条并不宽敞却很安静的胡同。叶老先生的孙女叶小沫在门口迎接了我。院子是典型的四合院，敞亮而典雅，刚进里院，一墙绿葱葱的爬山虎扑入眼帘，使得夏日的燥热一下子减少了许多，阳光都变成绿色的，像温柔的小精灵一样在上面跳跃着、闪烁着迷离的光点。

叶小沫引我到客厅，叶老先生已在门口等候。见了我，他像会见大人一样同我握了握手，一下子让我觉得距离缩短不少。落座之后，他用浓重的苏州口音问了问我的年龄，笑着讲了句："你和小沫同龄呀！"那样随便、和蔼，作家头顶上神秘的光环消失了，我的拘束感也消失了。越是大作家越平易近人，原来他就如一位平常的老爷爷一样让人感到亲切。

想来有趣，那一天下午，叶老先生没谈我那篇获奖的作文，也没谈写作。他没有向我传授什么文学创作的秘诀、要素或指南之类。相反，他几次问我各科学习成绩怎么样。我说我连续几年获得优良奖章，文科理科学习成绩都还不错。他说道："这样好！爱好文学的人不要只读文科的书，一定要多读各科的书。”他又让我背背中国历史朝代，我没有背全，有的朝代顺序还背颠倒了。他又说：“我们中国人一定要搞清楚自己的历史，搞文学的人不搞清楚我们的历史更不行。”我知道这是对我的批评，也是对我的期望。

我们的交谈很融洽，仿佛我不是小孩，而是大人，一个他的老朋友。他亲切之中蕴含的认真，质朴之中包容的期待，把我小小的心融化了，以致不知黄昏什么时候到来，悄悄将落日的余光染红窗棂。我一眼又望见院里那一墙的爬山虎，黄昏中绿得沉郁，如同一片浓浓湖水，映在客厅的玻璃窗上，不停地摇曳着，显得虎虎有生气。那时候，我刚刚读过叶老先生写的一篇散文《爬山虎》，便问：“那篇《爬山虎》是不是就写的它们呀？”他笑着点点头：“是的，那是前几年写的呢！”说着，他眯起眼睛又望望窗外那爬山虎。我不知那一刻老先生想起的是什么。

我应该庆幸，有生以来第一次见到作家，竟是这样一位大作家，一位人品与作品都堪称楷模的大作家。他对于一个孩子平等真诚又宽厚期待的谈话，让我 15 岁那个夏天富有生命和活力，仿佛那个夏天变长了。我好像知道了或者模模糊糊懂得了：作家就是这样做的，作家的作品就是这么写的。同时，在我的眼前，那片爬山虎总是那么绿着。

昆仑飞雪到眉梢

——记叶圣陶先生

臧克家

叶老，已经是88岁的一位老寿星了。到处听到他硬朗的脚步声，时时聆取他对工作、对人民有益的教诲。他经常出席各种重要会议：他对教育工作，对文艺工作，对古籍整理与出版工作，都勇于提供宝贵的经验和意见；对于青少年和儿童的培育，他也没有忘却自己应尽的一份责任。

我得识叶老，将近40个年头了。有个鲜明的标志：叶老在成都刚过了五十大寿，便到山城重庆来了。1946年，我到上海，和叶老接触的机会多起来了。我们都住在北四川路，距离不远，主要是心近。出了我住的东宝兴路口，走一小段路，便是开明书店的宿舍——叶老的家了。叶老的大公子至善，二公子至诚，住在一起，郭绍虞先生是近邻。那时上海白色恐怖弥漫，传递消息，互通情报，相濡以沫，内心温暖。

叶老为人敦厚诚朴，对人彬彬有礼，真是蔼蔼然长者之风。去拜望他，说到他的好处，他总是温和而含笑地高声说："不敢当！不敢当！"辞别时，他一定亲自下楼相送，近九十度的一鞠躬。这不能做客套看，这是叶老的先生之风。

叶老一生，追求进步，紧跟党走，"有所为，有所不为"。经风险，历严寒，他是一棵苍翠的劲松。

叶老极重友情，他与王统照、朱自清等前辈是青年时代的好友，志同道合，终生不渝。记得1936年4月，叶老在他苏州故乡约剑三先生（王统照先生的字）去晤谈、游览，当时听了这消息，我内心很感动。“五四”时期，他们一起发起“文学研究会”，均以大作名于世，成为重要作家，一朝相会于故居，湖山为之生色，抽不断回忆的丝，该有多少热情的话互相倾吐呵。叶老怀念朱自清先生的一首词，写朱先生的神态入微，追念故人的情怀动人。

中华人民共和国成立以后，叶老出任出版总署副署长，我在做编审工作，见面机会遂多。他负责中学教科书编委会的工作，有一天和我谈起这件事。我问，您看各省编的这类教材，哪一省的最好？回答说：山东。我是山东人，听了之后对叶老说：责任编辑是我中学时代的一位同学——李光家同志，他的学识很渊博。叶老听了我的话，神色一动，对我说：你设法介绍一下，把他调来好不好？不到半年的时间，光家便调到北京来了。通过这件事，我为叶老识拔人才，爱才如渴的精神，深深感动。

叶老家在东四，一个大四合院，很宽敞，院子东边隔弄里有三株大白杨，挺拔而繁茂，凉荫在地，萧萧时作风雨声。叶老在给我写的条幅上，题上这样一首诗：

已凉庭院蛩不语，风拂高杨似洒雨。

一星叶隙炯窥予，相去光年知几许？

每个来访的座上客，总要念念这首诗，把它抄在小本本上。

“四人帮”横行之日，叶老赋闲在家，养鸟栽花，聊以自娱。他的独院，成了杂院，他安然处之，与迁入者和睦相处。这时，食虽有肉，而出已无车了。有一次，我去拜望他，院内阒静无声，花儿自红。叫了一声，我进入客房，至善夫人认识我，立即进西间通报，一会儿，他老人家快步向我走来，一睹颜容，内心便有一种温馨之感。对坐谈心，询问友朋情况，话语亲切，暖我心房。座上有两只笼子，一只笼子里是一只芙蓉，另一只笼子里是两只虎皮鹦鹉，叫得特欢。叶老上了年纪，有点重听，我们说话声小了，就不能声声入耳，加上鸟儿的叫声杂在中间，说起话来，彼此都有点吃力。怕声音杂乱，妨碍交谈，叶老要把两个鸟笼子挂到檐下去，我请求说："不用，不用。"兴尽而返时，叶老少不了送出门来，又是近九十度的一鞠躬。

又一次早晨，我去看叶老，叶老不在，一个20岁左右的青年接待我，说："爷爷习惯早起，出门去了。"我顺便问问叶老近来的情况怎样，身子硬朗吗？回答说："我爷爷心胸宽大，不计较名利得失，养养花，喂喂鸟，写写诗，很安闲，精神挺好。"接着又说："前些天，工人同志送给爷爷几盆花，爷爷为它写了诗。"说着，他拿出诗稿给我看，谢工人同志赠花的一首，感情真挚，朴素温厚，我极喜爱。

大约是1971年春夏之交的一天，叶老突然出现在我的会客室中，孙儿扶持着他。我一见叶老，又惊又喜，而惊大于喜。我高兴而又有点不安地说："您怎么来了？！"

叶老笑着说："乘公共汽车来的。"

"呵，应该叫个车子来呀，这么大年纪，还挤公共汽车！"

"公家事情多，就不添麻烦了。"

听叶老的话，感动得我眼睛有点潮润了。谈了大约一个小时，我送叶老到二十四路汽车站，车子一停，人山人海，我的心一紧！我一面推叶老上车，一面对叶老的孙子说：赶紧先上车抢个座！叶老安然地笑了笑，用手指了指一寸长的雪白的白眉，意思是说：凭这眉毛也会有人让个座的。

"温、良、恭、俭、让"，这五个大字，是做人的一种美德。我觉得叶老身上兼而有之。叶老待人宽厚，即之也温。叶老为人善良，友朋皆知。

叶老千顷茫茫，虚怀若谷。

去年10月，秋风瑟瑟，思绪萦怀，吟成一绝，寄赠叶老，题为《秋思》：

道德文章两轶伦，一声叶老觉温馨。

高峰挺秀标当世，百岁期颐笑古人。

第一天发信，第三天回信到了，说：“诗首句及末二句，绝不敢当！”话语无多，态度坚决。我只好将首句改为：“道德文章海内钦”；将第三句的“高峰”改为“云峰”，信上说明这是就年龄说的，他这才勉强同意，在《诗刊》上发表。

再说到俭字。叶老一生朴素衣裳，清茶淡饭，为了节省汽油，有时出门不肯叫车，近处访友，安步以当车。浩劫十年，茅盾先生困居小楼，往来人少。叶老总是故情依依，隔些日子去访晤话旧，以慰情怀。

1974 年叶老八十大寿，胡愈之同志为叶老祝嘏，约了十二位老友，我参加了。1977 年 7 月，为茅盾、靖华同志庆八十，我做主人，好友十二人欢聚了一场，叶老上座。三位老寿星并肩畅谈，一座皆欢。叶老年最长，而身健神健，向生命的高峰有力地攀登。“百岁期颐笑古人”，拙句绝非虚意夸张。

回忆叶圣陶

赵景深

《上海文化》的主编者指定我写一篇叶圣陶（绍钧）论。他说："叶先生是开明的编辑，您是北新的编辑。你们俩都是自学出来的，又都对于国文教学方面有经验，有影响，有著述。所以，由您来写叶圣陶论最为适合。"我说："我是比不上叶先生的。不过对于您的盛意难却。我没有多少话好说，写得不好，不妨拿奉命执笔来推托。"但他又特地约叶先生和我小叙；为了一篇文章，用这样大的精力去对付，对于主编先生的认真，非常佩服；可惜的是，我的生活忙乱，实在写不好，有辜他的盛意。

记得民国十一年，我在天津新民意报编文学附刊。当时常在《小说月报》和《儿童世界》上看见叶先生的小说和童话，非常喜欢，因为我是有孩子的心的人。后来又看到徐玉诺的《将来的花园》，这诗集是徐先生到苏州角直去访问叶先生，在他家居住一星期中所写出来的。当时对此颇为向往，很想也与叶先生住在一起，在生活上受到他的熏陶和感染。再后叶先生替中华书局编《诗》杂志，我投了《一片红叶》和《秋意》两首诗，因此开始与他通信。民国十二年我到长沙岳云中学去教书，叶先生正主编时事新报所附刊的文学旬刊，这是文学研究会的机关刊物。我又投去不少稿子，几乎该刊每期都有我的稿子。有时同一期登我的稿子两三篇，差不多成为我个人的专号。

民国十四年我到上海，才与叶先生晤面。一直到民国二十六年为止，这 12 年间，接谈的时间并不多，每每是在开会或聚餐的时候见面的。大家因为事忙，他不曾到我家来看过我，似乎我也只到他家去过一次。以前的想望，为了生活的压榨，颇不容易实现。我们俩很熟，但说到交谊，可真是君子之交淡如水了。

差不多他所有的创作都曾送给我过，而我的著作也大半都送给他。我对于他的创作《四三集》以前的全都看过。他的短篇小说集《火灾》，我曾写过书评。他对于我解释其中一篇小说的梦境，认为能够道出他的本意，其余不曾说什么。其实，最能够了解或批评某一人的，或许还是某一人他自己，别人的见到处终不免有些隔靴搔痒。而我终于要妄谈了。我觉得叶先生是一个真正的教育家。

他在角直的小学里教书，极为认真。他随便做什么事，总是诚恳地去做，绝不敷衍苟且，有一分力便尽一分力。他喜欢小孩，因为小孩的心是纯洁的，不曾沾染社会的恶习。因为他从心底里喜欢小孩，因此他能写出童话集《稻草人》和《古代英雄的石像》，又能写出《课》《小蚬的回家》《地动》那样的小说。我也学着写过童话，总是短短的，写不到他那样的细腻。以前我在长沙第一师范学校用他的初中国语教科书作教本，另选一本联络补充教材给学生，将目录寄给他看，他来信颇为称许，说是像我这样热心教学的不多。他这一句话也说明了他自己也是热心教学的，我们只要看他与夏丏尊合编的几部作文法的书就可以知道。与这热心教学成为一物两面的便是创作态度的谨慎。

他每写一篇小说，必定经过若干时间的构思，然后下笔。从来不曾潦草塞责。在商务任编辑的时候，他自己的时间有限，便在公余回家写作。每每一个短篇，断断续续地要写一两个星期方才写完。推而广之，凡他所做的事，他都负责，从来不肯躲懒。例如，振铎去欧洲，他代理过《小说月报》的编务，仔细地审阅来稿，每一篇都看过，方才决定去取。他对于新诗，谦抑地以为鉴赏力不够，便要我来帮忙，替他选辑，所以他又是一个理想的编纂者。

他编《妇女杂志》，为了想要我写一篇《现代女文学家概述》，曾经写给我两封信，第一信云：“兄于世界文学所知较多，此题当然胜任。止须举其尤者，略言其生平、旨趣、风格、作品大要。知兄甚忙，但弟少求索之门；得老友如兄者，自不肯放过，想来半年止此一遭，必能蒙允许也。”他写得这样恳切，自然我只好答应。他的第二信又来了：“承允撰稿，感何可言。文章只须平常谈话那样轻松随便，笔下常带感情，尤宜于妇志之读者。10月底之约，想不至过期。”他这样再三叮嘱，我当然不会使他失望。对我如此，对别的他所要拉的撰稿人，当亦同然。这就是他办事负责的一证。我曾到他家，亲见他和他的妻子、小孩和亲戚，全家动员编辑《十三经索引》。倘若没有细心和忍耐，这种书是编不出来的。他无论编《小说月报》《妇女杂志》或《中学生》，没有一次不是用全力来对付的。一切琐碎的事，甚至校对，都由他自己动手。投稿人有信给他，如果是必须答复的，他也亲自写回信去。他的字迹圆润丰满，正显出他那谦和而又诚实的心。他与你见面时，虽是沉默，却不使你感到局促，因为你可以在他那部位亭匀的脸上读出他正准备着用十二分的诚恳来听受你的宏论。

抗战期间叶先生的生活想来是大家所愿意知道的。他曾简略地告诉我：廿七年初到重庆，10月到乐山武汉大学教书，廿九年夏离开武大到成都去，担任教育科学馆国文科的事情，这教育科学馆是帮助教育厅计画研究教育问题的。他在商务印书馆出版了《精读指导举隅》和《略读指导举隅》，又在开明书店出《国文教学》，都是与朱自清合编的。卅一年夏回到开明，当时开明总店在桂林，为就叶先生的便，编辑部就设在成都。卅四年9月到重庆，12月离开重庆，坐了一个半月的木船到汉口，直到前两个月才回到上海来。战时他只出了一本《西川集》，最后四篇是类似小说的散文，都写得很有意思。他颇注重修养，觉得一个人即使不写诗，他的生活便是一首诗，才是值得佩服的人：也就是说，他觉得行比言更重要。他常说：一个人应该有所为有所不为。

他在《答复朋友们》里说：“一个人当深入生活的底里，懂得好恶，辨得是非，坚持着有所为有所不为，实践着如何尽职，不然就是白活一场。对于这一层，我现在似乎认得更明白，愿意在往后的小半截路上，加紧补习。”此次他回到上海来，在文艺节文艺欣赏会上，也特别强调“有所为有所不为”这七个字，他希望“人的态度和习惯彻底改变，昨死今生，大家革自己的命”，国家才有希望。他看透了中国的许多罗亭，能说不能行，头大手小，“喜欢侈言革命，可是只限于挂在口头，实际是懒得革命，尤其懒得革自己的命，懒得见少数的旁人真正革命”。我信得过叶先生的话。他不仅作品使我们爱读，他那坚定的人格，也足以对于青年“在生活上发生影响”。因此我想起不少的侈谈革命的人，经不起时间的磨炼，一个个都在残酷的时代镜子下显露了原形。与叶先生相识了二十多年，见他不仅不曾丝毫软弱下来，反而更见坚强，我仿佛在眼前看见一株直挺挺地立着的柏树，那“是一种超然不群的象征”；不怕霜雪的欺凌，愈是严寒的冬天，愈显出它那青春的郁茂。

第　九　辑

永久的纪念

万世师表叶圣陶

萧　乾

在我一生接触的师长中，有几位是圣人型的。就是说，不仅学问好，文笔好，而且做人十足正派，表里一致，不投机，不看风向，对人一腔热忱，对国家事业抱献身精神。在屈指可数的这样师表中，叶老是我极为敬重的一位。

运动整人不好，可运动也最能表露人的本质。1957 年以后，许多张笑脸变成横眉竖眼，许多好友变为路人。可无论我被糟践成垃圾也罢，渣滓也罢，他见面或写信，始终称我作“乾兄”——30 年代我还是个小伙子时，他就一直这么称呼我。我自然担当不起，然而这里表现着叶老以平等对待年纪比他轻、成就比他差、地位比他低的人的那种精神。敬重之外，我对叶老还有满腔感激之情。

30 年代初期，在他为开明书店编《中学生》时，我就同他建立了联系。他还在刊物上评论过我的短编小说《邓山东》，给了我不少鼓励。我们是 1936 年在苏州初次见面。那回，他邀请沈从文先生、张兆和、张充和女士和我一道坐船由苏州城里去游天平山，那是我平生唯一的一次吃苏州有名的船菜。我们足足玩了一整天，归途，还在暮色中去苏州郊外一座小镇吃了鱼肺。

30 年代我在天津、上海、香港编《大公报》文艺副刊时，始终得到叶老的大力支持。他真是有求必应啊。那阵子我常就某个问题举行作家笔谈，每次他都参加。举办“大公报文艺奖金”时，他也慨然担任评委。

1946 年我回到上海，由于不了解国情，写文开罪了权威，一时成为问题人物。但叶老对我爱护如常，甚至到江湾复旦来看过我。这在他遗下的几本日记中均有记载。我认为未来的史家将会由他的日记中寻觅到翔实可靠、不掩饰也不捏造的客观史料。

1948 年，我们同在香港，同是地下党的客人。因而，见面次数不少。

50 年代我在《译文》工作时，在翻译问题上遇到了困难。我认为任何外国作品，既然译成中文，就得合乎中国语言习惯。我这观点同单位里一位领导产生了矛盾。一向以维护祖国语言纯洁性为己任的叶老，给予了我极大的支持。每期的刊物寄去，不几天就收到他用毛笔密密麻麻写来的意见，总是某页某行某句“似应如何如何”，既认真仔细，而又谦虚，从不武断。那时他是教育部副部长。我一直珍藏着那包信，准备有朝一日（比如当前）拿出来展览，不但可以看出这位老前辈对祖国语言的剖毫析芒，更可显示这位杰出的作家对文化事业的热切关怀。可惜那包信已在 1966 年随同我个人的一切文稿化为灰烬了。

爱护祖国语言可以说是叶老的毕生职志，其重要性肯定不亚于《倪焕之》的创作。听说《斯大林全集》印出后，他曾夜以继日地把那多卷集逐字看了，并呕心沥血提出几千条意见。然而意见送去后，却石沉大海。叶老去信催问——他想知道意见是否被采纳了，负责人误会了，竟送来一张支票——这，像许多项其他收入一样，他都捐公了。他一生过的是极其简朴的生活。

这位五四文学大师溘然长逝了。他留下的丰富遗产，有关于文艺、关于教育、关于语言的，但我们首先应继承并学习的，是他那耿直不阿、真诚待人的风范，以及那不求名、不图利、为民族兴旺和社会主义事业奋不顾身的精神。

怀念叶老

欧阳文彬

人老病多。今年春节，我是在病房里度过的。在这儿，大年夜和其他夜晚并无不同之处，照样是 9 点钟熄灯就寝。只有窗外传来声声爆竹提醒着我今宵是何夕。

病人想的也多。我躺在病榻上，辗转反侧，首先想起的是叶老。他对我既是师长，又是父辈。从 40 年代开始，我进开明书店工作，还担任过《中学生》杂志的编辑，不断受到叶老的教诲。至善、至诚又都曾和我共事。开明迁京后，我每有机会去北京，总要去看望叶老。这次我住院后刚接到至诚从北京写来的信，知道叶老病重。他老人家大概也正在病房里过大年夜吧！

这天晚上，我入睡很迟。倒不是由于窗外爆竹声的干扰，主要是思绪连绵，浮想联翩。而且入睡后尽做乱梦，一个接着一个，甚至是一个碎片接着一个碎片，梦见些什么完全留不下印象。直到后来，睡梦中突然响起一个声音：

“……我国著名的教育家、作家、出版家和社会活动家叶圣陶同志，因病医治无效，于 1988 年 2 月 16 日 8 时 20 分在北京逝世……”

我猛地一惊，翻身坐起。这是做梦吗？不，广播还在继续，声音是那么清楚。但下边说些什么我已听不进去，泪水不由自主地漫上了眼眶。叶老呵叶老，敬爱的叶老终于离开我们，与世长辞了。大年初一早晨传来竟是这样一个噩耗。

记得1985年初，我到北京开会，叶老正住在北京医院。我去探望时他的病情已趋于稳定，准备回家过春节。他还风趣地说："我现在是常来常往。不久以后也许就要来而不往了。"叶老说话的语气和神情都很平静，不像一个久病的人。但在病房里听他说这样的话，总有一种说不出的滋味。

1986年秋，我又去北京开会。这一回是在叶家见到叶老的。他从卧室出来，走到客厅。虽然走得慢，却是自己走的。面容似乎又瘦了一些，精神倒仿佛好了一些。不仅能从身躯轮廓认出来人是谁，而且颇有兴致地戴上助听器和我对话，询问我来北京开什么会，能待多少日子等等，关心周围的事情一如往昔。我看到叶老年逾九旬，还这般清健，确有说不出的快慰。无论如何想不到，那次握别竟成永诀。

叶家是个四世同堂的大家庭，老老小小十余口，开起饭来一桌坐不下。叶老平时很少走出卧室，只有一日三餐出来和全家一起用饭。饭桌上除了叶老和至善兄父子对酌慢饮之外，其余的人得采取轮换的办法，先吃完的先退，让后来的入座。需要赶时间上学的重孙辈则分了菜各自回屋去吃，尽管这样，每餐吃饭的时候总算是全家团聚的时候。尤其是晚上这一餐，全家到得最齐，叶老视力虽已减退，却能准确无误地辨明是否有人缺席。发现之后还要问明缺席的原因。饭桌上也是彼此交流信息的场所。大家往往要向叶老汇报外边的见闻，叶老一边仔细倾听，一边认真地询问一些细节，插进一些评论。我有幸参加过多次这样的家庭聚会，其中有一次特别令我难忘。那是在1983年春天，晚餐桌上，至善兄出示了一封读者来信和一张邮局汇款单。这封信来自一个偏僻的乡村，出自一位小学教师之手。原来叶老和另外几位儿童文学家曾联名在《人民日报》发表一篇文章，文章讲的是北京唯一的儿童剧场年久失修，无法接待儿童观众，叶老他们为此发出呼吁，要求有关部门重视。那位乡村教师看了这篇文章，积极响应，特地写信告诉叶老，他自己收入有限，但决定每月省下一块钱，捐献出来作为修理儿童剧场之用。同时寄到的汇款单就是他请叶老转交有关单位的第一笔捐款。大家听了至善兄的介绍，都很感动。

叶老接过那张汇款单用手扬了一扬，颤声说：“不要小看了这一块钱！数目不大，情意很深。乡村里的小学教师，要省下一块钱不容易。何况是每个月一块钱……”说到这里，嗓子哽住了。

“是呀！”至善兄也颤声说，“这一块钱不简单，它代表着一个小学教师热爱儿童的心。这样的人多了，就是一股力量。”

说着说着，父子俩想到了一处，眼睛都湿润了，也都因激动而呜咽了。叶老的长媳、至善兄的爱人满子在一旁劝解：“有话慢慢说，不要哭嘛！”

等了一会儿，叶老才平静下来，抹去眼泪，说：“只要把这股力量发动起来，捐一块钱不为少，捐十块钱不为多，大家出力，还有什么事办不成。”

我的眼睛也模糊了。这是我第一次看到叶老流泪。叶老的眼泪不也代表着这位教育家、文学家热爱儿童的一颗赤心吗？

想到这里，我的眼睛又模糊了。我不知道用什么语言来表达内心的悲恸，只能如实记下涌上心头的种种往事，借以寄托沉痛的哀思。

圣陶先生永远督促我上进

张志公

1930年，当我念高小二年级（就是现在的小学六年级）的时候，我在一次作文比赛中被评为优秀。作为奖品，我得到了一本刚刚出版的叶绍钧著《城中》（叶圣老本名绍钧，字圣陶）。那是我第一次读圣陶先生的书。从那以后，我越来越喜欢先生的书、文——朴素无华而蕴含深厚，耐人咀嚼。先生著述极丰，我读过的只是一部分，不过，到我三十来岁的时候，在我这一辈人之中，大概算得上是读先生的著作比较多的一名了。读其书，受其益，敬其人，那时候我就在自己心里不声不响地自命是圣陶先生的私淑弟子了。

以后，我终于有幸直接认识、接触了圣陶先生，在他的领导下工作了相当长的时间。出于崇敬，和他的个人过从越来越多。虽有工作上领导与被领导的关系，但在感情上，我则事之若父执（我和他的长子至善同龄，并且是至交），尊之如师长了。圣陶先生也视我为后辈，待我如生徒。他毫不客气地当面纠正我读错了某个古字这一类的事情，时常有之。他对待后辈是真诚爱护的。

圣陶先生很喜欢同与他谈得来的老朋友和他认为可教的后辈谈天，但绝对没有一次是言不及义的东拉西扯，谈的内容总不离乎语言、文字、教育这些方面的问题。谈得轻松畅快，无拘无束，而往往颇具深度，有时候还能解决个把具体问题，谈出个可以试试的办法，总之，绝非浮泛的闲聊。记不清是哪一年了，反正，圣陶先生已过八十的高龄。有一次，一位从外地来的朋友去探望他。告辞时，先生问这位朋友："您有机会见到志公吗？"友答："我明天就到他那里去。"先生立即说，"请您带话给志公，我过两天去看他。"这位朋友第二天转达了先生的话，我送走他之后立刻赶往先生家，因为我懂得：先生想和我谈谈天了，并且多多少少有点责备我颇有一段时间没去看望他的意思。这件印象深刻的事情使我又想到50年代初的一件事。有一天，收到圣陶先生一封信，大意说，如果星期日天气好，几位朋友有空（他提了几个名字），不妨到公园里坐坐，喝喝茶，闲谈点大家都有兴趣的关于语文的一些话题，一定很有意思，无论如何会"贤于博弈"（比赌博或下棋好些。原信没有找到，这四个字是记忆真切的）。我给联系了一下。以后，果然每个星期日到离几个人的住处最近的中山公园坐坐，谈谈。定个时间，谁有空谁去，遇阴雨天则罢。吕叔湘先生每次必到。另外还有两三位也常去。有一次想谈谈有没有必要和可能成立个专出语文书的出版社，那次已故的胡愈之先生（当时任出版总署署长）和金灿然先生也去了。那时候，圣陶先生已近花甲之年，每次都是我先到他家，和至善一同照料他乘有轨电车前往，上车前和下车后当然都要走一段路。他从来不为这种事动用公家的车子。说以上两三件事是因为我对圣陶先生有这样一个印象：他每天想的、说的就是他终生从事的几种工作、事业，心中从来没有任何杂念；并且廉洁奉公，一尘不染。

今年2月16日上午9时许，我在圣陶先生辞世后才赶到医院，成为我此生一大憾事。但总算最后一次见到了还安睡在病床上的圣陶先生。他宛如生前一样那么安详，那么慈厚。这些天，圣陶先生的道德文章，音容笑貌时刻萦绕在脑际。我不想用（也想不好用哪些）词语来表达我对圣陶先生崇敬的心情。这里引用另一位已故的长者杨东莼先生在周恩来总理逝世后不久对我说的一句话吧。他说："古今无完人，总理嘛，其庶几乎。"把当中三个字换成"圣陶先生嘛”，我觉得也是十分恰切的。

我将永怀圣陶先生在我心中的崇高形象，严以律己，用我的余年再做一些于社会有益的事，以此悼念并告慰于圣陶先师。

追思促学习

——悼念叶圣陶先生

陈伯吹

电台“百业俱兴，欣欣向荣”的国事新闻广播，忽地中断了，但只几秒钟，收音机重又发声了，却插播了一个惊人的而又令人悲痛不已的信息——“叶圣陶同志在京逝世！”听了，作为后学的我，真是哀思无尽。

该从30年代回忆起。当时我是个教师，和校内同事们都非常敬仰叶绍钧（叶老早期曾用名）先生。读其文，想见其人。他那长篇小说《倪焕之》，以其题材揭示社会情状，也涉及教育问题与教师生活，更因作品描叙细腻生动，文笔清新流畅，引人深思，扣人心弦。

就在这时候，恰好同事徐学文根据自己多年来的教学心得，写了一册《给小朋友们的信》，在开明书店出版，这一机缘使我得睹叶先生风采：他诚恳，谦和，语音从容，平易近人，给了我们深刻难忘的印象。更由于我们利用业余时间，都在写儿童文学作品，天然地对他增添了思慕之情。我那童话叙事诗《牧童》，也终于在开明书店出版，这不能不说受到这位前辈作家的熏陶。

30年代，在中国文学艺术界波澜壮阔的奔流里，好像合流的泾渭那样，既有“为艺术”的思潮，又有“为人生”的思潮。叶先生则泛舟于后者，扬帆破浪前进；并结伴发起组织“文学研究会”，他是掌舵者之一。当时有富有浪漫风情的创造社，含有强烈革命性的太阳社，出自象牙之塔的新月派，爱写花好月圆，才子佳人的鸳鸯蝴蝶派，等等，色彩缤纷，大有百花竞放的态势，而我独爱“菊”——就自己性之所近，情之所钟，思之所寄，教之所需，却热衷于儿童文学。这样，我自然而然地更敬爱起《稻草人》的作者叶绍钧先生来了，虽未拜师，却自荐为淑门弟子，默默地诵习着他的作品，自《小白船》起，接着研读《一粒种子》《芳儿的梦》《画眉鸟》《玫瑰和金鱼》，直至《古代英雄的石像》《皇帝的新衣》《含羞草》与《蚕儿和蚂蚁》，等等，约有40篇。

安徒生说过“人生是最美丽的童话”，他在19世纪初写的作品或者还有这点影子；可是他后期写的童话，就不再是那么美丽了。这在他的《卖火柴的小女孩》《一滴水》和《她是一个废物》等等的篇章里，有的只是时代的哀愁了。

叶老创作童话，从1921年起直到1937年，愈来愈向着“为人生”的道路上迈进。他的创作意图，显而易见的是实践了他的文艺思想——“为人生而艺术”。

1956年由中国少年儿童出版社出版的《叶圣陶童话集》的《后记》中他这样写着：“这些童话还可以给现在少年们阅读。阅读这些童话可以认识一些过去时代的生活；而认识过去时代的生活，是和更深切地认识当前的生活有关联的。”可不是，温故可以知新嘛！所以，叶老写在20年代到30年代的童话，迄于今天，依然没有失去它们的教育效益。在这个意义上说，它是永恒的精神产物。

鲁迅先生在当年就给了他具有远见的评价：“叶绍钧先生的《稻草人》是给中国的童话开了一条自己创作的道路的。”这话，不只颂扬了叶老童话创作的功绩，还将给80年代、甚至年代更远些的童话作家们以一种鼓舞。后之来者，理当循着先行者的足迹，大踏步地前进，才无愧于继承叶老留给我们这份宝贵的遗产；在继承之中，有所生发，有所创新，既悼念叶老的逝世，更奋发有为地创作有益有趣、亦精亦美的童话作品，丰富下一代的精神食粮，并以此来纪念并崇敬这位先驱者！

应向叶老学文章

马鹤青

除夕之晚7时许，刚同家人围坐到电视机前，忽见一张老人照片现于屏幕。我心中一惊，我知道他已90多岁，卧病很久了。果然，播音员沉痛宣布：我国著名文学家、教育家、出版家和社会活动家叶圣陶先生今日去世，终年94岁！

人寿有限，先生年近百岁，又逢太平盛世，可谓福寿双全。悼而念之，敬送先生远去！

在先生面前，我是晚一辈多的晚辈。我所以认识先生，一因年轻时读过先生多篇著作，二因我同先生的两次接触，使我难以忘怀。

先说我第二次接触先生。那是1982年，中共召开第十二次全国代表大会前夕。我听到消息，说叶圣陶先生将以民主党派领导人和文学大师的身份，应邀列席十二大。人民日报想请先生谈谈感想，让我打电话求见先生，先生慨然允诺。那时先生已80多岁，精神很好，思路敏捷，言谈清晰。他在谈起他将列席十二大的感想时见我忙着作笔记，摇摇手说，你不必记，等一下我把我的发言稿子给你。他说，前几个月，有位新闻记者写我在一次会上的讲话，报纸登出来我看了很不高兴。有些话我没有说过；有些话跟我讲的不完全相同。这个记者是用我的名字说他想说的话，这太少见了，这很不好！

说到这里，叶老盯着我看了一下笑道：我是认识你的。你大概不会乱改我的讲话吧？我忙笑道：晚生不敢！叶老又笑着说，不管你敢不敢，反正我写了稿子，你可以摘要，可以删短，千万不要改我的本意。我双手接过稿子，答应遵命。

我把稿子带回人民日报社。没想到第三天我忽然接到叶老写给我的一封信。字体很大，只有几行：

“鹤青同志：前数日承惠临，谈叙甚欣快。今启者，拙稿如采用，党和民主党派一段，请于‘肝胆相照’之下加‘赤诚相与’四字，下用逗号。特此奉告。即请撰安。叶圣陶八月三十日晨”

“赤诚相与”，这是叶老对中国共产党的深厚情谊。另外就是加一个逗点。这种写作上的严谨态度，令人敬佩。这封信我珍藏至今。

我再回过头说说我同叶老的第一次接触。那是1962年，我在《中国青年报》当记者的时候。那年冬天报社召开记者会议，大家想请叶老来会上讲讲写作问题。叶老答应了。他说，我讲话总不能无的放矢，总不能讲空话。他要求把青年报记者近来写的稿件选二十篇给他看看。叶老来报社那天，大家十分高兴，不光记者们，报社的编辑们也赶来参加。叶老开始讲话时说，我可不是做什么大报告，我是来讲讲你们记者写的两篇文章。他先拿出一篇青年报送去的文章念了一段，然后问大家听清了没有，他说我看这篇文章写得不好。毛病是作者用的形容词太多，又用得不恰当。有些话从科学道理上，从语法修辞上都讲不通，乱形容嘛！接下来叶老又念一段，然后逐字逐句分析，说这段文字很不流畅，节外生枝，念起来有点像一位蹩脚的翻译从什么外国文里翻过来的。叶老放下稿子说，中国记者写文章，要给中国读者看。文章要让人读得懂，尽量少一点洋味，多一点中国味。这是对记者的起码要求。

接下来，叶老说我不能光批评写得不好的，还应表扬写得好的。他又拿起一篇文章来。他说，我看这一篇写得比较好，当然也有毛病。

这篇人物通讯约二千字，是写河北省张北县牧区一名知识青年回乡学习放牧的事。这篇文章不用记者的话来写，用教那位知识青年学放牧的老牧民的话来写，用第一人称，用口语。叶老说这文章语言简练朴实，写一个人说话，还能看出是两个人对话，这算技巧。而且这文章不用套话虚话，一层一层写下来，十分清楚，我就喜欢这样写文章。这就叫“言之有物，言之有序”。“有物”就是实实在在，没有空话；“有序”就是前后照应，逻辑清楚。叶老也批评文章中的缺点，一是文中有一二处方言。叶老说这话别人怎么懂呢？再就是批评文中乱用了顿点，写了一句“十七、八岁”。叶老说，这样加顿点，只能理解为那青年十七岁或八岁，这对吗？不对，不符合作者本意，正确的写法是“十七八岁”，不加顿点才对。

讲到这里，主持会议的中国青年报总编辑孙铁青同志叫这位记者站起来，说叶老如此认真评点你的文章，你应当向叶老致谢，拜叶老为师。这位记者忙走到叶老面前向他一鞠躬，大家一齐鼓掌，算拜叶老为师了。事后，我看到叶老把那篇文章做了一点修改，编入中学语文课本出版了。那时他还兼任教育出版社社长，管编课本。

我同叶圣陶老师这两次接触，都涉及写作方面应注意的事，我总也忘不了。

叶老离我们远去了。他的道德文章将永存人间。

叶圣陶先生和先父柳亚子的友谊

柳无非

1988 年 2 月 16 日，我国著名的教育家、作家、出版家、社会活动家、民进中央名誉主席叶圣陶离开了我们，与世长辞，我们失去了一位可敬的、德高望重的老前辈，能不哀伤悲痛！

叶老早年就与我父亲柳亚子相识相交，而我无缘拜会他老人家，直到党的十一届三中全会后，民主党派发展组织，我参加了中国民主促进会，才有幸拜谒叶老；并见到至善同志及夏满子同志。叶老学识渊博，著作等身，是一位忠厚的长者，人们尊敬的学者；他平易近人，和蔼可亲，他那双雪白的长眉更显得洒脱不凡，那天他同我谈起一些昔日与我父亲交往的情况，忆及亡故的老友，情真意切，使我非常感动。

不久，叶老赠我大著《日记三抄》一册，我获此至宝，万分高兴，即函告哥哥无忌（在美国），他让我把书寄去，得以拜读。年前，无忌在即将出版的《我们的父亲》一书中，写有一篇名为《存殁的新文坛友人》的文章，文中写道："这些作家群中硕果仅存的有 94 岁高龄的叶圣陶，我很荣幸，他为我编的《柳亚子年谱》亲自题签，他亦为《柳亚子文集》中的《磨剑室诗词集》题撰《追念亚子先生》诗四首。"无忌撰写此文时叶老尚健在，待他得悉叶老不幸病逝的消息时，一定会为失去一位父亲的老朋友，一位文教界的老前辈而悲伤。无忌在上述那篇文章中还写道："在追念诗中叶老提及柳亚子欣赏的'实迹偶拈资说部'的《倪焕之》。他叙述与柳亚子的关系有三个时期：（1）南社风流弱岁倾；（2）中年謦咳获亲接；（3）北上同舟乐唱酬。"关于北上同舟乐唱酬，系当时在港民主人士应毛主席电邀北上，于1949年2月28日乘华中轮离港启程，在舟中叶老与我父亲等有唱酬之乐。父亲的《北行日记》里有"作诗和圣陶"。此外，父亲在沧州火车中曾作诗两首呈叶老，题为："3月16日夜沧州火车中有作呈叶圣翁。圣翁者，余对于圣陶先生之尊称也。"可见父亲对叶老的崇敬之情。叶老的《北上日记》中录有他《呈同舟诸公七律一首》，和我父亲的和作以及其他诸人的和诗。在舟中叶老除写诗外，曾与宋云彬先生合唱昆曲，其他诸位有讲故事、唱歌等等，他们兴致甚浓，乘风破浪，共同目的是奔向光明的前途，奔向解放后的北平。

记得在父亲逝世后，我曾见到叶老的一张裱好的手迹，是他送我父亲的诗，字迹秀丽而有力，弥足珍贵，可惜毁于"文革"。这是巨大的损失，再也不能补偿的了。

1983年6月21日为父亲逝世25周年，在政协礼堂隆重举行纪念会。叶老那时将近90高龄，不辞年迈，出席纪念会，并与其他党和国家领导同志接见我们家属。可惜哥哥无忌因痔疾刚动手术，不克来京参加，未能晤面。正当叶老和我在一起时，我儿子为我们照了一张相留作纪念，每当我看着照片时，犹如见到叶老，他那慈祥的神态就浮现在我的眼前。

去年6月5日至10日，民进在京召开全国代表会议，开幕式上宣读了叶圣陶主席的书面发言。我暗自思忖，叶老不出来参加开幕式，是否身体违和。待到9日的全体会议上，意外地看到叶老步上主席台就座，见他精神很好，真有说不出的喜悦。在全场一阵热烈掌声之后，叶老作了简短的讲话，他感谢同志们解除了他的主席职务，并以"有诸己而后求诸人，无诸己而后非诸人"的话和同志们共勉，我听了深受教育。赵朴老把叶老讲的两句话写了注解，送给参加会议的同志。我把这两句话时刻铭记在心，作为对叶老的缅怀之情。这是我最后一次见到叶老，他讲话的神情，他的音容笑貌，永远不能忘怀。

巴金谈叶圣陶

何　倩

春节期间，我从报端读到了我国著名教育家、作家、出版家、社会活动家叶圣陶老人去世的消息，脑际立即浮现巴金的近作《随想录》。

在这部被文艺界人士誉为“力透纸背，情透纸背，热透纸背”的“讲真话的大书”，一部代表当代文学最高成就的散文作品中，有两篇文章谈到了叶圣陶：一篇题为《致〈十月〉》，收在《真话集》中；另一篇题为《我的责任编辑》，收在《无题集》中。巴金在文章中回忆当年进入文坛的情景：他在法国写了第一部长篇小说，由于缺乏自信，不敢投稿。寄给在上海开明书店工作的一位朋友，托他代印几百本，不料作品被时任《小说月报》代理主编的叶圣陶发现，当即决定在刊物上连载，向读者做介绍。从此将巴金引上文坛，确定了他一生的生活和创作道路。

半个多世纪过去了，巴金与叶圣陶之间建立的诚挚友情却与日俱增。他不仅把叶圣陶看作是他的第一本小说的责任编辑，而且看作是一位良师，是他人生道路上的责任编辑。他在文章中真挚地写道：

> 路上有风有雨，有泥有石，黑夜来临，又得点灯照路。有时脚步乏力还要求人拉我一把。出书，我需要责任编辑；生活，我也同样需

要责任编辑。有了他们，我可以放心前进，不怕失脚摔倒。

我多么想听巴老谈谈叶圣老，却又顾虑他年事已高，不宜过分感慨，不意节后有位朋友邀我同去看望巴老，给他拜个晚年，我当然高兴之至。

那是个阴冷的春晨，由于气候忽冷忽暖，变化无常，巴老稍有感冒，但无大碍，精神气色都还不错。只是因为年事日高，近年伤脑再加多病，体质已不如往昔。他招呼我们在沙发上坐定后，自己拄着手杖步履蹒跚地走向一张硬靠椅坐下。接着，便极其随和地与我们攀谈起来，言谈中，自然提到了叶圣陶老人。

说起叶圣老的离去，巴老不免感慨“中国文坛从此又少一人”。

他说：“叶圣陶和冰心都是五四时代的人。叶圣老长我九岁，冰心长我四岁，都已高龄了。他们在中国文坛的影响无可估量。去年从报上看到二老在叶家欣赏海棠花，并在树下合影的报道，十分高兴。如今叶圣老走了，冰心还健在，文坛上的老人，走一个就少一个，这是无可抗拒的规律啊。”

叶圣陶是一位出色的作家和教育家。谈起这一点，巴老介绍说：“他早年当过教师，对教育工作有很深刻的理解。20年代他写的小说《倪焕之》，就是写他自己。他从教小学开始，到教中学直至教大学，到当编辑，从商务印书馆到开明书店，一直很重视中学生读物。他自己就办过《中学生》杂志，还为这本杂志撰过稿。”

说到这里，他颇有感触地说：“现在有些作家看不起写中学生的东西，其实这是不对的，中学教育是十分应该重视的一环。当前这方面的问题还不少。去年冰心写过一篇文章，谈教育问题，我有同感。我以为，重点中学培养尖子固然要重视，但国家不能仅靠几个尖子，还要注意提高一代人的素质。中学教育对提高国民的素质有直接的影响，应该十分重视。而其中的关键又是要重视提高中小学教师队伍的素质，要关心他们，帮助他们解决实际问题。这方面说得多了，可做得还太少啊。”焦灼之情，溢于言表。

1936年7月，叶圣陶曾在《新少年》杂志上撰文评巴金说：“他的文章读下去很是爽利，好像听一个绝无城府的人滔滔汩汩地吐露他的心胸。”50余年过去了，巴金并没有变，就和他的行文一样。他的谈话直率坦露，想到什么，就说什么，没有半点矫饰，哪怕面对的是我们这样的无名后辈。

当话题又转到叶圣老时，巴金谈到他对老人的感谢心情。作为编辑，叶圣陶发表不少新作者的处女作，鼓励别人怀着勇气和信心进入文坛。巴老认为这一点最弥足珍贵。他在写文章和谈话中一再强调：“编辑的成绩不在于发表名人的作品，而在于发现新的作家，推荐新的创作。我感激叶圣老，因为他给我指出了一条宽广的路，他始终是一位不声不响的向导。”正由于此，这些年他们之间的联系虽不经常，但心灵始终是相通的。1977年春，巴金在上海《文汇报》发表《一封信》，想用自己的声音撞破“文革”以后四周的沉寂，远在北京的叶圣老读到后，曾多次写信给他，并寄来赠诗一首：

诵君文，莫计篇，交不浅，五十年。平时未必常晤叙，十载契阔心怅然。今春《文汇》刊书翰，识与不识众口传。挥洒雄健忆往昔，蜂虿于君何有焉。杜云古稀今日壮，伫看新作涌如泉。

巴金最关心的现代文学馆的题招也是由叶圣陶写的。

谈起这一切，巴金的神情是严肃的、真诚的。他毕生就是这样一个严肃、真诚地对待生活、对待自己的人。他说：“我每次去北京，都要去探望叶圣老。最后见到他是在1985年，我去北京参加政协会议，他因病住院，我去医院探望了他。那年，他的眼睛已基本失明，耳朵也听不清了，我感到自己也在老去。我写字困难，心想他写字也一定很困难，回来后就不曾去信问候他，彼此联系就少了。如今他走了，我发了一份唁电前去悼念他。”他还谈道：“北京有家报纸约我写悼念文章，我写不出。对于我所尊敬的人，亲近的人，一旦离去，我从感情上一时总难以写出文章。萧珊（巴金夫人）去世五年后，我才写了文章。”

沉默了一会儿，巴金又说：“叶圣老走了，他的走使我想到：我的余日也不多。我要抓紧时间，在活着的时候，把自己想做的事都做完。人总是要死的，这是不可抗拒的自然规律。年龄大了，力不从心了，不能做自己想做的事，这是十分痛苦的。我现在就有这个体会。有些记者出于好心，总是写文章说我身体很好，于是有些朋友就写信给我，要我代办些事，过去我怕得罪人，总是尽力去做。现在想想，我的时间和精力实在有限，我只能做自己想做的事，把该做的事尽量做完。对有些事，我实在无能为力，得罪人也顾不得了。”

一句是一句。是的，在巴金面前，人世间一切矫饰、浮夸、巧言，都被一扫而空；一切谎言、空话、假话，也都无处遁形。我想，他以病弱之躯，用颤巍巍的手，花了八年时间，一字一字写出的150篇《随想录》，所以被看作是“悠久文学道路上的一座丰碑”，原因之一，也就是因为那五本写真话的大书中，“洋溢着巴金对社会生活、精神生活和道德情操思考的光辉。”（袁鹰语）

怕他劳累，我们不敢久留，于是起身向巴老告辞。仍像每次去看望他时一样，巴金执意要送。他艰难地从座椅上站起身，右手拄着手杖，一步步把我们送到门边。我走出院子，启开大门，回首看，门玻璃上依然映着他满头银丝的笑脸，左手还在不停地挥动。我的双眼顿时湿润了。

回忆叶圣陶

郑逸梅

我于民国元年（1912年）肄业于苏州草桥中学，当时称江苏省立第二中学，校舍在玉带河草桥之侧，故以草桥中学俗称之。同窗有叶绍钧（圣陶）、顾颉刚、吴湖帆、王伯祥、江小鹣、庞京周、范烟桥等，均一时之秀，且都好文艺，课余之暇，相与叙谈，甚为莫逆。尤其圣陶与我，同学文于昆山胡石予先生。胡师与国学大师唐文治、南社耆宿高吹万、爱国诗人钱名山，在清末民初被誉为江南四大儒。石予先生工古文辞，又擅诗章，且才思敏捷，有所成，辄录之于册，名《半兰庐诗集》，以部分付诸油印，分贻门生故旧。我与圣陶以未窥全豹，不自满足，频向胡师借阅诗稿，录为副本。因此师生之契，益复深挚。毕业后，我与圣陶各事教育生涯，圣陶赴甪直执教小学，他认为："教育以小学为基础，如基础未打好，就无从培植，比诸无本之木，无源之水，岂有荣茂流通之望？"所以他不计名利，致力于此，卓有成效，迄今犹树碑列馆，在甪直作为永久纪念。

圣陶是他的字，本名绍钧，学校内一直用此名，字作后，笔名有秉丞、柳山、桂山、郢、郢生、华秉丞、斯提等，与我同是江苏吴县人，生于光绪十九年（1893年），长我二岁。1916年他与胡墨林女士结婚。圣陶不仅是位教育家，又是一位文学家，等身著作，驰誉海内外。我当时写稿在《民权报》，该报是揭露宋教仁被刺案内幕最早的报纸，我那时年轻，血气方刚，也跟着一起在报上痛伐袁氏，十分痛快。圣陶比我写稿还早，我在上海编辑几种报刊时，他于1921年组织成立“文学研究会”，是发起人之一，并在商务印书馆编译所任职。1923年3月主编《诗》杂志，1925年与郑振铎合办《公理日报》，1929年主编《一般月刊》《光明半月刊》《妇女杂志》，1927年编辑《文学旬刊》《小说月报》《儿童世界》。1930年他任开明书店编辑，也是《中学生》杂志编辑之一。在此若干年内，我与他时通音信，继之，他离开上海，应聘武汉大学教授。我则仍在沪地，担任上海诚明文学院、志心学院、新中国法商学院诸高等院校教授，曾一度中断联系。

圣陶在商务印书馆编辑《小说月报》时，也以奖掖后进为职责。那时沈雁冰，尚未成名，向之投稿，署名矛盾，圣陶以为“矛盾”两字，未免刺目，为之易“矛”为“茅”字，雁冰也就以茅盾为终身笔名了。又巴金也受到他的熏陶，对圣陶也是十分崇敬的。抗战期间，圣陶和朱自清合编《国文月刊》。

圣陶在甪直时，曾邀我作水乡之游，并谋良晤，可是我因循未果。嗣后多年，他送其妹来苏州和江红蕉结婚。红蕉亦草桥学侣，名铸，字镜心，和我同为星社社友。这天，我参加喜宴，得在席间，与圣陶故旧重逢，甚感欣慰。

新中国成立后，圣陶出任政务院出版总署副署长。1954年10月任教育部副部长，1962年再任人民教育出版社社长。他是文人当官，故仍不忘故旧，继续与我鸿雁不绝。他以后提任中央文史馆馆长职务。我孙女有慧习画已二十载，作品屡载海内外报刊，她擅画梅。圣陶某岁生辰，我嘱有慧绘了一幅梅花祝他寿庆，他即写一诗寄给有慧，诗云：

不效圈圈兼点点，宁于工笔见心裁。

承贻近作良堪喜，重粉轻红没骨梅。

又书一尺页赠我，诗云：

> 三百篇前早有诗，三百篇后太繁孳。
>
> 陈言莫蹈良难必，创获方安宁易期。
>
> 当境洽情诗便好，斟唐酌宋我胡为。
>
> 功夫诗外放翁句，八十余龄始得之。
>
> 数年前所作一律，书请逸梅同学兄两正。
>
> 1976 年 4 月　叶圣陶

下钤一印，诗亦别有新意，凡此留存敝斋纸账铜瓶室，作为瑰宝了。数年前，苏州草桥中学以成立八十周年纪念，书邀我和圣陶同赴苏州，我由媳妇相陪前往，圣陶因病未能应约，致函请假，未几，得讯圣陶却已作古矣。

他的著作有《火灾》《线下》《城中》《未厌集》《倪焕之》《叶圣陶文集》。又曾与朱自清合著《国文教学》《精读指导举隅》。与夏丏尊合著的语文学术著作，有《阅读与写作》《文心》《文章讲话》。

道德文章 世之楷模

——悼叶圣陶先生

郑庆东 周立宪

除夕，一个不幸的消息从广播、电视里传出：全国政协副主席，中国民主促进会名誉主席，著名的教育家、作家、出版家和社会活动家叶圣陶同志在北京病逝……

这一消息霎时传遍海内外，牵动了千万人的心，成百上千的唁电、电话传到北京。

在上海，年已84岁的巴金先生抑制不住心中巨大的悲痛，撑起多病的身体，挥泪发来唁电："圣老是我一生最敬爱的老师，他以身作则，给我指出为文为人的道路，他的正直、善良、诚恳的形象，永远活在我的心中。"

"敢言天下真"

叶圣陶1894年生于江苏苏州一个贫困家庭，五四运动前他参加李大钊、鲁迅支持的"新潮社"。在新文化运动中，他是文学研究会的创始人之一。他的《倪焕之》是"五四"以来第一批长篇小说之一，《稻草人》则是"五四"以来的第一部童话集，丰富了"五四"新文化的宝库。他编辑出版了《小说月报》《中学生》等刊物以及大量书籍。中华人民共和国成立后，他先后担任全国人大常委会委员、出版总署副署长、教育部副部长和全国政协副主席等职。后来他作为中国教育界的杰出代表，成为中国民主促进会的领导人，为国家和社会做出了卓越贡献，在国内外享有盛誉。

长达 70 多年的教育、文学创作和编辑出版的生涯以及中国知识分子良好的道德修养，造就了叶老追求真理、光明和正义的高尚品格，凡是与叶老有过接触的，不管他是学者、专家，还是一个普普通通的小学教师或文学习作者，都会对他的为人感到由衷的钦佩。叶老一生光明磊落，襟怀坦荡。为了表达自己献身正义和真理的信念，叶老把自己的三个孩子起名为至善、至美、至诚。

十年“文革”中，叶老目睹了老一辈革命家和许多患难与共的老朋友、老同事被迫害，他义愤填膺，多次对家人说：“这帮家伙是不会有好下场的，历史终究会对他们做出无情的判决。”

周总理逝世消息传来时，叶老与家人正在吃饭。他悲痛万分，离开饭桌，来到书房，用颤抖的手写了一首挽诗：“……悲溢神州限，功垂天地间。鞠躬诸葛语，千古几人然！”

叶老常对人说：“我们这些知识分子、搞学问的要有求实精神。要敢言天下真。这也是做人的根本！”

魂系教育事业

叶圣陶从 18 岁当小学教员起，70 多年来，先后教过小学、中学、专科学校和大学。在长期的教学实践中，叶老摸索总结出了一套成功的语文教学经验，对中国现代教育产生了很大的影响。有人把他称为“中国的现代教育之父。”他早年提出的要重视对学生德、智、体三方面的教育成为指导我国教育的一条重要方针。

中华人民共和国成立以后一段时间，尚未根本改变的落后的教育现状使叶老十分焦急，就在他担任教育部副部长和人民出版社社长时，他还抽空认真总结自己的教学经验，写了许多教育理论和教学方法等方面的文章。他经常和教师们通信和谈话。他对前来求教的教师说："孩子们不是瓶子、容器，要注意培养他们发现和解决问题的能力。老师应该像幼儿走路那样，先是牵着走，鼓励他们走，最后放手让他们自己走。"

教育是叶老心思所系的事业。在他担任人民出版社社长和教育部副部长期间，出版的每一种语文课本都经过他修改、审定。到了晚年，叶老由于年事已高和重病缠身，已不能再继续工作了。但是他始终关注着教育事业的发展，关心着青少年们。

1982 年，叶老得知各地片面追求高考升学率的情况很严重，不少青少年朋友都纷纷来信，向叶老诉说心中的压力和苦闷，叶老痛心疾首地写下了词意恳切的文章《我呼吁》，提醒人们："爱护后代就是爱护祖国的未来！"他呼吁要赶快解救在高考重压下的中小学生。

今年元月底，就在叶老病危住院的前几天，有关部门召开会议讨论有关普及义务教育的问题。此时，严重的疾病威胁着叶老的生命，但他还让大儿子叶至善到会上转达他的意见，普及义务教育要多研究在农村如何实施，怎样才符合农村的实际。目前应照顾到两个大多数，一是农村学生大多数，一是不能上大学的学生这个大多数。在编教材的时候，千万要重视广大的农村……

"孩子，那是国家的希望，那是我们老年人生命的延续啊，一定要教育好他们！"叶老就是带着这样的心情离开人世的。

"我就是要认'真'"

叶老办事一向认真仔细，一丝不苟。同叶老接触过的人对此都能举出实例，讲出这方面的感受。

作者吴泰昌永远都不会忘记叶老认真负责为他看稿的事情。有一年，他写了一篇介绍李叔同先生的文章，希望得到叶老的指教。叶老一口应允了他的要求。此时的叶老，患有严重的青光眼，看小字很吃力。吴泰昌便打算请人念给叶老听，叶老却说："听一遍记不准，就提不出具体意见，我既然答应了，就应该认真看稿子，对你负责。"叶老戴上老花镜还看不清，又找来放大镜，伏在书房的圆桌上一句一句地阅读起来。他一边看，一边做记号、批语。这篇5000字的文章，他竟看了一天半的时间才看完。他写出三张纸的修改意见后不久，由于过度劳累病倒了，住进了医院……

像这样的事情很多很多。巴金的处女作《灭亡》和丁玲的处女作《梦珂》都是叶老从来稿中发现，认真编改后发表在当时他主编的《小说月报》上的。叶老对他们的作品都认真地提出意见，连错别字都给他们指出来，让他们不要再写错了。丁玲曾说："叶老是我熟识的前辈中最认真的。"

叶老说："做什么事都应认真，对人对事都应如此，不可马虎。"逢年过节，或者是叶老过生日，民进机关等单位派人来慰问、祝贺，有时会捎点礼物和纪念品，每次叶老都拒绝了。他说："你们来看我，我很高兴。可为什么要花钱买东西呢，公家的钱你们就是这样花的吗？"有人对他说："这算不了什么，您老不必太认真。"叶老说："不行，我就是要认这个'真'，公私一定要分清楚，你们把东西拿走！"

"身心献人民"

叶老不是共产党员，但他一生敬仰中国共产党，与党风雨同舟，无私奉献着自己的一切。1982年，《长寿》杂志创刊，请叶老题词，叶老写下"多活几年，多做些事"，表达了自己垂暮之年的追求。

在叶老生命旅途的最后几年里，病魔使叶老难以工作，但他总是不忘尽力做些力所能及的事，多次表示要为社会多做点工作，给后人多留一点东西。他家门是很少关的，以方便前来求教、走访的客人。事情多得有时连帮助叶老做文字工作的家人都受不了。

——1986年，叶老要来了《周恩来论统一战线》书稿，并申请承担了该书注释的审核工作。他超负荷地工作着，病了，就让家人把书稿带到医院，他在病床上继续审阅、批改、加注，终于完成了这部书注释的审阅工作。这是叶老一生编辑过的成千上万册书刊中的最后一册。

——去年6月，叶老抱病参加了民进全国代表大会，恳请辞去民进中央主席的职务，让身体好的同志接任。会上，他用《礼记·大学》中的两句话“有诸己而后求诸人，无诸己而后非诸人”，寄语教育界、文化界、出版界的同志们更加严格要求自己，勤奋地为人民工作。这是叶老在公开场合中的最后一次发言。

——党的十三大召开后，叶老情绪激动，不顾重病，让家人搀扶着参加了中共中央召开的党外人士座谈会，表示热烈拥护党的十三大路线、方针、政策。这是叶老最后一次参加会议……

前不久，《叶圣陶集》前四卷出版，叶老把这部书的10万元稿酬全部捐献给中国出版工作者协会和民进中央出版工作委员会合办的“出版者之家”。

2月16日上午8时20分，叶圣陶先生那颗搏击了94个春秋的心脏停止了跳动。遵照叶老的遗愿，他的遗体将交给医院解剖研究，这是磊落、无私的叶老向祖国和人民做出的最后奉献，履行了他的诺言：“我的一生都是属于人民的，都是人民给的，我应当把全部身心都交还给人民！”

一代师表 风范长存

——深切悼念叶圣陶同志

雷洁琼

2月16日那天，正是农历丁卯年除夕。上午，民进的同志告诉我，深受民进会员尊敬和爱戴的叶老在早晨8点20分同我们永别了。这个不幸的消息传来，我独坐家中惘然若失，心中十分悲痛。

叶老在漫长的人生道路上，走完了94年旅程。他一生经过几个朝代，历尽人间沧桑，但他始终和人民一起站在时代的前列，同时代一起前进。早在青年时代，叶老就同共产党人杨贤江、瞿秋白等相交甚深。从中国共产党成立时起，他就追随共产党，拥护党的政治主张，几十年如一日。叶老一生言行证明，他是同中国共产党长期合作，风雨同舟、肝胆相照的亲密朋友，也是我国老一辈知识分子中具有中华民族传统美德和崇高品格的典范，叶老是誉满中外的著名教育家、文学家、出版家和社会活动家，他对国家、对人民、对社会做出了重大贡献，“一代师表，民族精英”，对他来说是当之无愧的。我对叶老始终怀着敬佩的心情。他的逝世是我国知识界无法弥补的损失。

我同叶老是在抗日战争胜利之后在上海相识的。1945年底，国民党抢夺抗战胜利果实，发动内战的阴谋逐渐暴露。上海人民反内战反独裁的爱国民主运动方兴未艾，中国民主促进会就是在那时候成立的。叶老自1946年2月由重庆乘木船回到上海，就积极投身爱国民主运动激流之中，直到1949年1月，因被国民党列入黑名单而离开上海进入解放区。那时候，叶老还不是民进成员，但与民进的马叙伦、周建人、赵朴初、许广平和我常有来往，经常参加民进的政治活动，同我们建立了革命的战斗友谊。在这三年间，叶老在上海任开明书店编辑，同时主持中华全国文艺界协会的日常工作。他奋不顾身地坚持斗争，编辑杂志、撰写文章、发表演讲、参加集会、广交朋友。以他犀利的笔锋和雄辩的口才，无情地揭露国民党反动统治的种种罪恶行径，痛快地说出人民群众的心里话，在争和平、争民主、争自由的一次次斗争中，表现了一个民主斗士大无畏的革命精神。

1963 年 12 月，叶老参加了中国民主促进会，以后又担任了民进的副主席、主席，我同他的接触机就更多了，对他的了解也更深了。叶老具有高度的政治热情，渊博的文化知识。他对工作一丝不苟，极端负责。他严于律己，宽以待人，平易可亲，敦于友情，这些高风亮节都是众所称道的。

记得 1975 年，我同叶老一起去沈阳、大连参观，当时我们下去是接受工农兵“再教育”的，有些劳动模范做报告，尽说大话，甚至弄虚作假。叶老一听就觉得不真实，很不以为然。1978 年 5 月，全国政协组织参观团到四川考察，我又和叶老同行，在这两次参观访问中，叶老观察事物精细，分析问题深刻，他关心别人的集体主义精神，使我非常感动。去四川那天，叶老上火车后就觉得腹中疼痛，但他不愿惊动同行的人，忍痛不说。以后病情加重，也只在途中做了一些治疗，仍坚持参观访问。每到一地，他总是仔细听取情况介绍，还作笔录，同基层干部亲切交谈，了解问题，发表意见。6 月 26 日回到北京，他腹痛加剧，经医院检查是胆结石症。那年叶老已是 83 岁高龄，医生对是否动手术还犹豫不决，但叶老闻知后，不但没有思想顾虑，而且风趣地说，开刀破肚皮，究竟啥滋味，试一试也挺好，欣然同意开刀，结果手术很成功，住了 3 个月就出院了。不过终究年事已高，经过这次手术后，叶老健康不如以前，目不明、耳不聪了。但依然用老花镜加放大镜读书看报写文章，毫不懈怠，并尽力参加社会活动。叶老一生献身教育事业，在耄耋之年，还是满腔热情地关心教育改革，重视精神文明建设。他作为全国人大代表和政协委员，总是认真行使民主权利。每次开会，他常与接近的朋友，就文教事业和改变社会风气等重大问题交换意见，在会上反映民意，提出兴利除弊的建议，以人民公仆和共产党诤友的形象活跃在政治舞台。他作为中国民主促进会的主要领导人，对会务认真负责，经常思考问题，在民进的历次会议上，发表精辟的见解。他发表讲话，撰写文章，从不要别人代笔，总是亲自动手。他竭力反对说空话、套话的表态，写陈词滥调的文件，谆谆告诫民进同志要“少说空话，多干实事”。1980 年，中共中央发表十一届五中全会公报，公报指出要提前召开十二大，确定教育计划和教育体制，使之适合国民经济发展的需要。叶老读了公报十分兴奋，认为教育事业同国民经济之间关系非常密切，教育是发展经济建设的基础，只有办好教育，造就千千万万合格的人才，才能保证国民经济的顺利发展。民进的成员绝大多数是教育工作者，有责任对发展教育事业贡献力量。因此，叶老倡导民进组织要积极响应党的五中全会号召，要为确定适合国民经济发展需要的教育计划和教育体制开展献计献策活动。他要求民进成员把中小学教育和幼儿教育、大学教育放在一道通盘考虑。后来，民进就发动全会对教育结构、课程编排、教材教法等等方面献计献策，向中共中央提出了一份比较完整的建议，作为向党的十二大献礼，受到中央的重视。1981 年 11 月，叶老针对社会上片面追求高考升学率的严重倾向，在报上发表了词意恳切的《我呼吁》一文，要求教育界和社会各方面一起来纠正这种背离社会主义教育方针的不良风气。这篇文章在社会上引起强烈反响。当时赵紫阳总理在五届人大四次会议所做的《政府工作报告》中，高度评价了叶老的这个意见。同时，叶老又提出了减轻学生和教师负担的建议。他认为学生和教师的负担之所以这样重，一方面由于片面追求高考升学率，另一方面是教学方法不得其当，结果是劳而少功，甚至劳而无功。要减轻负担，必须从端正教育思想和改正教育方法两方面入手。叶老要求民进的同志要“从我做起，从现在做起”，当教育改革的促进派。

叶老在长期的教育实践中，形成了他一整套的教育思想。他一贯提倡启发式的教育方法，认为教学教学，就是“教”学生“学”，主要不是把知识灌给学生死记硬背，而是把学习方法教给学生融会贯通，使学生有自我提高的能力，就可以受用一辈子。叶老有句精辟的名言：“教是为了达到不需要教。”叶老经常对民进会员和广大教师讲这些道理，已经众口传诵。

叶老一生从事教育和文学工作，是我国新文学运动的前驱。他写了大量小说、童话、散文，不少作品是以教育问题为题材的。他唯一的长篇小说《倪焕之》的主人公就是小学教员。叶老编过不少文学刊物和中小学课本以及学生课外读物。叶老曾说编辑是他的第一职业，他善于发现人才，乐于支持新作者，像巴金、丁玲、戴望舒等好些成名作家的处女作，都是他经手发表的。新中国成立后，他为扶持和鼓励青年作家也做了许多事情，热情地向广大读者推荐新作品，像叶老这样嘉惠后学，慧眼识英才的文学家是不多的。

叶老最后一次在民进的讲话，也是令人难忘的。去年 6 月，民进召开全国代表会议。93 岁的叶老，行动已极不方便，但他还是坚持在家人搀扶下来到会场，在一次全体大会上同与会代表见面，并发表意义深长的简短讲话。他郑重地说，这几年眼看不清，耳听不明，通向外界的这两个窗口几乎关闭，作为主席不能参加民进的活动，是“不能容许的失职”，恳切要求辞去主席职务。他用“有诸己而后求诸人，无诸己而后非诸人”这两句古语，表达了自己有生之年的愿望，并以此勉励大家，这两句话的意思是，自己做到的，才能够要求别人做到，自己没有这样的缺点，才能批评别人的类似缺点。这可说是叶老对广大民进会员最后的教诲，也是对一切有志振兴祖国、服务人民的人的金玉良言。

一身正气 高风亮节

——深切缅怀叶圣老

陈舜礼

深为人们崇敬爱戴的长者，我们民进中央名誉主席叶圣老永远离开了我们。他的逝世，使民进组织失去了一面光辉的旗帜，广大会员失去了一位杰出的领导人，我们无不感到万分悲痛。

叶老自从担任民进的主要领导职务后，他言传身教，非常关心民进的组织和思想建设，他的领导作风和待人接物的品德，给我们树立了光辉的榜样。

叶老在历次对民进同志的讲话中，总是强调要继承和发扬民进的优良传统，当老实人，说老实话，做老实事。他特别指出，一定要少说空话，多做实事，提倡一切“从现在做起，从我做起”。党的十一届三中全会以后，民主党派的工作重点转移到为四化建设服务的轨道，叶老及时明确地提出：在新形势下，我们要熟悉新情况，认识新事物，了解新问题，需要重新学习。民主党派是政治力量，但我们必须“不空谈政治，寓政治于业务，在业务中体现政治”。1980 年，叶老为《长寿》杂志题写了“多活几年，多做些事”八个大字。他说，假如一个人能给另一个人一点好的影响，算起账来不亏本；假使两个人超过我，胜过我，就有盈利；假如更多的人受我的影响，盈利就大得很了；假如大家这样做，算起总账来就很有意义。1985 年底，叶老在民进成立四十周年纪念大会的书面发言中，又一次谆谆教导说：为社会主义现代化建设服务不能老挂在嘴上，定要切实去做，才能收到实效。建设社会主义精神文明更要以身作则，自己先做出榜样来。他还说，即使做出了什么成绩，也不用多说，做出成绩本来是大家分内的事。叶老不仅这么说，而且身体力行，为我们树立了光辉的典范。

叶老作为一位老教育家，他的心从未离开过教育事业。几乎在每次政协会议和民进的大小会议上，叶老总要为办好教育说话。他曾多次呼吁各级领导要重视教育，要花大气力抓好教育。他不止一次地提出要提高教师的社会地位，改善教师的工作生活条件，要提倡尊师爱生、尊师重教。1980 年叶老听到大连有的宾馆服务人员怠慢教师，他就和吕叔湘等同志联名写信给《人民日报》，批评这种不尊重教师的错误。1981 年，针对社会上片面追求升学率的不良倾向，叶老又发表了《我呼吁》的文章，要求迅速纠正这种错误做法，引起了社会的反响，并得到了党和国家领导人的充分肯定。1983 年，四川省长寿县发生了一起侮辱殴打女教师的严重事件，叶老又和周建老一起联名写信给中共中央书记处，要求严肃处理。当他得知有些地区的教育行政部门挪用已经十分紧缺的教育经费，感到十分气愤，立即向有关部门提出，必须严肃追究处理。叶老要求我们民进成员也都要这样做，为教育文化出版事业的改革和发展献计献策，为四化建设多做贡献。

叶老还时常要求我们要不断加强民进的自身建设。党的十二大之后，党中央倡导尊重知识，尊重人才，知识分子在四化建设中的地位和作用被提到了重要的位置，知识分子受到很大鼓舞。这时，叶老及时提醒我们：在全社会都在尊重我们知识分子的时候，“咱们知识分子有一个需要考虑的问题摆在面前，这就是咱们将何以自处？”叶老说，何以自处，简单说就是充实自己，就是随时随地多想多问，一切实事求是，绝不随声附和；就是不断学习新知识，了解新情况，不断更新自己，不辜负党和人民的期望和重托。我到民进中央任职后，有幸多次登门请教叶老，每次去，他都要我们讲给他听民进的事。他眼睛不好，不能看报，耳朵也不好，听广播不方便，他要我们多讲些事给他听，让他了解新的东西。叶老这种认真好学、不断追求新知识的精神，成了推动我自觉学习的动力。叶老说，民进也应该自强不息，不断开拓革新，力求自新。咱们不能放松对自己的要求，稍稍放松，咱们就会逐渐落后于形势，逐渐不能适应社会主义现代化建设的要求，甚至辜负人民的希望，使“长期共存”成为一句空话。直到去年初夏，叶老还以“有诸己而后求诸人，无诸己而后非诸人”这样的话来与大家共勉。这又是何等诚恳殷切的要求和希望啊！

叶圣老一身正气，高风亮节，他的光辉形象，将永远矗立在我们每位民进会员的心中。

哲人已萎 典范永存

——沉痛悼念叶圣陶先生

张西洛

从庄重朴素、挽联环墙的追忆叶圣老的思念会场出来，不禁心潮澎湃，思绪万千。

还在中小学时候，我便是叶老作品的一个热心读者。尤其是他所主编的《中学生》杂志，更是我和一些同学所喜爱的读物。而叶老本人，也便成了我们心目中所崇拜的伟人。

想不到时隔数年之后，我竟然能同我所崇敬的叶老认识了。那是1944年，我在成都从事新闻工作，住在陕西街，是叶老的邻居。那时叶老五十来岁，我二十几岁，无论就事业和年龄来说，他当然都是我的前辈了。这令我喜出望外。因为我当时在新闻界虽然不能说是一个初出茅庐的新手，但知识和能力都不算高。认识叶老后，我就有了一位经常求教的前辈了。

除去日常的接触外，有两件事，给我印象很深。

一是1945年4月12日，美国总统罗斯福病故。我当时办了一个《星朝快报》周刊，同时还出版小册子，消息传出后，我去叶老家，请他老人家写一篇悼念罗斯福的文章。叶老欣然同意，他连夜给我们写了一篇纪念文章，以他犀利的笔锋，借题发挥，旁敲侧击，揭露了国民党反动统治的罪恶行径，说出老百姓想说而不能说的话，得到广大读者的赞扬。

另一件事是发生在抗日战争胜利后的1945年末。国民党政府当时加紧专制独裁，严厉控制舆论，规定所有报纸、刊物、图书的稿件，均须事先送审。叶老对此十分愤慨，坚决反对。他联合重庆、成都的几十种刊物，拒绝送审，反对国民党独裁政府的图书审查制度，争取出版自由。他所主持的开明书店和主编的《中学生》杂志就拒不送审，照常发稿、出版、发行。由于叶老威望甚高，我们成都的几家进步报刊有了叶老的大无畏的榜样，也拒绝送审。就这样，我们在叶老的领导下，取得了争取出版自由斗争的胜利。

叶老这种坚持真理、不畏强暴的精神，是我们后辈学习的楷模。在追思叶老的伟大业绩和崇高精神的时候，我们应当继承他留下的这份宝贵的遗产。